此书系重庆市教育科学规划重点课题"基于单元整
实施策略研究课题(课题批准号:2021-16-234)"研究

项目化阅读
与群文阅读实践探索

XIANGMUHUA YUEDU
YU QUNWEN YUEDU SHIJIAN TANSUO

郭咏梅　主编

西南大学出版社
国家一级出版社　全国百佳图书出版单位

图书在版编目(CIP)数据

项目化阅读与群文阅读实践探索 / 郭咏梅主编. 重庆：西南大学出版社, 2025.6. -- ISBN 978-7-5697-2863-7

Ⅰ.G633.332

中国国家版本馆CIP数据核字第2025HE2056号

项目化阅读与群文阅读实践探索
XIANGMUHUA YUEDU YU QUNWEN YUEDU SHIJIAN TANSUO

郭咏梅　主编

责任编辑：	赵辰翔
责任校对：	王　兰
装帧设计：	艺　点
照　　排：	瞿　勤
出版发行：	西南大学出版社(原西南师范大学出版社)
	网　址：http://www.xdcbs.com
	地　址：重庆市北碚区天生路2号
	邮　编：400715
印　　刷：	重庆新生代彩印技术有限公司
成品尺寸：	170 mm × 240 mm
印　　张：	18.25
字　　数：	298千字
版　　次：	2025年6月　第1版
印　　次：	2025年6月　第1次印刷
书　　号：	ISBN 978-7-5697-2863-7
定　　价：	78.00元

编委会

主　　编：郭咏梅
副主编：骆孝伟　刘远平
编　　委：杨道平　刘胜利　许　萍　王　婧
　　　　　贺　沁　蒋　静　徐成菊　刘　平
　　　　　向铃靖　周　刚　邓清月　陈凡见
　　　　　廖泽芬　黄　焱

前 言

在这个信息爆炸的时代,阅读不再仅仅是文字的堆砌与信息的获取,它更是一场心灵的旅行,一次思想的碰撞,一种文化的传承。然而,面对浩如烟海的书籍,如何引导学生深入阅读、有效学习,成为教育领域亟待解决的问题。

整本书项目化阅读教学,正是在这样的背景下应运而生,它以书籍为媒介,以项目为载体,旨在通过一系列富有创意和挑战性的任务,激发学生的阅读兴趣,培养他们的阅读能力、思维能力、合作能力和创新能力。整本书项目化阅读教学,是一种全新的教学模式,它打破了传统阅读教学的束缚,将阅读与项目化学习紧密结合。在这里,书籍不再是孤立的知识源,而是成为连接学生生活、学习与未来发展的桥梁。学生不再是被动的接受者,而是主动的探索者、创造者。他们通过阅读整本书籍,不仅获取了知识,更学会了如何思考、如何表达、如何合作。

群文阅读,也叫多文本阅读,最近几年逐渐发展为颇受欢迎的一种语文阅读教学新形式。所谓群文,或曰多文本,是指围绕一个议题的研讨而选择的具有较丰富的互文关系的多个文本(片段)。我们生活中的日常阅读很多时候其实都是一种随机的群文或多文本阅读。看一份报纸,读一本杂志,随意翻翻书本,不经意间就涉猎了多个文本,当然,这种涉猎没有预定的目的,以趣味为主,兴尽而止。但是很多时候,也会发生读着读着突然就对某个现象、某个问题、某种知识、某个事件、某个人物产生了兴趣,主动去找寻文章、翻检著作进一步阅读的现象,最后甚至产生要系统研究一番的意愿和冲动。在设计群文阅读的过程中,项目组非常注意利用互文关联营构高认知语境,把问题探究置于历史文化的多维框架之中,尽可能地激发学生的思维动能和潜力,调动他们所有的生命经验和生活阅历,促进他们心智的跳跃式发展。

这本书集结了项目组老师对整本书项目化阅读和群文阅读的教学设计,这是在长期理论学习、课堂验证后的成果。形成的教学设计，与教材高度匹配，比如整本书项目化阅读的教学设计：《朝花夕拾》整本书阅读大单元教学设计、《艾青诗选》整本书阅读项目化教学设计等。再如群文阅读的教学设计：《再塑生命的人》群文阅读教学设计、《春望》杜甫诗歌群文阅读教学设计、鲁迅笔下的看客形象群文阅读教案等。此外，还有在全国整本书阅读舞台上展示的《昆虫记》整本书项目化阅读教学设计，在全国第三届书香校园阅读教育教学成果交流活动上展示的《西游记》整本书阅读项目化教学设计、《经典常谈》教学实录等。

在编写过程中，我们力求做到以下几点：一是注重实践性，所有案例均来源于一线教学实践，经过反复验证和优化，具有较高的可操作性和实用性；二是强调创新性，鼓励教师打破常规，勇于尝试新的教学方法和手段，以激发学生的学习兴趣和创造力；三是体现综合性，将阅读与多学科知识相融合，培养学生的综合素养和跨学科能力；四是关注过程性评价，注重对学生学习过程的关注和评价，鼓励学生积极参与、勇于挑战、不断反思。

我们相信，整本书项目化阅读教学和群文阅读教学能够提升学生的阅读能力，更能够激发他们的学习兴趣和内在动力，培养他们的终身学习习惯和创新能力。我们希望本集锦能够为广大教育工作者提供一份宝贵的参考和启示，共同推动阅读教育的改革与发展。

同时，我们也期待更多的教育工作者能够加入新型阅读教学的实践中来，共同探索、共同创新、共同前行。让我们携手努力，为孩子们打造一个充满书香、充满智慧与可能的阅读世界吧！

目 录

第一章　项目化阅读的理论构架 ················1

第二章　群文阅读的理论构架 ··················13

第三章　项目化阅读的教学设计 ················31

 探秘昆虫王国　筑造科普殿堂
  ——《昆虫记》整本书项目化阅读教学设计 ········32

 浓缩诗册　致敬艾青
  ——《艾青诗选》整本书阅读项目化教学设计 ······60

 开办趣味展馆　消除经典隔膜
  ——《朝花夕拾》整本书阅读大单元教学设计 ······88

 "大话西游"卡牌游戏
  ——《西游记》整本书阅读项目化教学设计 ······115

 演读小人物与大舞台
  ——《骆驼祥子》整本书阅读大单元教学设计(部分) ······134

 演士林人物　品世情百态
  ——《儒林外史》项目式阅读设计(部分) ········142

 一个普通女孩的成长蜕变史
  ——《简·爱》项目化阅读教学设计 ············162

第四章　群文阅读的教学设计 ··················187

 照进生命的光
  ——《再塑生命的人》群文阅读教学设计 ········188

 天地英雄气　千秋尚凛然
  ——《纪念白求恩》群文阅读教学设计 ··········192

 叙同样故事　诉别样情思
  ——《天上的街市》《七夕》《鹊桥仙》群文教案 ······203

· 1 ·

生命的教育
　　——《回忆我的母亲》(朱德)群文阅读 …………………209

与杜甫同行　感家国情怀
　　——《春望》杜甫诗歌群文阅读教学设计 ……………219

习教养之风，展优雅之度
　　——《论教养》群文阅读教学设计 ………………………228

览物之情　得无异乎
　　——《岳阳楼记》群文阅读课 ……………………………234

比联阅读，深析"痴"情
　　——《湖心亭看雪》群文阅读教学设计 …………………240

寻找教育的真谛
　　——《创造宣言》1+X群文阅读教学设计 ………………247

肩住黑暗的闸门　在战斗中寻光
　　——《海燕》群文阅读教学设计 …………………………256

"鉴赏"他人悲哀，"亵玩"他人苦楚的看客们
　　——鲁迅笔下的看客形象群文阅读教案 …………………264

第五章　教学实录 ……………………………………………269
　《钢铁是怎样炼成的》教学实录 ……………………………270
　《经典常谈》教学实录 ………………………………………278
　《骆驼祥子》教学实录 ………………………………………282

第一章
项目化阅读的理论构架

一、项目化阅读的价值与意义

项目化学习作为一种新课程标准指引下新兴的教学方式,能改善当前中学语文整本书阅读教学的现状,帮助整本书阅读教学走向新的台阶。

(一)符合语文课程标准的本质要求

《普通高中语文课程标准(2017年版)》(以下简称《高中语文课程标准》)提出了"语文学习任务群"的概念,"'语文学习任务群'以任务为导向,以学习项目为载体,整合学习情境、学习内容、学习方法和学习资源,引导学生在运用语言的过程中提升语文素养。""整本书阅读与研讨"作为第一个语文学习任务群,其学习的方式涵盖了情境、内容、方法、资源等要素。而项目化学习是在对学习内容进行选择的基础上,创设学习情境,形成项目驱动,教师通过整合学习方法和学习资源,协助学生开展自主合作探究学习,学生选择学习活动,经历各种学习实践,最终形成项目成果,促进语文素养和语文能力的提升。"整本书阅读与研讨"与项目化学习在学习方式上具有一定的相通性。《高中语文课程标准》还指出,"要创设综合性学习情境,开展自主、合作、探究学习,应关注学生学习方式的转变"。此外,还进一步提出"加强课程实施的整合,通过主题阅读、比较阅读、专题学习、项目学习等方式,实现知识与能力,过程与方法,情感、态度与价值观的整合,整体提升学生的语文素养"。另外,也提到了在语文课程中实施项目化学习的方式,说明在语文学科以及整本书阅读中应用项目化学习符合《高中语文课程标准》的基本理念。《义务教育语文课程标准(2022年版)》(以下简称《义务教育语文课程标准》)提到要"立足于学生的核心素养发展""增强课程实施的情境性和实践性,促进学习方式变革""倡导课程评价的过程性和整体性"。《义务教育语文课程标准》强调学习情境、学习方式的转变、学生语文素养的培养,与项目化学习的基本特征是一致的。

由此,在初中语文整本书阅读中开展项目化学习,符合《高中语文课程标准》和《义务教育课程标准》的基本理念。初中语文整本书阅读的教学要以此为突破口，构建基于项目化学习的教学模式，完成初中语文整本书阅读教学的任务，通过项目化学习促进当前初中生学习方式的转变，培养学生的语文核心素养。

(二)项目化学习让整本书阅读变得真实

项目化学习不仅仅是让学生完成项目任务并获得学习成果，而且是让学生体验一个个有意义的实践过程。换句话说，将核心知识的获得过程转化为持续的学习实践的过程。按照核心概念—提出问题—研究反思—呈现成果的基本步骤推进阅读，培养学生的探究意识和探究能力，借助具有挑战性的驱动性问题，驱动学生深入文本研读，通过对比、分析、推测、评价、概括等来引发学生的思考，并将阶段性成果和终结性成果的展示相结合，发挥全程评价的监控、指导作用，使学生在问题解决的过程中，灵活运用精读、略读两种策略，依据不同的任务需求选择不同的阅读方法，学会提炼加工信息，学会阅读与表达。由此可知，以项目化学习思路设计整本书阅读指导方案，在目标制定、学习内容安排、教学实施等方面都具备实操性。

想要让初中语文整本书阅读变得更加真实，就需要把阅读的过程转变为有意义的学习实践的过程，即让学生经历项目化学习的探究性、社会性实践，在这过程中完成真实的阅读。为实施基于项目化学习的初中语文整本书阅读教学，教师需要对整本书的内容进行优化设计，围绕整本书提炼出核心知识，明确项目目标。通过创设真实的问题情境，形成项目驱动，让学生明确自己在整本书阅读过程中所要解决的问题或需要完成的阅读任务，直指整本书阅读成果。让学生在完成阅读成果的过程中不断学习和反思，增强学生的阅读兴趣，使学生主动参与到整本书阅读中来，经历多种学习实践，从而使整本书的阅读变得更加真实。

(三)项目化学习促进整本书阅读走向深入

项目化学习的特征是用高阶学习带动低阶学习，高阶学习的认知策略主要分为六种：问题解决、创见、决策、实验、调研、系统分析。它是基于以下两个低阶学习进行的：一是获取和整合知识，二是扩展和精练知识。[①]以往的语文整本

---

① 余斐.用项目化学习撬动初中整本书的深度阅读[J].教学管理与教育研究，2020(19):28.

书阅读大多停留在对作品内容的整体把握或者对人物形象的认识这种比较低阶的学习层面,学生无法在阅读过程中调动高阶认知策略,缺乏更高层次的思维碰撞。而以项目化学习为载体,开展初中语文整本书阅读的教学,能够实现在教师的引导下,学生围绕驱动性问题,运用问题解决、创见、调研等高阶认知策略,在项目化学习过程中提升语文核心素养。同时,在基于项目化学习的整本书阅读的教学过程中,师生可以通过协作交流,完成整本书阅读的展示以及评价、总结等活动,最终形成项目成果,项目化的学习成果最终指向对核心价值的深度理解。因此,基于项目化学习开展初中语文整本书阅读的过程其实就是一个促进整本书阅读走向深入的过程。

(四)项目化的整本书阅读促进教学模式的更新

"整本书阅读"这一概念被提出后,引起了越来越多的一线教师的重视,但在具体的整本书阅读的教学过程中,仍存在着一些不足。如西南大学的罗荣在其学位论文中从两个角度指出了初中整本书阅读的现状,其中提到教师教学出现缺乏对阅读过程的指导和监控,教学方法单一,教学功利化,教学评价单一、随意等问题。[①]结合笔者在实习学校的听课和学习,发现初中语文整本书阅读主要存在一些问题:第一,教师虽然注重整本书阅读,但更在意的是考试的结果,虽然每周都会给学生布置简单的整本书章节阅读任务,但是很少专门开展整本书阅读的课堂教学,整本书的教学以教师单一讲解为主,阅读过程缺乏指导和评价,评价主要以考试为主;第二,多数学生能够按照老师的要求完成阅读任务,比如画好整本书每个章节的概括图,但阅读流于形式,主要通过参考网上资料来完成阅读任务,缺乏一定的深度,没有掌握阅读的方法。从当前的整本书阅读教学来看,需要寻找适合整本书阅读教学的模式,促进整本书阅读教学模式的更新。

项目化学习作为一种新兴的教学模式,首先,情境的创设、驱动性问题的提出、合作小组的建立、活动的设计、成果的展示、项目的全程评价,都需要结合学生的基本学情,立足于学生的兴趣,发挥学生的主体地位和作用,这也是语文教学模式的一种更新。其次,基于项目化学习的整本书阅读对中学语文教师的教

---

① 罗荣.部编本初中语文名著整本书阅读教学研究[D].重庆:西南大学,2021:22-24.

学和教研有着更高的要求,教师需要不断提升自己,集中精力研究整本书阅读的教学,提炼整本书的核心知识,围绕核心知识寻找学生的兴趣点,创设推进真实阅读的驱动性问题,在阅读过程中引导学生结合驱动性问题和真实情境,运用问题解决、创见等高阶认知策略,在真实的阅读实践活动中形成成果,最后进行成果交流和展示,以及对项目化阅读成果进行全程评价。同时,项目化学习强调全程评价,注重评价的多元化。在整本书阅读的过程中,注重对学生学习态度、学习行为和学习结果的综合性评价,有利于增加学生参与项目化整本书阅读的兴趣和动力,提升学生的自我效能感。在项目化学习的过程中,学生不再是单一的知识接受者,其主体地位得到进一步强调;教师也不再是简略地给学生传授整本书的基础知识,而是不断创新教学方法,创设多种课型;阅读评价的模式除了单一的考试,还增加了全程评价,改善了传统的评价方式。因此,从一定程度来看,基于项目化学习的整本书阅读教学促进了整本书教学模式的更新,使整本书阅读稳定和深远地发展。

综上所述,项目化阅读作为新兴的教学方式,为整本书阅读注入了新鲜且充实的血液。它既符合语文课程标准的本质要求,也可以使整本书阅读变得真实,促进整本书阅读走向深入,还可以促进教学模式的更新,提高整本书阅读教学效率。

二、概念界定

(一)项目化学习

"项目化学习"英文全称为"Project-Based Learning",简称"PBL",国内将其译为"基于项目的学习""项目化学习"等,目前国外在项目化学习的研究中最具权威性的观点来自美国巴克教育研究所的研究,他们认为项目化学习是一套系统的教学方法,它是探究真实又复杂问题的过程,也是对项目作品设计、规划和实施项目任务的过程,在这个过程中,学生能够掌握所需的知识和技能。[1]在国内研究中,具有代表性的是夏雪梅团队对项目化学习进行的本土探索与实践,基于学习素养将项目化学习界定为"学生在一段时间内对与学科或跨学科有关

---

[1] 巴克教育研究所.项目学习教师指南——21世纪的中学教学法:第2版[M].任伟,译.北京:教育科学出版社,2008:4.

的驱动性问题进行深入持续的探索,在调动所有知识、能力、品质等创造性地解决新问题、形成公开成果中,形成对核心知识和学习历程的深刻理解,能够在新情境中进行迁移"[1]。

综合国内外权威观点,本研究将"项目化学习"界定为以语文课程标准为依据,以项目为载体,以真实问题为驱动。教师通过指导学生以"自主、合作、探究"的学习方式,解决一系列真实又复杂的问题,生成项目成果的一种综合性、实践性的教学方法。项目学习目标贯穿全过程,指向核心知识和关键能力的掌握。

因此,项目化学习有六大基本特征:一是聚焦核心知识。项目化学习的核心知识指向学科概念知识和程序性知识隐藏的概念知识,而不指向零散或具体的知识。项目化学习通过让学生掌握核心概念知识,帮助学生在学习过程中理解核心概念和特征,促使学生在新的情境中用概念解决问题。二是真实的问题情境。在项目化学习过程中,真实的问题情境是项目驱动问题的背景或外壳,有利于帮助学生更好地理解项目化学习的任务或问题。三是注重合作探究。项目化学习过程中,学生要根据项目的目标和驱动问题,建立学习小组,开展合作交流,设计学习活动和确定学习实践,明确组内分工。教师通过提供学习方法和学习资源,协助学生开展合作探究,制作项目学习成果。在此过程中,促进师生、生生之间的协作与交流,有利于促进教学方式的转变,激发学生学习热情,帮助学生在项目化学习过程中提升思维,培养合作能力。四是强调学习实践。项目化的学习实践包含知识、技能、态度,指向学生的高阶思维。在项目化学习过程中,学生能尽可能经历多种学习实践,将实践的过程转化为获取知识的过程。五是公开学习成果。项目化的学习成果指向项目化学习的目标和项目驱动问题,成果类型多样,包括个人和团队的成果。由于选择的学习活动和学习实践的方式不同,可以是强调项目作品制作的制作表现类成果,也可以是强调语言实践和语言活动的解释说明类成果。项目化学习成果的公开展示,指向学生对核心知识的理解,表现学生在学习过程中所经历的学习实践,加强学生在项目化学习过程中的深入思考和理解。六是开展全程评价。项目化学习

---

[1] 夏雪梅.项目化学习设计:学习素养视角下的国际与本土实践[M].北京:教育科学出版社,2018:10.

评价内容多样化,包括学习过程中的核心知识、高阶认知、学习实践等。评价主体多元化,包括学生、教师、其他相关人员等。评价方式是综合化的,包含过程性评价和总结性评价,即分别对项目化学习中包含的重要实践成果和总成果进行评价。

(二)整本书阅读

"整本书阅读"概念界定主要包含两个方面。一是在与其他阅读形态的比较中界定"整本书阅读"。李卫东指出,"理想状态的整本书阅读应是冲破语文教学狭小格局的深阅读、深度学习,需要精读、泛读的灵活转换,课内阅读和课外阅读的深度整合,正式学习和非正式学习的对接融通"[1]。王瑛认为"整本书阅读"与篇章阅读相对,是"以整本书为阅读目标,让学生能制定阅读计划,合理安排阅读时间,根据内容灵活地切换精读、略读、泛读等阅读方法的一种阅读方式,力求通过阅读发展语文学科核心素养"[2]。二是从语文课程和教学的角度进行界定。王紫婷指出,整本书阅读即"在语文课程的学习中,学生在教师的引导下运用一系列阅读策略与方法,主动地阅读整本的书,构建阅读整本书的经验,养成良好的阅读习惯,逐步提高阅读能力的过程"[3]。

综合以上观点,本研究将"整本书阅读"指向教学层面,定义为以语文课程标准中建议的"整本书"作为阅读对象,通过运用一定的阅读方法和策略,整体全面地把握整本书内容思想,培养阅读习惯,积累阅读经验,不断提高阅读能力的深度阅读活动或阅读过程,是对篇章阅读的有效补充与延伸。

(三)整本书项目化阅读

整本书项目化阅读是指基于项目化学习和整本书阅读教学的契合点,依据项目化学习理论、语文课程标准要求、阅读书目特点、学生实际情况进行项目化设计,真实开展整本书阅读的项目启动、实施和总结的全过程,包括项目的设计、产出和评价等,也是将学习目标、学习过程与学习结果三者统一的过程。整本书可以作为一个总项目,总项目下可以分为若干个子项目,子项目又细分为

---

[1] 李卫东.混合式学习:整本书阅读的策略选择[J].语文建设,2016(25):14.
[2] 王瑛.语文学科核心素养视域下的"整本书阅读"[J].南昌教育学院学报,2018,33(4):34.
[3] 王紫婷.高中语文小说整本书阅读教学策略与教学方法研究[D].武汉:华中师范大学,2019:7.

若干学习任务,一系列项目之间彼此关联,逻辑严密清晰。整本书阅读项目最终指向核心知识和关键能力的掌握,以及让整本书阅读的学习过程动态呈现。

三、策略建构与优化

项目化学习设计是从学生学习的终点来思考整个教学活动,强调逆向设计,即学生学习的终点是项目化学习设计的起点,以驱动性问题带动学生的深度学习。因此,本书从宏观建构和微观设计两个方面、四个维度来优化整本书项目化阅读的教学策略。

(一)宏观建构

核心概念与驱动问题引领学习。在整本书阅读教学中,教师在教学内容的选择上容易因过于追求内容的宽度,而忽视了知识上的聚焦。项目化学习强调的则正是对核心概念及核心问题的深度理解,以此实现知识的再建构。因此,将项目化学习引入到整本书阅读中,能够最大程度地促进学生对整本书的理解,从而真正做到读懂一本书与一类书。在项目化学习中,教师需要设计包含核心知识的驱动性问题,以此来回避零散问题带来的缺陷,即核心概念。特级教师袁爱国曾指出,驱动性问题的逻辑及创新程度决定了项目的深度与创新度。[1]可见,一个较好的驱动性问题可以直接影响学生学习的兴趣,并在促进低阶学习转向高阶学习的过程中,将学生的学习引向深处,实现整本书阅读的深度与广度。因此,提炼核心概念,设计驱动性问题,是宏观建构层面的重中之重。

1. 提炼核心概念

项目化学习的显著特征是以终为始,基于对学生所需掌握的知识的终点式思考,教师进行逆向设计。也就是说,教师在设计驱动性问题之前,首先需要提炼出整本书的核心概念。这是整本书项目化阅读设计的核心环节。但核心概念高度凝练,无法直接呈现给学生,就需要转化为学生看得懂、能思考的知识,即转化核心知识。只有转化出核心知识,教师才能制定出有效的教学目标和驱动性问题,才能避免整个项目旁枝斜出。一本书的知识主要包括具体性知识、概念性知识、原理性知识三个层次。其中原理性知识对应的不仅是具体某一本名著的内容,而是延伸至某一类名著的共性,强调学生在深刻理解某一本名著

---

[1] 袁爱国.相遇境界语文课[M].太原:山西教育出版社,2020:251-252.

的基础上,掌握对阅读该类名著的方法与思维,整本书的核心知识正是指向阅读方法与思维能力。

  整本书阅读的教学需要解决两个问题,即这本名著最值得教的是什么,学生阅读这本书时最需要读什么。教师在提炼整本书的核心知识时,首先要对文本进行详细的解读,确定这本书的核心教学点,并以此为中心,自上而下地建构相对应的知识体系。同时,教师也可以将问题的重点聚焦在"培养一个怎样的学习者""学生的收获是什么""这些知识对学生有什么用处"等方面。换言之,教师要将教学重点放在学生对应的需求上。结合整本书阅读的教学实际,笔者以为教师可以从聚焦课程标准、教材单元、名著特质、学生认知四个维度出发,于四者的交集中梳理并提炼核心知识。

  课程标准与教材名著导读中蕴含着当下初中阶段的学生从阅读中需要掌握的核心知识。《义务教育语文课程标准》提出"立足学生核心素养发展,充分发挥语文课程育人目标",明确表明核心素养的重要性。初中统编教材每学期安排了两次名著导读,既有对所读名著的内容介绍,也有相应的读书方法指导,并且在介绍的基础上给出了一定的专题。这些内容的设置,可以帮助教师更好地梳理学生需要从名著阅读中获得的知识,更好地明确自己教学的方向。统编教材规定了必读、选读的名著共36部。这些由不同作家创作的名著,风格不同,主题各异,体裁多样。不同特性的背后,意味着不同的阅读要求以及不同的阅读策略。若忽视了名著本身的特质,那么提炼核心知识的教学就无法让学生深入作品,自然也就无法让学生习得阅读方法并迁移。学生的认知情况决定了教师的教学从哪里开始,又去往何处。那些学生感兴趣却又无法自己独立掌握的核心知识点,才是教师教学时应重点关注与思考之处。

  基于以上,教师应立足全局,关联整本书内部,提取核心概念,明确核心知识;关联课程标准和核心素养,促进素养的生成;关联教材单元,寻找读写的结合点;关联学生阅读与生活,使得阅读真实发生,为学生的素养培育打底。

  2. 创设驱动问题

  问题能够驱动学习,本质上来说,项目化学习也是通过问题来激发学生对知识的思考和探索。值得注意的是,在项目化学习中的问题实际上又可细分为本质问题与驱动性问题。其中,本质问题指向事件的核心与本质,具有普遍性。教师提炼出核心概念后,依照一定的核心知识框架,提出本质问题,以此进一步明确教学目标。相比于驱动性问题,本质问题更为抽象,因而学生更难以理解。因此,教师在设计时,需要在提出本质问题的基础上,创设真实的情境,于情境中提出更易被学生接受的驱动性问题。由此可见,本质问题面向教师,驱动性问题才是学生真正需要直接面对且需要解决的问题。本质问题隐含在驱动性问题之中,因驱动性问题的解决而解决。创设驱动问题,需要教师思考教学指向的本质问题,并以此为基础,创设出适合学生与教学的情境,达成激发学生的学习兴趣,不断向深处追溯的目的。

好的驱动性问题决定了整个项目化学习的广度与深度。好的驱动性问题有四个标准。首先,具有学科性。虽然项目化学习极具综合性、实践性,但是语文学科属性是根本,不应被丢弃。整本书阅读教学的驱动性问题必然需要指向阅读本位,契合语文学科阅读的本质,为学生的真实阅读、深度阅读服务。其次,具有科学性。既要符合学生认知的规律,又要在实践层面真实可行。它不能过于具体而失去问题探究的空间,也不能过于抽象高远而超出学生能力范畴。因此,要基于学生的感受、质疑和发现设置问题。再次,具有递进性。驱动型问题属于一个范围较广的大问题,由多个小问题组成。学生为完成驱动型问题,需逐一解决小问题,通过解决小问题达到解决大问题的目的。最后,具有价值性。驱动性问题的创设不能只是引起学生的兴趣,而应在问题解决的过程中,促进学生的思维能力不断螺旋式上升,帮助学生真正完成知识的再建构。

基于以上四个标准,抓住本质问题与情境创设两个维度,教师则可以尝试按照以下方法进行驱动性问题的设计。

首先,关联名著,创设文本情境,问题转向的本质。基于项目化学习的整本书阅读教学,其本质是名著的整合阅读,教学应体现名著阅读的特性。阅读中涉及的知识与概念、方法与策略依旧是教学的主要关注点。因此,其驱动性问题的设计应该起于文本,服务于文本,巧妙关联文本中的难处、深处、矛盾处、思而不得处,从那些以精妙的文字创设出来的文本情境中,展现出名著的魅力,牢牢吸引学生对名著本身的目光,激发其探究热情,并将实践的任务紧紧根植于文本阅读,防止教学出现学科泛化、模糊化。

然后,关联社会,创设事实情境,问题导向争辩。教材中所选的名著都是经典之作,但许多学生却表示与这些经典有着一定的隔阂,而教师在教学中恰恰喜欢直接提问这些作品好在何处。这样的提问不仅因为常见而无法激起学生的思考兴趣,而且容易因无法真正消除学生内心的质疑,反而造成学生对经典之作的否定。其实,教师在设计驱动问题时可以关联现实,寻找名著作品、学生认知、社会现实三者之间的联系和冲突,通过唤醒学生个体的生活经验,创设事实情境,形成可以引起学生争议辩论的问题,来激发学生对作品存在价值的思考,提升学生的思辨能力。

最后,关联学生,创设情感情境,问题体现价值。名著看似著成已久,实则与学生的生活密切相关。那些被雕琢而成的文字根植于真实生活,更像是对生活的一种提炼,直指现实。可实际上,很多学生并不能理解书中那些文字与自己生活的关联。如果回归到学生这一教学原点,我们或许应该关注阅读这些名著对于学生而言究竟有何意义。因此,在设计项目驱动问题时,可以关联当下学生真实的生活和经历,激起他们真实的情感,让他们从名著中看到生活、反思生活并指导生活,让问题、让阅读体现出更为丰厚的思考意蕴与文化价值。

(二)微观设计

1.设计学习支架

基于项目化学习的整本书阅读教学可以让学生拥有更大的自由度,不再亦步亦趋地被动跟随教师的教学,但这并不意味着教师可以不作为,也不意味着教学的无序无组织。要使学生真正主动参与到项目化学习中来,需要教师提供多项有效的学习支架。有效的学习支架既要适合学情,能有效促进学生学习探究,又要包括不同类型,贯穿于整个项目的关键节点。这里的学习支架既包括指向思维层面的高阶认知,又包括指向实施过程的活动支架。

从思维层面来看,具体到整本书阅读中的项目化学习,学生更多需要运用到的高阶思维有创见、调研和系统分析。创见是指根据某一需要而进行原创性产品或过程的开发。教师可以采用一定的实例让学生理解创见的含义,提供创见过程的模式,并创造恰当的运用机会,比如基于原先的名著创写一个新的故事或结局。调研是将争论、矛盾进行澄清并解决的过程。通过资料的广泛收集,重新编写与组织信息,以他人能理解的方式进行呈现,从而将模糊的观点清晰化。以文学作品中经常出现的"英雄"母题为例,学生可以通过调研,对比多个作品,从而对文学作品中的"英雄"进行定义。系统分析则是通过描述的方式,明确系统内部各部分以及相互的作用。在整本书阅读的项目中,系统分析则体现在学生的整体性思维,比如系统分析小说各要素以及彼此之间的关联,从而对小说的人物、情节、主题等方面有更为深入的思考与理解。

从实施过程来看,项目化学习的活动支架需要存在于整个项目实施的不同阶段。教师可以设计指向活动准备的概念支架。在活动准备过程中,教师设计一定的概念支架,使得文学作品中那些关乎文本特征的概念更为具体化,比如小说中的主次人物、场景描写、链式结构等,诗歌中的陌生化手法、意象等,将知识转化为具体可操作的切入点,从而使得学生更具学科思维,帮助学生走进阅读文本,并与文本产生逐层深入的互动。可以设计指向活动过程的策略支架。这类支架的作用并非局限于某一细小知识点的理解与运用,还有利于整个思维路径的建构,因此这里策略支架的呈现应该具有过程化、流程化的特点。

2. 设计多元评价

项目化学习评价有自己的特性,与一般性的评价相比,其呈现出极为多元丰富的特点,因而可以作为传统纸笔测试的极好补充。首先,其评价的形式是多样的。项目化学习更强调知识的重构和问题的解决,因此,反思自我、口头评价、项目记录袋等都是它经常采用的形式。其次,评价的内容是多项的。作为实践性、综合性极强的学习方式,整本书阅读的项目往往会实施较长时间,因此公开成果与呈现以及各类学习实践等,也都被纳入评价的内容体系中,由此形成了过程评价与成果评价两大类。再者,评价的主体是多维的。在项目中,学生是整本书阅读学习真正的主体,不局限于课堂的小组合作。教师不再是学习评价的唯一权威,学生自己、小组成员、外部专家等都可以对学生的表现效果给出自己的评价。最后,评价的结果类型也是多元的。不同于传统的纸笔测试,成果的多样性决定了评价结果的多元性,分数、等级、评语、受欢迎程度等质性评价,多元的评价让学生能够得到更为全面的学习反馈,并及时地进行自我反思与调节。

第二章
群文阅读的理论构架

一、群文阅读教学的价值与意义

随着新课程改革的不断深入,语文教学领域正经历着一场深刻的变革。在这场变革中,培养学生语文核心素养、提升学生的阅读实践能力以及促进学生的全面发展被明确为当下语文教学改革的重中之重。为了实现这一目标,教育界不断探索创新的教学方法和模式。其中,"1+X"群文阅读作为一种新兴的阅读教学方法,逐渐受到了广泛的关注和认可。它被视为对传统单篇教学的有力补充,尤其在培养学生语文核心素养和提升教学质量等方面,展现出了其独特而显著的作用。这种教学方法不仅丰富了语文阅读的教学内容,还有效提升了学生的阅读兴趣和阅读能力,为语文教学改革注入了新的活力。

(一)初中语文群文阅读教学背景

1.教育改革的需求

《义务教育语文课程标准》在课程目标与学段要求的阐述中,明确指出了学生阅读能力培养的具体方向和重点,强调"学生要学会运用多种阅读方法,具有独立阅读能力",并进一步在具体学段要求中提出教师应引导学生学会自主制定个性化的阅读计划,鼓励他们广泛涉猎不同类型的读物,课外阅读总量应确保不低于260万字。这一规定不仅从阅读能力上提出了明确要求,也从阅读量上设定了具体的量化指标,体现了对于学生阅读素养全面发展的高度重视。

针对这一课程目标,群文阅读教学法作为一种创新的教学策略,其在提升学生阅读能力和拓宽阅读量方面具有显著优势。群文阅读教学法强调在教师的指导下,学生通过阅读相关联的文本,并对此进行比较、分析、综合等思维活动,从而深入理解文本内容,掌握有效的阅读方法,进而提升阅读能力。通过实施群文阅读教学法,教师可以更加有针对性地指导学生掌握和运用多种阅读方法,如预测、提问、总结、比较等,这些方法能够帮助学生更加深入地理解和分析文本，提高他们的阅读效率和理解能力。

同时，群文阅读教学法还有助于显著拓宽学生的阅读量。由于群文阅读通常涉及相关联的文本，学生在阅读过程中可以接触到更多不同类型的文章和书籍，从而拓宽他们的阅读视野。此外，群文阅读教学法鼓励学生自主制定个性化的阅读计划，根据自己的兴趣和需求选择阅读材料，这也有助于激发他们的阅读兴趣，进一步增加他们的阅读量。

除了对阅读能力和阅读量的明确要求外，《义务教育语文课程标准》还强调培养学生思维能力。"思维能力是指学生在语文学习过程中的联想想象、分析比较、归纳判断等认知表现，主要包括直觉思维、形象思维、逻辑思维、辩证思维和创造思维。"这一要求体现了对学生阅读思维能力和创造性思维的重视。

群文阅读教学法在培养学生多视角、多角度思维方式和创造性阅读能力方面具有独特优势。由于群文阅读材料相对较多，教师在组织教学的过程中会有比较大的选择余地，可以根据教学目标和学生的实际需求，灵活选择和组织阅读材料。这种灵活性不仅为教师的教学创新提供了广阔的空间，也为学生的阅读选择提供了更多的可能性。

在阅读过程中，学生可以通过阅读不同的文章，针对同一问题获得多个解答视角，从而培养他们的发散思维和创造性思维。例如，在阅读一组关于环保的文章时，学生可以从不同角度了解到环保的重要性、环保的措施以及环保面临的挑战等多个方面的内容，这有助于他们形成更加全面和深入的认识。同时，通过阅读不同作者对于同一问题的不同观点和论述，学生可以学会从不同角度思考和分析问题，培养他们的批判性思维和创新能力。

此外，群文阅读教学法还鼓励学生积极运用阅读期待、阅读反思与评论等多元化方法，有效拓展思维空间。在阅读前，教师可以引导学生对即将阅读的文本进行预测和期待，激发他们的阅读兴趣和好奇心；在阅读过程中，教师可以引导学生对文本进行深入的反思和分析，帮助他们理解文本的内涵和意义；在阅读后，教师可以鼓励学生对文本进行评论和讨论，分享他们的阅读感受和见解。这些多元化方法的运用不仅有助于提升学生的阅读品质，还能深化他们对文本的理解与领悟。

2.学生阅读素养的提升

在当前的信息化时代,学生面对着海量的阅读资源,这些资源涵盖了各个领域、各种形式的信息和知识。然而,如何有效地筛选、整合和利用这些资源,却成了一个亟待解决的问题。许多学生在面对大量的阅读材料时,往往感到无所适从,不知道如何入手,更不知道如何从中提取有用的信息。群文阅读教学正是针对这一问题而提出的解决方案。它通过选取一组相关联的文本,引导学生进行比较、分析、综合等思维活动,不仅有助于提升学生的阅读能力,如快速阅读、理解主旨、把握细节等,还能培养他们的批判性思维和创新性思维能力。这种教学方式强调从整体上把握文本内容,形成系统的知识体系,从而帮助学生更好地理解和应用所学知识,进而提升他们的阅读素养。

3.阅读教学方法的创新

传统的单篇阅读教学方法往往注重文本细节的分析和讲解,教师会对文章的每一个部分进行深入的剖析,但这种方法容易忽视学生整体阅读能力和思维能力的培养。学生往往只是被动地接受知识,缺乏主动思考和探究的机会。而群文阅读教学则打破了这一局限,它不再局限于单一文本的解读,而是通过引入多文本、多角度的阅读材料,激发学生的阅读兴趣,拓宽他们的阅读视野。这种教学方法鼓励学生在阅读过程中进行自主探究和合作学习,他们可以自己选择阅读材料,进行个性化的阅读计划,也可以与同学一起讨论、分享阅读心得。这样的教学方式促进了生生之间的互动和交流,使课堂变得更加生动有趣,同时也提高了课堂教学的有效性和趣味性。

4.适应时代发展的需求

随着社会的不断发展和进步,人们对教育的要求也越来越高。传统的教育模式已经无法满足现代社会的需求,人们更加注重培养学生的综合素质和实践能力。群文阅读教学作为一种新兴的阅读教学方法,正是应时代发展的需求而产生的。它不仅能够满足学生个性化阅读的需求,还能培养他们的团队合作精神和社会责任感。在群文阅读教学的过程中,学生需要与他人合作、分享、交流,这样的过程有助于培养他们的团队合作精神和沟通能力。同时,通过阅读不同主题、不同观点的文章,学生可以更加全面地了解社会、历史、文化等多方面的知识,从而培养他们的社会责任感。此外,群文阅读教学还有助于学生形成良好的阅读习惯和获得终身学习的能力。通过阅读大量的文本材料,学生可以逐渐掌握阅读的技巧和方法,形成自己的阅读策略。这样的阅读习惯将伴随他们一生,为他们未来的学习和生活打下坚实的基础。

综上所述,初中语文群文阅读教学的背景是多方面的,包括教育改革的需求、学生阅读素养的提升、阅读教学方法的创新以及适应时代发展的需求等。这些背景因素共同推动了群文阅读教学在初中语文课堂中的广泛应用和发展。

(二)初中语文群文阅读教学路径

初中语文群文阅读教学是一个多维度、系统化的过程,旨在通过整合多篇文章,引导学生进行比较、分析、综合等思维活动,从而提升学生的阅读能力和素养。下面将从教学目标的确定、教材选择与整体设计、教学过程设计、教学方法与策略、学生评价与反馈等几个方面详细阐述初中语文群文阅读教学的路径。

1. 教学目标的确定

教学目标的确定是群文阅读教学的基础,它直接指导着整个教学活动的设计与实施。在初中语文群文阅读教学中,教学目标应围绕以下几个方面展开。

阅读能力培养:提升学生的快速阅读、信息筛选、归纳总结等能力,使学生能够在有限的时间内高效完成多篇文本的阅读。

理解与分析能力:通过群文阅读,引导学生深入理解文本内容,分析文本之间的内在联系与差异,培养学生的批判性思维和创造性思维。

文学鉴赏能力:通过接触不同类型的文学作品,提升学生的文学鉴赏水平,使他们学会欣赏和评价文学作品的艺术价值。

自主学习与探究能力:鼓励学生自主制定阅读计划,选择阅读材料,进行探究性学习,培养学生的自主学习能力和终身学习习惯。

2. 教材选择与整体设计

教材选择与整体设计是群文阅读教学成功的关键。在教材选择上,教师应遵循以下原则。

多样性：选择不同类型的文本，如小说、散文、诗歌、说明文等，以丰富学生的阅读体验。

关联性：所选文本之间应具有内在联系，可以是同一主题、同一作者、同一文体等，以便于学生进行比较和分析。

适宜性：文本的难度和长度应适合初中学生的认知水平和阅读能力，避免过难或过易导致学生学习效果不佳。

在整体设计上，教师应根据教学目标和教材特点，制定合理的教学计划。教学计划应明确每个教学阶段的目标、任务和方法，确保教学活动有序进行。

3. 教学过程设计

教学过程设计是群文阅读教学的核心环节。在教学过程中，教师应遵循以下步骤。

引入阶段：通过提出问题、展示图片或视频等方式，激发学生的学习兴趣和好奇心，引导他们进入学习状态。

导学阶段：简要介绍文本背景、作者生平等相关知识，帮助学生建立对文本的基本认识。同时，明确阅读任务和要求，使学生有目的地进行阅读。

阅读阶段：学生根据教师的指导进行自主阅读或小组合作阅读。在阅读过程中，教师应适时引导学生关注文本的重点和难点，鼓励他们进行思考和讨论。

讨论与交流阶段：组织学生就文本内容进行讨论和交流，分享阅读心得和体会。教师应积极参与讨论，引导学生从不同角度思考问题，培养他们的批判性思维和创新性思维。

总结与提升阶段：对讨论结果进行总结归纳，提炼出文本的主题思想和艺术特色。同时，引导学生将所学知识应用到实际生活中去，提升他们的实践能力和综合素质。

4. 教学方法与策略

在群文阅读教学中，教师应采用多种教学方法和策略来激发学生的学习兴趣和积极性。

问题驱动法：通过设计具有启发性和挑战性的问题来引导学生进行深入阅

读和思考。问题应具有层次性和梯度性，以满足不同层次学生的需求。

比较阅读法：引导学生对多篇文本进行比较阅读和分析，找出它们之间的共性和差异。这种方法有助于培养学生的归纳概括能力和批判性思维。

合作学习法：组织学生进行小组合作学习，共同完成任务和目标。通过合作学习可以培养学生的团队合作精神和沟通能力。

多媒体辅助教学：利用多媒体技术手段来辅助教学活动，如展示图片、播放视频等。多媒体手段可以使教学内容更加生动直观，易于学生理解和掌握。

5.学生评价与反馈

学生评价与反馈是群文阅读教学不可或缺的一部分。通过评价可以了解学生的学习情况和教学效果，以便及时调整教学策略和方法。教师应着重采用以下几种评价模式。

多元化评价：采用多种评价方式相结合的方法，对学生进行全面评价。评价内容包括课堂表现、作业完成情况、小组讨论参与度等。

过程性评价：关注学生的学习过程而不仅仅是学习结果。通过观察学生在课堂上的表现，及时给予反馈和指导，帮助他们改进学习方法，提高学习效果。

自我评价与同伴评价：鼓励学生进行自我评价和同伴评价，培养他们的自我反思能力和团队协作能力。同时，同伴评价还可以为学生提供不同的视角和思路，帮助他们更全面地认识自己和他人。

综上所述，初中语文群文阅读教学是一个复杂而系统的过程，需要教师根据学生的实际情况和教学目标进行精心设计和实施。通过明确教学目标、合理选择教材、制定合理的教学计划、精心设计教学过程、采用多种教学方法和策略，以及注重学生评价与反馈等，有效地提升学生的阅读能力和素养，为他们的终身学习和发展打下坚实的基础。

(三)初中语文群文阅读教学意义

1.提升阅读能力和素养

群文阅读教学通过引导学生阅读多篇相关联的文本，进行比较、分析、综合等思维活动，有效提升学生的阅读速度、理解力、信息筛选和整合能力。这种教学方式有助于学生形成系统的知识体系,从而提升他们的整体阅读素养。

2.培养批判性和创新性思维

在群文阅读教学中,学生需要对比不同文本的观点、风格、结构等,这有助于他们发展批判性思维,学会从不同角度审视问题。同时,通过自主探究和合作学习,学生可以提出自己的见解,培养其创新性思维能力。

3.拓宽阅读视野和知识面

群文阅读教学打破了单篇文本的局限,引入多文本、多角度的阅读材料。这有助于学生接触更广泛的主题、体裁和风格,拓宽他们的阅读视野,增加知识面,提高文化素养。

4.促进自主学习和终身学习

群文阅读教学鼓励学生自主制定阅读计划,选择阅读材料,进行探究性学习。这种教学方式有助于培养学生的自主学习能力和终身学习习惯,为他们未来的学习和生活打下坚实的基础。

5.增强团队合作精神和社会责任感

在群文阅读教学过程中,学生需要与他人合作、分享、交流。这有助于培养他们的团队合作精神和沟通能力。同时,通过阅读不同主题、不同观点的文章,学生可以更加全面地了解社会、历史、文化等多方面的知识,从而增强他们的社会责任感。

综上所述,初中语文群文阅读教学在提升学生阅读能力和素养、培养批判性和创新性思维、拓宽阅读视野和知识面、促进自主学习和终身学习,以及增强团队合作精神和社会责任感等方面都具有重要意义。这种教学方式有助于实现初中语文教学的多元化目标,为学生的全面发展奠定坚实的基础。

二、概念界定

群文阅读,即群文阅读教学的简称,是近年来在我国悄然兴起的一种具有突破性的阅读教学实践。要研究群文阅读教学在初中语文课堂上的价值和意义,就必须对群文阅读的概念以及与其他阅读模式的区别加以明确。

(一)群文阅读的概念

赵镜中教授在全国第七届阅读教学观摩活动上的发言,首次明确提出了文本联结的阅读策略,如文本与文本的联结,经由文本唤起读者曾阅读过的其他文本。[①]

自此,"群文阅读教学"开始受到国内一线教师和学者们的广泛关注。蒋军晶特别关注了群文阅读中的文本数量,他提出:"群文阅读指的是在教学现场,在较短的时间内,向学生呈现多篇文章。"[②]

相关研究将群文阅读定义为一种由教师围绕特定议题,精选多篇文章,引导学生共同阅读、集体思考与意义建构,最终达成共识的教学过程。值得一提的是,当前,关于群文阅读教学的具体概念,在学术界尚未达成一致的共识。不过,可以清晰地观察到,学者们普遍聚焦于几个核心要素,即"单位时间""多议题""多文本""集体建构"以及"共识"。

基于现有的研究成果,笔者尝试对"群文阅读教学"进行如下定义:群文阅读教学是一种教学方式,它要求教师根据学生的实际情况,精心选择一个或多个议题,并根据这些议题来挑选相应的文本。在规定的时间内,师生共同围绕这些议题进行深入的阅读,通过整合信息、比较观点,进行集体建构,最终达成师生之间的共识。

(二)群文阅读与其他阅读方式的区别

1.阅读目的与关注点的不同

群文阅读教学与主题阅读教学,两者皆以中心议题或主题为核心,组织起多文本的教学活动,展现出一定的相似性。正因如此,对这两种教学模式进行细致区分显得尤为重要。

追溯历史,"主题阅读"的模式在中国古代已有萌芽,而现代学者窦桂梅老师对其给出了更为明确的定义:它是在充分尊重个人经验的基础上,围绕一个

---

① 李怀源.提升"阅读力"的教与学——台湾小语会会长赵镜中在全国第七届阅读教学观摩活动上的发言[J].小学语文教学,2008(12):6.

② 蒋军晶.让学生学会阅读——群文阅读这样做[M].北京:中国人民大学出版社,2016:33.

明确的主题,使多文本之间发生碰撞与交融,并注重在阅读过程中生成新的理解,最终实现课堂主题意义建构的一种开放式教学模式。

从定义层面审视,主题阅读与群文阅读确实存在诸多相似之处。然而,当我们深入内容层面时,两者之间的差异便逐渐显现。主题阅读所涉及的主题往往宏大且抽象,蕴含着深厚的人文特质,如"爱国""友情""青春""英雄"等。相比之下,群文阅读所探讨的议题则显得更为具体和微观,例如"诗词中的月亮"。此外,主题阅读的主题通常是明确且显性的,课堂进程主要由教师引导,学生则跟随教师的步伐进行阅读。而群文阅读的议题则是开放的、隐性的,需要师生共同参与、共同建构来完成阅读教学。

即便面对相同的主题,群文阅读教学也更加注重多元理解,它避免了教师对学生单向灌输的情况,从而使学生的思想更加开阔。

从阅读的结果来看,主题阅读的主要目标是让学生准确理解主题的内涵,在阅读活动结束后,学生能够对教师提出的主题形成一致的认识和理解。而群文阅读则更加注重在阅读过程中学生对议题的共同探讨,它致力于培养学生的阅读能力、主动探究精神,并要求学生最终形成自己的独特见解。

2.阅读资源与形式

群文阅读,这一阅读教学模式,其核心思想在于在单位时间内,紧密围绕一个或多个核心议题,精心挑选并组织一组具有内在逻辑和结构关联性的文本进行集体阅读。这一理念,在某种程度上,与著名教育家霍华德·加德纳(Howard Gardner)所提倡的"多元智能理论"相呼应,强调了在特定主题下,通过多样化的文本阅读,促进学生多元思维与理解能力的发展。正如加德纳所言,智力的展现是多维度的,群文阅读正是通过多文本的交织,构建了一个整体性的"理解结构",使学生在对比、联结、批判中深化认知。

相较于群文阅读,传统阅读(或称单篇阅读)则显得更为保守和单一,它主要以教材的范文为基点,一篇接一篇地进行教授,每篇课文的教学周期相对冗长。在传统阅读教学模式下,阅读材料往往局限于课本之内,缺乏多文本间的互文参照与关联性探索,这在一定程度上,限制了学生视野的拓宽与思维的深化。因此,我们可以看到,群文阅读作为一种创新的教学方式,正是对传统阅读模式的一种有力补充与超越,它鼓励学生在更广阔的文本世界中遨游,从而培养更加全面而深入的阅读理解能力。

3. 教学方法与过程

群文阅读教学,正如教育学家杜威在其著作《民主主义与教育》中所倡导的"以学生为中心"的教育理念,鼓励学生之间的讨论与交流,通过精心设计的策略激发学生的问题意识,鼓励他们不仅处理问题,更提出问题并寻求解决方案。这一教学模式深刻体现了杜威所强调的"从做中学"的原则,即通过实践、探究与合作来深化学习体验。群文阅读强调集体建构和共识的达成,师生在阅读过程中共同构建文本的意义,这一过程与维果茨基的"社会建构主义"理论相呼应,认为知识是在社会互动中不断建构和发展的。

相比之下,传统阅读(或单篇阅读)在教学模式上,更接近于赫尔巴特的"四段教学法",四段教学法,即教学的"形式阶段",立足于赫尔巴特的观念心理学,即"清楚""联合""系统""方法"。"清楚"是指静止的专心,只要是纯正而明确的话,是能够看清楚各个事物的。其中教师的主导性十分明显,学习目标和评价标准高度统一且标准化。教师扮演着引导者的角色,通过讲解、纠正和批改作业,引导学生达到预设的知识水平。这种教学过程相对单一,主要聚焦于对单篇课文的深入解读和分析,虽然有助于基础知识的巩固,但在促进学生获得多元思维和批判性思维能力方面略显不足。因此,群文阅读教学模式的引入,可以视为对传统阅读教学模式的一种重要补充和创新,它更加强调学生的主体性和参与性,通过多文本的阅读与比较,为学生搭建一个培养多元思维和批判性思维的广阔舞台。

4. 阅读方式与策略

群文阅读教学模式,深受现代教育理念的影响,尤为注重阅读方式的多样化,这一观点与莫提默·J.艾德勒在《如何阅读一本书》中的论述不谋而合。艾德勒强调,根据读物的性质、量以及读物之间的内在联系和对读物理解的深浅程度,灵活选择略读、浏览、跳读、精读等多种阅读方式,是提升阅读效率与理解力的关键。①群文阅读不仅倡导阅读方式的灵活性,还尤为强调阅读策略的有效运用,如比较、整合、归纳等,这些策略的应用,正如大卫·迪金森在其著作《阅读与大脑:阅读如何改变我们的思维》中所揭示的,能够显著提升学生的阅读效率与深度理解能力。

相比之下,传统阅读(或单篇阅读)模式,则更多遵循了传统教材阅读的要求,侧重于字正腔圆地朗读、富有感情地朗读,乃至熟读成诵,并力求理解文章的字面意义。然而,这一模式在阅读方式的运用上显得相对固定,缺乏必要的多样性和灵活性,正如肯尼斯·古德曼在其著作《阅读的奇迹:为什么我们的孩子读不懂也不会写作》中指出的,这样的阅读方式可能限制了学生阅读能力的全面发展。同时,传统阅读模式也较少涉及阅读策略的系统教学与实际运用,这在一定程度上影响了学生阅读能力的深度拓展与迁移应用。

5. 阅读评价与反馈

群文阅读的测评体系,深受现代教育评估理论的启发,主张根据不同层次和角度设计多样化的问题,以容纳并鼓励不同层次的理解,这一观点与格兰特·威金斯和杰伊·麦克泰在其著作《追求理解的教学设计》中强调的"理解六侧面"不谋而合,即倡导从解释、阐明、应用、洞察、神入和自知等多个维度来评估学生的理解深度。群文阅读测评更注重学生自我个性思维的发展和对阅读材料整体性的把握,体现了教育学家霍华德·加德纳在多元智能理论中所倡导的个体差异与全面发展的理念。

相比之下,传统阅读(或单篇阅读)的评价内容,往往严格围绕课文本身设计问题,且这些问题多半预设了标准答案。这种评价方式,正如艾尔菲·科恩在其著作《被过度管教的孩子》中所批评的,可能过于狭隘,难以全面、真实地反映学生的阅读能力和思维水平的多样性。

综上所述,群文阅读与传统阅读方式在阅读目的、阅读资源与形式、教学方法与过程、阅读方式与策略,以及阅读评价与反馈等方面均展现出显著的区别。群文阅读作为一种新兴的阅读教学方式,其核心理念与杜威的"以学生为中心"

---

① 艾德勒.如何阅读一本书[M].北京:商务印书馆,2014:16-21,83,91.

的教育哲学相呼应,更加注重激发学生的主体性和参与性,通过多文本的阅读和集体建构的过程,有效培养学生的综合素养和批判性思维能力,为当代阅读教学实践注入了新的活力与可能。

三、群文阅读教学的策略构建与优化

在当今教育改革的浪潮中,群文阅读教学作为一种新兴的教学模式,正逐渐受到广大师生的关注与重视。它强调通过多文本的阅读与比较,培养学生的综合素养和批判性思维能力,为阅读教学开辟了新的路径。本书中的群文阅读教学是指:一种以群体合作为基础,通过多文本阅读促进学生综合素养和批判性思维能力发展的阅读教学方法。

(一)群文阅读教学的内涵与特点

群文阅读教学,顾名思义,是指围绕一个或多个议题,选择一组具有内在联系的文章,通过师生共同阅读、讨论、建构意义的过程,达到提升学生阅读能力和思维品质的目的。这一概念最早由台湾的赵镜中先生提出,并在后续的教育实践中得到不断发展和完善。

群文阅读教学具有以下几个显著特点。

多文本性:群文阅读教学的基础是多文本阅读,即一组具有内在联系的文章。这些文章可以是同一主题下的不同作品,也可以是同一作者的不同作品,还可以是不同文体、不同风格的文章。多文本阅读为学生提供了丰富的阅读材料和多元的阅读视角。

议题导向性:群文阅读教学的核心在于议题的选择与确定。议题应具有可议论性和可讨论性,能够贯穿整个教学过程,成为连接多篇文本的纽带。议题的选择应紧扣教学目标和学生实际,激发学生的学习兴趣和思考欲望。

集体建构性:群文阅读教学强调师生共同阅读、讨论、建构意义的过程。在这个过程中,学生不再是被动接受知识的个体,而是积极参与、主动建构意义的主体。教师则扮演引导者、促进者的角色,通过提问、引导、反馈等方式,帮助学生深入理解文本,形成自己的见解和观点。

思维训练性:群文阅读教学注重培养学生的批判性思维、创新思维和多元

思维能力。通过多文本的阅读与比较，学生可以学会从不同角度审视问题、分析问题，形成自己的独立见解和批判意识。同时，群文阅读教学还鼓励学生进行创造性阅读，发挥想象力，创作出具有个人特色的作品。

(二)群文阅读教学的策略构建

群文阅读教学的策略构建是一个系统工程，需要教师在教学实践中不断探索、总结和完善。

1.议题选择与确定策略

议题的选择与确定是群文阅读教学的首要任务。一个好的议题能够激发学生的学习兴趣和思考欲望，引导他们深入阅读文本、理解文本背后的深层含义。

紧扣教学目标：议题的选择应紧密围绕教学目标进行。教师应根据课程标准和教材要求，明确本节课的教学目标，然后选择与之相关的议题作为教学的主线。例如，在教授《红楼梦》选段时，可以选择"家族兴衰与人物命运"作为议题，引导学生深入探讨家族兴衰对人物命运的影响。

贴近学生实际：议题的选择还应贴近学生的生活实际和认知水平。教师应了解学生的兴趣爱好、生活经验和学习需求，选择那些能够引起学生共鸣、激发他们思考欲望的议题。例如，在教授环保主题的文章时，可以选择"人与自然和谐共生"作为议题，引导学生关注环保问题、思考人类与自然的关系。

具有可议论性：一个好的议题应具有可议论性和可讨论性。它应该能够引发学生从不同观点和角度进行思考，促进他们之间的交流和碰撞。例如，在教授《孔乙己》时，可以选择"孔乙己的悲剧根源"作为议题，引导学生从社会制度、个人性格等多个角度探讨孔乙己的悲剧命运。

2.文本选择与组合策略

文本的选择与组合是群文阅读教学的关键环节。教师应根据议题和教学目标精心选择一组具有内在联系的文章组成群文供学生阅读。

多样性原则：文本的选择应遵循多样性原则。这包括文体的多样性（如小说、散文、诗歌等）、作者的多样性（如不同国籍、不同时代的作者）、风格的多样性(如写实主义、浪漫主义等)等。多样性的文本能够为学生提供更加丰富的阅读体验和多元的阅读视角。

关联性原则:文本之间应具有一定的关联性。这种关联性可以体现在主题上(如多篇文章围绕同一主题展开)、情节上(如多篇文章在情节上有相似之处或相互呼应)、人物上(如多篇文章中出现相同或相似的人物形象)等。关联性强的文本能够帮助学生更好地理解议题、形成系统的知识体系。

层次性原则:文本的选择还应遵循层次性原则。教师应根据学生的认知水平和阅读能力选择不同难度的文本组成群文。一般来说,群文阅读中的文本应由易到难、由浅入深地排列,以便学生逐步深入阅读、理解文本内容。

3. 阅读过程指导策略

阅读过程指导是群文阅读教学的核心环节。教师应通过有效的指导策略帮助学生掌握阅读方法、提高阅读效率和质量。

预读策略:在正式阅读之前,教师可以先让学生预读文本了解大意。预读的方式可以包括浏览标题、副标题、插图、开头和结尾等关键部分快速获取文本信息。预读有助于学生形成对文本的整体印象,为后续深入阅读打下基础。

精读与略读结合策略:群文阅读教学中的文本数量较多,如果每篇文章都进行精读,时间上显然不允许。因此教师应引导学生采用精读与略读相结合的方式进行阅读。对于重点篇目或关键段落可以采用精读的方式进行深入分析和理解,对于非重点篇目或次要段落则可以采用略读的方式进行快速浏览以获取基本信息。

比较与归纳策略:群文阅读教学强调多文本的阅读与比较。因此教师应引导学生运用比较与归纳的策略对多篇文本进行分析和整理。例如可以将多篇文本中相同或相似的主题、情节、人物形象等进行归纳整理,也可以将多篇文本中不同的观点、写法等进行比较分析,以促进学生深入思考和理解文本背后的深层含义。

4. 思维训练策略

群文阅读教学注重培养学生的批判性思维、创新思维和多元思维能力。因此教师应在教学过程中注重思维训练策略的运用。

提问策略：提问是激发学生思维的有效方式之一。教师可以通过设计富有启发性、挑战性的问题引导学生深入思考文本内容。例如可以提出一些开放性的问题让学生自由发表见解；也可以提出一些假设性的问题让学生进行推理和想象等。

讨论与交流策略：讨论与交流是促进学生思维碰撞和共享的重要方式之一。教师可以组织学生进行小组讨论或全班讨论，让他们围绕议题发表自己的见解和观点。在讨论过程中教师应鼓励学生积极发言、勇于质疑、善于倾听，并学会从他人的观点中汲取营养以丰富自己的思考。

创造性阅读策略：创造性阅读是培养学生创新思维的重要途径之一。教师可以鼓励学生进行创造性阅读，让他们在阅读过程中发挥想象力进行创造性加工和创作。例如，可以让学生根据文本内容进行续写、改写或创作相关作品等，以激发他们的创造力和想象力。

(三)群文阅读教学的优化路径

虽然群文阅读教学在实践中取得了一定的成效，但也存在一些问题和不足。为了进一步提高群文阅读教学的效果和质量，我们需要不断探索和优化其路径。以下是一些基于名家著作、讲话等理论支撑的优化建议。

1.教师培训与专业发展

教师是群文阅读教学的实施者和推动者，他们的专业素养和教学能力直接影响着群文阅读教学的效果和质量。因此，加强教师培训与鼓励专业发展是提高群文阅读教学质量的重要途径。

加强教师培训：学校可以邀请专家、学者为教师进行群文阅读教学的专题培训，让他们了解群文阅读教学的理念、特点和实践路径；同时也可以通过案例分析、经验分享等方式帮助教师掌握群文阅读教学的具体方法和技巧。

鼓励专业发展：教师也应注重自主学习不断提升自己的专业素养和教学能力。他们可以通过阅读相关书籍、观看教学视频、参加在线课程等方式学习先进的教育理念和教学方法；同时也可以通过反思自己的教学实践总结经验教训不断改进自己的教学方法和策略。

2.教学资源与评价体系

教学资源是群文阅读教学的重要保障之一,而利用评价体系进行评价则是检验群文阅读教学效果的重要手段之一。因此丰富教学资源与构建多元化评价体系是提高群文阅读教学质量的重要途径。

丰富教学资源:学校应为教师提供丰富的教学资源,包括教材、教辅资料、网络资源等,以便教师根据教学需要选择合适的文本组成群文供学生阅读。同时,学校还可以建立自己的教学资源库,将优秀的群文阅读教学案例、课件等资源进行整理和分享,以便教师之间相互学习和借鉴。

构建多元化评价体系:传统的评价体系往往侧重于对学生知识掌握程度的评价,而忽视了对学生思维能力、情感态度等方面的评价。因此我们需要构建多元化的评价体系,从多个维度全面评价学生的群文阅读能力和素养。例如,可以采用量化评价和质性评价相结合的方式,既关注学生的阅读量、阅读速度等量化指标,也关注学生的阅读兴趣、阅读习惯、思维能力等质性指标;同时还可以通过学生自评、互评等方式让学生参与到评价过程中来,培养他们的自我反思和自我提升能力。

3.家校合作与社区参与

加强家校合作与拓展社区阅读资源是提高学生群文阅读能力的重要途径。家长和社区成员的支持与参与可以为学生提供更加丰富的阅读资源和更加广阔的阅读空间。

加强家校合作:学校应加强与家长的沟通与合作,让家长了解群文阅读教学的理念、特点和实践路径;同时也可以通过家长会、家校联系册等方式向家长介绍学生的阅读情况和进一步让家长更加关注和支持学生的阅读活动。此外,学校还可以鼓励家长与孩子一起阅读共同分享阅读的乐趣和收获,以营造良好的家庭阅读氛围。

拓展社区阅读资源:学校还可以积极拓展社区阅读资源,如利用图书馆、书店、文化场所等,为学生提供更加丰富的阅读材料和更加广阔的阅读空间。例如,可以与当地图书馆合作开展联合阅读活动,也可以邀请作家、学者等走进校园,为学生举办讲座或读书会等活动,以激发学生的阅读兴趣和提高他们的阅读能力。

群文阅读教学作为一种新兴的教学模式正在逐渐受到广大师生的关注与重视。它强调通过多文本的阅读与比较,培养学生的综合素养和批判性思维能力,为阅读教学开辟了新的路径。然而群文阅读教学的实践还面临着一些挑战和问题,需要我们不断探索和优化其策略路径。通过教师培训与专业发展、教学资源与评价体系,以及家校合作与社区参与等方面的加强,我们可以进一步提高群文阅读教学的效果和质量,为学生的全面发展奠定坚实的基础。

第三章
项目化阅读的教学设计

探秘昆虫王国 筑造科普殿堂
——《昆虫记》整本书项目化阅读教学设计

设计人：范富玉

一、名著价值在项目式阅读中的彰显

在当下名著阅读项目的热烈开展中，《昆虫记》作为部编版初中语文八年级上册的必读书目，其独特魅力与价值愈发凸显。这部由法国杰出昆虫学家、文学家法布尔倾尽三十年心血铸就的10卷科普巨著，不仅是科学探索的瑰宝，更是文学与哲学的交融之作，跨界能手法布尔以其科学家之严谨、文学家之诗意、哲学家之深邃，为我们打开了一个充满奥秘与启迪的昆虫世界。

首先，从科学教育的角度来看，《昆虫记》基于法布尔详尽的第一手观察资料，细腻描绘了昆虫的形态特征、生活习性、繁衍和死亡等不同生命周期，将那些鲜为人知、妙趣横生的昆虫生活场景生动呈现。这不仅是一次对昆虫世界的深度揭秘，更是一场科学知识的盛宴。学生阅读此书，不仅能收获丰富的科学知识，更能激发对自然科学的浓厚兴趣与探索欲望，为培养科学素养奠定坚实基础。

其次，在名著阅读项目的实践中，《昆虫记》的研究方法成为了学生思维的磨砺石。法布尔以初步观察为起点，经过问题发现、假设提出、实验设计、结果观察、反复验证直至结论得出的严谨过程，为学生展示了科学研究的真谛。跟随法布尔的脚步，学生不仅能学习到科学研究的基本方法，更能在思维碰撞中锻炼逻辑推理能力，提升问题解决技巧，实现思维的成长与飞跃。

最后，从文学与哲学的维度审视，《昆虫记》超越了传统科普作品的范畴。法布尔以生动的笔触、诙谐的语言，将昆虫拟人化，赋予其情感与灵魂。他不仅在描述昆虫的多彩生活中融入了自己的人生感悟，更通过虫性反观人性，流露出对生命的敬畏、对自然的热爱，以及对人类行为与文明的深刻反思。这种科

学性、哲学性与文学性的完美融合,使得《昆虫记》成为了一部跨越时空的经典之作,对于培养学生的文学素养、人文精神以及提升对自然界的认识与思考能力,均具有不可估量的价值。

综上所述,《昆虫记》在名著阅读项目中的价值不言而喻。它不仅是对昆虫世界的科学探索,更是对人类精神世界的一次深刻挖掘与启迪。通过阅读这部经典之作,学生不仅能够获得丰富的科普知识,更能在思维的磨砺、情感的熏陶与人文精神的滋养中,成长为具有科学素养、文学情怀与哲学思考能力的全面发展人才。

二、《昆虫记》项目式学习的可行性探析

在《义务教育语文课程标准》的引领下,整本书阅读已成为语文教学不可或缺的重要组成部分,旨在通过培养学生的阅读兴趣和习惯,逐步构建多元化的阅读经验体系。面对当前学生在阅读名著中存在的浅尝辄止、缺乏深度思考等学情问题,项目式学习以其综合性、实践性、探究性的特点,为《昆虫记》这类经典名著的阅读提供了全新的路径与可能。

《义务教育语文课程标准》明确指出,义务教育语文课程结构遵循学生身心发展规律,以生活为基础,以语文实践活动为主线。构建学习任务群,引导学生在阅读中探索个性化方法,分享感受,开展专题探究,从而丰富精神世界。在这一理念下,《昆虫记》项目式学习恰好契合了"拓展型学习任务群"中整本书阅读的目标,尤其是第四学段(7~9年级)所强调的多样化活动、名著阅读拓展以及跨媒介表达,为学生提供了广阔的探索空间和表达平台。

针对学生在阅读名著中往往停留于表面、难以深入的问题,项目式学习通过设计一系列阶梯式的学习问题和交流活动,引导学生从多个角度、多个层面去理解和评价《昆虫记》。例如,学生可以围绕昆虫的生态习性、法布尔的观察方法、作品中的文学与哲学意蕴等主题进行专题探究,通过小组讨论、汇报展示等形式,分享自己的阅读发现和感悟。这种学习方式不仅有助于提高学生的理解和评价能力,还能激发他们的创新思维和实践能力。

同时,《义务教育语文课程标准》在"跨学科学习"中的倡导,为《昆虫记》项目式学习提供了更广阔的视野。教师可以引导学生将生物学、文学、哲学等多

学科知识融入阅读过程,通过跨学科的探究和交流,拓宽语文学习和运用的领域。比如,学生可以结合生物学知识分析昆虫的行为模式,运用文学手法创作关于昆虫的短篇小说或诗歌,甚至从哲学角度思考昆虫与人类的关系,从而在综合运用多学科知识的过程中提升语言文字运用能力。

此外,《义务教育语文课程标准》强调的"教—学—评"一体化理念,也为《昆虫记》项目化阅读的实施提供了有力的保障。教师可以通过设计评价量表、告知评价标准,引导学生在小组合作和汇报展示中合理使用评价工具,形成评价结果。这种评价方式不仅有助于学生把握评价尺度、学会评价,还能促进深度阅读的实现,使学生在评价中不断成长和进步。

综上所述,《昆虫记》项目化阅读在《义务教育语文课程标准》的指引下,以其独特的优势解决了当前学生阅读名著中存在的问题,为学生提供了深度阅读、跨学科学习和综合评价的广阔平台。通过项目化阅读,学生不仅能够深入理解和评价《昆虫记》这部经典名著,还能在实践中不断提高语文核心素养,形成一定的学习成果,最终实现全面而有个性的发展。

(一)课程标准支撑

《义务教育语文课程标准》明确将整本书阅读融入教材体系,视为语文教学的核心组成部分。该标准倡导以培养学生的整本书阅读兴趣和习惯为基石,逐步构建多元化的阅读经验。它提出创设综合性、阶梯式的学习问题和交流活动,旨在提升学生的理解和评价能力。

在课程理念上,强调语文课程结构遵循学生身心发展规律和核心素养形成的内在逻辑,以生活为基础,以语文实践活动为主线,以学习主题为引领,以学习任务为载体,整合学习内容、情境、方法和资源,精心设计语文学习任务群。

在学段要求方面,"阅读与鉴赏"要求学生探索个性化的阅读方法,分享阅读感受,开展专题探究,建构阅读整本书的经验,感受经典名著的艺术魅力,丰富精神世界。"表达与交流"则鼓励学生自信、负责地表达观点,有条理地发表看法。"梳理与探究"则注重培养学生跨媒介阅读与运用的能力,以及用多种形式展示学习成果的能力。

特别值得一提的是,《昆虫记》整本书阅读完美契合"拓展型学习任务群"中的"整本书阅读"要求。针对7~9年级学生，该任务群旨在通过多种活动丰富和拓展对名著的阅读，借助多种媒介讲述、推荐内容，并结合阅读体会，撰写文学鉴赏文章。

在"跨学科学习"领域，鼓励学生将语文学习与课堂内外、学校内外的实践相结合，围绕有意义的话题开展阅读、梳理、探究、交流等活动，综合运用多学科知识解决问题，提高语言文字的运用能力。

此外，"课堂教学评价建议"强调教师应树立"教—学—评"一体化意识，通过设计评价量表、告知评价标准，引导学生合理使用评价工具，形成评价结果，从而实现深度阅读的目标。

新课标的实施更加凸显了合作学习在解决阅读问题中的重要性，强调培养学生的创新精神和实践能力。它要求学生独立完整地阅读名著，并在阅读后形成初步体验，而教师则需关注学生的阅读过程，将其模糊的感悟引向深入。新课标建议创造一个有利于自觉、合作和探究学习的环境，让学生在实践中提升语文核心素养，形成学习成果，达到深度阅读的目的。

(二)学情深度剖析

八年级学生正处于一个特殊的成长阶段，他们既对生动有趣的故事情有独钟，也开始关注内心世界，渴望从作品中获得共鸣和感动。此时，他们的抽象思维逐渐成熟，世界观和价值观正在形成。《昆虫记》情趣与理趣的交织，恰好符合八年级学生的年龄特点和思维特点。

然而，以往的整本书阅读往往停留在浅层化、碎片化甚至随意化的层面，缺乏整合归纳和深度思考的过程。这样的阅读方式难以激发学生的深度学习兴趣，更难以将经典著作的丰富价值转化为学生的精神内核，提升其核心素养。

(三)项目化学习的引入

项目化学习作为一种"从做中学"的学习方式，具有综合性、实践性、探索性等特点，能够有效培养学生在复杂的情境中解决实际问题的能力。在名著整本书阅读中引入项目化学习，可以极大程度地避免碎片化、浅层化、随意性阅读的问题，引导学生通过丰富具体的活动深入理解作品，同时获得审美乐趣。

项目化学习强调"真实情境、复杂问题、专业设计、合作完成、成果导向及评价跟进",以问题为驱动,注重持续性的深入探究学习。夏雪梅博士在《项目化学习设计:学习素养视角下的国际与本土实践》中指出,项目化学习旨在再建构学生的核心知识,为学生创建真实的驱动性问题,并让学生呈现可视化、可评估的成果。①一个完整的项目化学习活动应从核心知识、驱动性问题、高阶认知策略、学习实践、公开成果、学习评价6个维度进行设计。

在培育和发展学生核心素养的当下,整本书阅读作为语文课程的重要组成部分,有助于促进语文课程内部学习领域的整合以及课程外部相关学科的整合。因此,我们需要在日常教学中融入整本书阅读教学,让学生实现个性化阅读并深度参与。项目学习作为一种具有挑战性的综合实践学习方式,能够促进学生整体建构、深度理解,是实现有质量的深度学习的有效途径。

《昆虫记》原书共10卷,初中阶段要求阅读的是节选本,介绍了十几种昆虫的习性和生活。由于这些篇目相对独立,学生读完之后难以形成系统的联系。这种情况正适合通过项目化学习活动来探究学生对名著内容的认识,进而从个别到一般,总结出《昆虫记》的科学性、哲学性与文学性三重特征。

实践证明,开展《昆虫记》项目化阅读是完全符合学生需求的,且实施效果显著。我们围绕本书科学性与人文性相统一,以及法布尔以"人性"观照"虫性"的文本特质,策划了法布尔昆虫博物馆项目。通过为期六周的项目化阅读学习,学生将核心任务分解为设计法布尔雕塑、昆虫展厅和实验体验馆等子任务,要求给展厅命名、选择展出的昆虫并说明设计理由。这些任务既适切又具有挑战性,且学生自主设计各展示环节的评价量表,实现了"教—学—评"一体化。这一项目对培养学生"专家思维"、跨学科解决真实问题的能力,以及培育语文学科核心素养具有显著的成果。

(四)学习内容的明确

综合以上分析,《昆虫记》整本书项目化阅读教学设计的学习内容主要聚焦于以下几点:科普知识、语言特色、科学精神。

---

① 夏雪梅.项目化学习设计:学习素养视角下的国际与本土实践[M].北京:教育科学出版社,2018:10-14.

(五)学习目标

1.语言目标

(1)欣赏本书语言的特点:既具备科普作品共性,即准确生动,又具备本书个性,即睿智温情。

(2)整合、提取整本书的相关知识,有机结合现实生活,完成法布尔昆虫博物馆项目的实施,培养学生创意表达的能力。

2.思维目标

(1)通过设计昆虫展厅,绘制展厅设计思维导图,提高学生提取信息、整合信息的能力。

(2)以思维导图、表格梳理、绘制图画配以文字解说等方式呈现阶段性探究成果,提高思维开放性,促进思维结构化。

3.价值目标

(1)激发科普性作品的阅读兴趣,体会科普性作品的科学精神。

(2)学习法布尔严谨求实、持之以恒的探究精神,热爱生命、敬畏生命的人文情怀,以及对人类行为、人类文明进行观照与反思的哲思之光。

(六)核心任务

《昆虫记》整本书阅读项目化学习的主要任务是:为纪念"昆虫界的荷马"——法布尔,让同学们走近法布尔、走进昆虫世界,得到善的感染和美的熏陶,培养探索精神,我们打算以阅读《昆虫记》为基础,策划昆虫展厅、体验馆等项目。

第一课段

项目实施激趣课

【教学目标】

1. 明确博物馆的构成,学会制作阅读与项目实施计划表和过程性评价量表。

2. 完成《昆虫记》整本书阅读。

【课时安排】

2课时。

【教学准备】

《昆虫记》。

【教学流程】

学生根据平时组建的学习小组,以昆虫博物馆项目策划人的身份,结合《昆虫记》中的相关内容,利用节假日去博物馆实地考察,小组成员自主分工合作:记录博物馆内容构成(拍照记录、文字记录),根据参观昆虫博物馆的流程绘出博物馆构成流程图。

目的:在已有经验的基础上,有目的地参观博物馆,明确昆虫博物馆项目设计应包含哪些内容。

任务一:探讨完成项目策划书

作为策划人,法布尔昆虫博物馆项目设计应包含哪些关键部分?

请小组各代表逐一展出博物馆构成流程图,同学们比对各小组绘制的流程图,再根据《昆虫记》整本书中大家最感兴趣的内容特点,探讨完成我们自己的法布尔昆虫博物馆项目策划书。

提示:法布尔昆虫博物馆项目策划书的关键组成部分可以包含展厅设计、实验体验馆设计、法布尔雕像设计。

任务二:分组讨论完成项目任务分解与进度安排表

可参考示例(表3-1-1)。

表3-1-1 项目任务分解与进度安排表

阶段	方式	分组	时间	主要任务	任务分解
第一阶段	自主阅读	全班	第1周	速读——通看概览	速读封面、编者的话、目录、导读;拆读标题;通览全书
			第2周	细读——梳理建档	根据自己的兴趣,选择昆虫,筛选信息,制作昆虫"身份证"
第二阶段	分组研究实践	2个组18人	第3~4周	精读——揣摩探究	为法布尔昆虫博物馆设计展厅	1.分设展厅:结合文本查阅资料,分类整合设计展厅 2.展厅命名:根据展厅特点给展厅取一个生动有趣的名称 3.文字简介:用一段文字介绍展厅命名及设计的意图 4.记录过程:拍照及记录任务实施过程
		2个组18人			为法布尔昆虫博物馆设计体验馆	1.选定项目:选择一个昆虫实验,结合文本深入研读文本,选定昆虫 2.设计活动:用游戏、图画、思维导图等方式制作,来体验实验过程,获得相关昆虫知识和实验方法 3.文字简介:介绍游戏方法及设计意图
		2个组18人			为法布尔昆虫博物馆设计雕像	1.绘制简图:用A4纸绘制雕像平面图 2.文字简介:用一段文字描述雕像 3.设计意图:用简洁的文字对你的设计进行解说 4.记录过程:拍照及记录任务实施过程

续表

阶段	方式	分组	时间	主要任务	任务分解
第三阶段	汇报	6个组 54人	第5周	阅读成果汇报展示	分小组汇报并展示

任务三：分组讨论、制定各部分的活动评价量表

可参考示例（表3-1-2至3-1-4）。

表3-1-2　博物馆昆虫展厅设计评价量表

评价标准	分值(分)	得分
展厅命名贴切、新颖动听	20	
展厅分类有理有据	30	
展厅设计意图明确	30	
解说声音洪亮、仪态大方、自信从容	20	
总分	100	

表3-1-3　博物馆体验馆设计星级评价量表

评价标准	分值(星)	得分
体验馆设计趣味性强	5	
体验馆活动设计科学,尊重法布尔实验过程	5	
设计意图明确	5	
解说声音洪亮、仪态大方、自信从容	5	
总分	20	

表3-1-4　法布尔雕像设计评价量表

评价标准	分值(分)	得分
绘制的雕像图画形象美观	20	
对雕像的描述清楚明白,符合《昆虫记》中法布尔的人物形象	20	
设计意图明确	40	
解说声音洪亮、仪态大方、自信从容	20	
总分	100	

任务四：完成整本书阅读

阅读统编版八上语文书名著导读(131~133页)，了解科普作品的特点，用一周时间完成《昆虫记》整本书阅读。

知识卡片：

1.读科普作品能获取科学知识，提高科学素养，培养探究科学问题的兴趣。科普作品的写作目的是普及科学知识，增进大众对科学的了解。它的种类很多，如解说科学原理、探讨科学问题、介绍科学应用、展望科学前沿、回顾科学历史等。这些科普作品种类繁多，但都有一个共同点，都力求深入浅出，用通俗的语言说明严肃、抽象的事理，以利于科学知识的传播。

2.阅读方法指导：①借助前言、后记或附录中有关作家作品的介绍，了解作家的生平事迹、科学成就和全书的大致内容，为阅读整本书做准备。②阅读中若遇到一些专业性强的概念、术语，要学会查阅工具书或相关资料，把握其含义，要运用自己在课内外学到的知识加强理解，深化认识。③体会科普作品蕴含的科学思维、科学理念和科学精神，扩大我们的知识领域。

第二课段

设计昆虫展厅

【教学目标】

通读《昆虫记》,根据昆虫特点制作昆虫"身份证",梳理整本书内容;小组合作从昆虫习性及成长经历等不同角度筛选感兴趣的昆虫类别,设计昆虫展厅。

【课时安排】

1课时。

【教学准备】

《昆虫记》。

【教学流程】

1.圈点批注昆虫的相关特点,如名字、住所、特长、繁殖、劳作等,为它们制作"身份证"。

2.小组合作,以昆虫"身份证"为基础,选择自己感兴趣的一个方面,根据评价量表设计昆虫展厅。

任务一:自主设计昆虫"身份证"

可参考示例(表3-1-5)。

表3-1-5 昆虫"身份证"

昆虫名称	蝉	我来给它画张像:
食性	吸食树木的汁液来维持生命	
外形特征	蝉有两对翅膜,形态基本相同,头部宽大而短,有明显突出的额唇基,视力相当好,复眼不大,位于头部,两侧分得很开,有3个单眼。触角短,呈刚毛状	

续表

生活习性	夏至,第一批蝉洞出现,幼虫会将粉状泥土浇湿,使之成糊状,并立即用身子把糊泥压在洞壁上。一般在天气晴朗炎热时才会出洞,有利于蜕变,若遇到阴雨天,蝉即使出洞也会再次返回洞中。蝉洞是一个等候室,用于观测天气,蝉出洞后蜕皮,它会找个支点挂着,半个小时出壳。此时双翼湿润,沉重,胸部略显褐色,其余呈绿色,有一处白斑,待变黑后,振翅飞走。成虫后的五六个星期会在树上尽情歌唱,直至生命耗尽掉落下来
寿命	五六个星期
作者评价	顶级工程师,勤勉的歌唱家,真正的劳动者,四年黑暗中的苦工,一个多月的阳光下享受,这就是蝉的生活

任务二:设计昆虫展厅

以小组为单位,根据制作的昆虫"身份证"选择感兴趣的一个角度用至少2个昆虫组成昆虫展厅。

1.为展厅命名。

2.简要说明这样设计的依据。

3.简要说明设计意图。

4.填写昆虫展厅设计表,可参考示例(表3-1-6)。

表3-1-6 昆虫展厅设计表

展厅名	芳草间的爱意
展出的昆虫	小阔条纹蝶、舒氏西绪福斯蜣螂夫妻
文字简介	小阔条纹蝶是少见的恋爱脑,它们是小巧可爱的精灵,它们向往爱情。雌小阔条纹蝶因其"香妃体质",在发育成熟之际,"为了邀请周围的众蝶飞赴婚宴,为了老远地通知并引导它们,婚嫁娘散发出一种我们人的嗅觉感觉不出来的极其细微的香味"。此时,雄小阔条纹蝶就会神魂颠倒、从四面八方纷至沓来向它们的美人儿献媚取宠。 再看蜣螂夫妻,它们是相濡以沫的代表,在制作粪球时,蜣螂父亲在后边推,它们共同为幼儿准备食物。这是大多数昆虫夫妻所做不到的。我想这就是夫妻中最重要的负责与忠诚吧

续表

展厅名	芳草间的爱意
设计意图	我们这么设计展厅的原因在于：读到这两种昆虫时不禁让人联想到人类相识、相知、相爱到相濡以沫的爱情过程。比如，小阔条纹蝶中的雌蝶会吸引雄蝶，人类闻不到那种只属于雌蝶的香味，但雄蝶能闻到这种香味。青春期的两个人在对方眼中就是独一无二的存在，你的所有我都喜欢。所以我愿将小阔条纹蝶这个版块称为青春期的悸动。蜣螂夫妻在共同哺育孩子时，它们分工合作，正诠释了"男女搭配，干活不累"这句话。这样的展厅让我们看到了小小昆虫世界的夫妻相处，琴瑟和鸣，相濡以沫。这不禁让我想起了一句诗："同声若鼓瑟，和韵似鸣琴"。法布尔笔下的昆虫世界给我们留下了无尽的思考

任务三：根据阅读效果评价量表，修改完善昆虫展厅的设计

可参考示例（表3-1-7）。

表3-1-7 《昆虫记》整本书阅读效果评价量表

评价标准	评价内容	分数
整本书阅读	一周时间内完成整本书阅读（30分）	
昆虫"身份证"	1. 昆虫画像刻画生动，能够体现昆虫外貌或特征（5分） 2. 基本信息记录准确，能够抓住昆虫主要特点，让读者印象深刻（10分） 3. 身份证设计美观，布局合理（5分）	
昆虫展厅设计	1. 命名贴切、新颖动听（5分） 2. 展厅分类有理有据（25分） 3. 展厅设计意图明确（20分）	

第三课段

设计体验馆　绘制雕像

【教学目标】

1.选择一种自己感兴趣的昆虫实验进行研读,用思维导图理清实验过程,设计一个实验体验馆。

2.绘制一个法布尔雕像。

【课时安排】

2课时。

【教学准备】

《昆虫记》。

【教学流程】

1.选择一个感兴趣的昆虫实验进行研读探究,用思维导图理清实验过程,并总结他的观察经验和方法。

2.根据实验过程,设计一个实验体验馆。

3.绘制一个法布尔雕像。

任务一:理清实验过程

选择一种自己感兴趣的昆虫实验进行研读,用思维导图绘制出法布尔的观察内容和方式,理清法布尔的实验过程。

可参考示例(图3-1-1)。

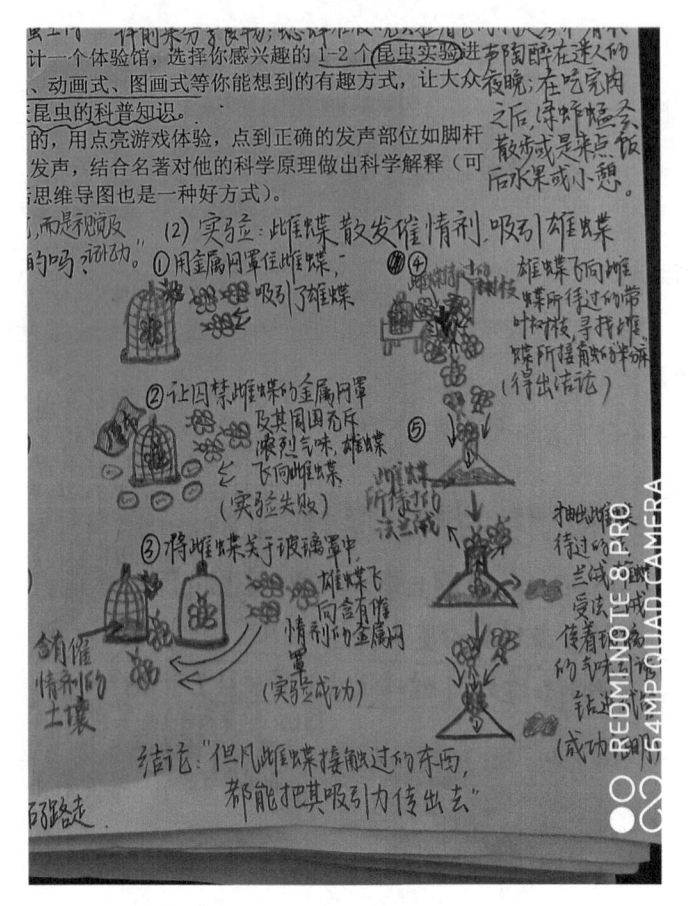

图 3-1-1　法布尔实验过程思维导图

任务二：设计体验馆

1.为体验馆命名。

2.用简要的文字介绍互动方式。

3.说明这样设计的依据。

4.简要说明设计意图。

5.填写体验馆设计表，可参考示例(表 3-1-8)。

表 3-1-8　体验馆设计表

体验馆名称	动画体验小游戏	设计意图
蚂蚁回家的秘密	设计障碍工具：扫帚，粉末状固体，水，薄荷叶，报纸和黄沙 体验第一步，用扫帚将路面彻底清理干净，并用粉末状固体材料将路面分割成四个路段。观察蚂蚁们的反应。红蚂蚁经过路障时犹豫，掉头，最终找到了原路。这也许是因为清扫得还不够干净彻底，而导致一些有味道的浮土仍然残留在原来的路上，从而指引蚂蚁。因此这个实验似乎肯定了蚂蚁是靠嗅觉回家的这一结论 体验第二步，用水彻底冲刷路面半个小时，使路面没有残留的气味。再观察蚂蚁反应。蚂蚁犹豫了很长时间，最后也是原路返回。这个实验推翻了蚂蚁是靠嗅觉指引原路返回的这一结论，但并不能保证这条路上不存在人类闻不到而蚂蚁可以闻到的丁酸气味，因此需要用一种更加浓烈的气味做实验，与本实验进行对比 体验第三步，用薄荷叶擦地面，造成强烈的气味变化。观察蚂蚁反应。蚂蚁只是稍加犹豫便毅然决然地按照原路返回，此时嗅觉论被彻底推翻 体验第四步，铺上报纸，改变道路的外貌，在不远处覆盖黄沙把路切断，但并不改变路上的气味。观察蚂蚁反应。蚂蚁表现出前所未有的迷茫，多次进行尝试，勘察，徘徊，犹豫再三，最后缓慢前行	通过阅读《昆虫记》红蚂蚁这一章节我们可以知道，红蚂蚁出行后回家与去时的路线不会改变，于是作者提出疑问，他们是靠什么辨别回家的路呢？有谣言说是通过嗅觉来辨别方向，但是作者持怀疑态度并进行了实验。为了探讨蚂蚁按原路返回的真正原因，根据原著相关内容，我们设计了本次实验小游戏。小游戏能够直观生动地还原原著中实验场景，清晰地呈现推导出的实验结论，同时能让参观博物馆的同学们信服实验结果，获得蚂蚁通过视觉还是嗅觉回家这一问题的答案，让同学体悟实验精神，培养他们科学的实验意识和周密的实验逻辑思维

任务三：设计体验馆的评价表

可参考示例(表3-1-9)。

表3-1-9　博物馆体验馆设计星级评价量表

评价标准	分值(星)	得分
体验馆设计趣味性强	5	
体验馆活动设计科学,尊重法布尔实验过程	5	
设计意图明确	5	
解说声音洪亮、仪态大方、自信从容	5	
总分	20	

任务四：绘制一个法布尔雕像，设计评价量表

昆虫博物馆广场将为法布尔塑一个雕像,你会怎么设计?

1.绘制雕像设计图。

2.配一段描述雕像的文字(说清构图要素,怎样布局合理)。

3.简要说明设计意图(为什么这样设计雕像)。

4.设计评价量表,可参考示例(表3-1-10)。

表3-1-10　法布尔雕像设计评价量表

评价标准	分值(分)	自评分	小组评分
绘制的雕像图画形象美观	20		
对雕像的描述清楚明白,体现原著内容	30		
主旨明确,有创意	40		
解说流畅、声音洪亮、仪态大方	10		
总分	100		

第四课段

成果汇报展示

【教学目标】

1. 模拟建博物馆,分享阅读成果。

2. 提升思维品质,提高创意表达和解决实际问题的能力。

3. 培养热爱科学的态度,科学探索的精神。

【学习重难点】

1. 汇报展示阅读成果,提高创意表达和解决实际问题的能力。

2. 学习法布尔科学严谨、持之以恒的科学探索精神,培养尊重生命、热爱自然的人文情怀。

【课时安排】

1课时。

【教学准备】

1. 提前把全班分成六个小组,每组选出小组长。

2. 提前抽签决定每组需要完成的任务。任务有三:建一个昆虫展厅;设计一个实验体验馆;绘制一个法布尔雕像。

【教学流程】

经过前期的阅读准备,我们完成了法布尔昆虫博物馆项目策划的任务单。并根据评价量表进行了自评和小组评分,推选出了各小组的优秀作品及展示代表,今天就让我们一起来开启博物馆的策划之旅,以小组为单位汇报展示我们的阅读成果。

任务一:昆虫展厅成果展示

1. 展厅1组代表展示小组设计(表3-1-11),其他同学边听边根据评价量表打分并作出评价。

表 3-1-11　展厅设计（1组）

展厅名	所展昆虫	宣传标语	布置展厅的依据	设计意图
可爱的生存技巧	大头黑步甲、抛光金龟、烟黑吉丁、重步甲、墨纹甲虫	"123，木头人"	大头黑步甲在感知到危险时，便会一动不动，如死一般，以假死骗过敌人，装死时间可长达一个小时，跗骨与触角等全都不动，多像"123，木头人"的游戏高手。抛光金龟和大头黑步甲最大的区别在于抛光金龟一有机会就逃跑，而大头黑步甲还一动不动，非常的愚钝。烟黑吉丁则是在阳光下生活，在阴冷昏暗的环境下就会装死，经法布尔的观察研究，它装死的时间可长达五个小时。而墨纹甲虫一般只能坚持几分钟的僵死状态，特殊状况下可持续1个小时。重布甲等昆虫只能坚持几分钟或几秒钟，就又变得活力满满	这些昆虫一有危险便立即装死不动，企图骗过敌人，且能达到所有器官一动不动的状态，使我们不得不佩服大自然的神奇，感叹法布尔笔下昆虫的神奇

根据展厅设计的评价量表（表3-1-12）进行评分并说说理由。

表 3-1-12　昆虫展厅设计评价量表

评价标准	分值(分)	得分
展厅命名贴切、有一定创意	10	
展厅分类有依据	40	
展厅设计意图明确	30	
解说声音洪亮、仪态大方、自信从容	20	
总分	100	

学生评分，交流：宣传标语特别有意思，吸引大家的眼球。"123，木头人"是小时候常玩的游戏，把游戏名字赋予昆虫，让我们看到了昆虫类人的情态，能让我们更生动形象地理解昆虫装死的习性。

师:大家在展厅设计中还科普了哪些昆虫知识呢?

学生分享,交流:螳螂这个优雅的猎手有着漂亮的外表,但捕杀猎物时非常凶猛。

目的:考查学生提取信息、整合信息的能力。

2.展厅2组代表展示小组设计(表3-1-13),其他同学边听边根据评价量表打分并作出评价。

表3-1-13 展厅设计(2组)

展厅名	所展昆虫	宣传标语	布置展厅的依据	设计意图
草丛歌手	蝉、蟋蟀	"音"为有你,在音乐中聆听自然的呼吸	本展厅主要展出蟋蟀和蝉,命名为"草丛歌手"。每当夏日来临之际,蝉会成群结队地在树荫下鸣叫。蟋蟀在夜深人静的时候在草丛中欢快歌唱。意大利蟋蟀的歌声是"格里——依——依"这种歌声缓慢而柔和,清脆而纯正,悦耳动听。蟋蟀在面对不同对象时还会运用不同的歌声表达情感,面对情敌时"放开歌喉羞辱对方",面对情人时"柔声低吟,围着情人清唱求欢",不愧为灵魂歌手。蝉是最让我们敬佩的歌手,它为歌唱事业而奉献一生,4年地下的苦等,只为3个月阳光下的歌唱,等秋风一吹,它们就结束自己的一生,它是向往阳光的歌唱者	读到蟋蟀和蝉的时候,读到了关于人生的领悟和思考,人生除了毅力和积累,还有忍耐,任何一种成功从来都不是一蹴而就的,而是厚积薄发。蟋蟀只有100天的生命,短暂如顷刻,但也正因如此才显得可贵,蟋蟀能大胆谱写自己的人生华章,我们也一样,要珍惜寸寸光阴,抓住青春肆意、挥洒汗水的年纪,莫等闲,白了少年头,空悲切

学生评分,交流:展厅名字有意思,诠释了蝉和蟋蟀在夏日歌唱的特点,我觉得不仅是蝉和蟋蟀诠释了盛夏,也是盛夏成全了蝉和蟋蟀的一生。展厅意图设计明确,不仅介绍了昆虫,更由昆虫联系到了人类在生活中也要珍惜光阴,努力拼搏。

师:由蝉的生活习性联想到人类,进而获得对人生的思考。其实《昆虫记》中许多昆虫身上都有着人类的影子,你还在哪些昆虫身上得到了对人生的思考和感悟呢?

小组分享,交流:每种昆虫都有自己的生活方式和故事,但松毛虫选择了群居,它们团结友爱,一起觅食,一起筑窝。当我们读到松毛虫时,会联想到我们的集体,集体中每个人的力量都是弱小的,就像一根筷子易折,因此,我们应该团结一心,方能凝聚强大力量,坚守我为人人、人人为我的生活信条。

3.展厅3组代表展示小组设计(表3-1-14)并讲解,其他同学边听边根据评价量表打分并作出评价。

表3-1-14　展厅设计(3组)

展厅名	所展昆虫	宣传标语	布置展厅的依据	设计意图
昆虫中那一抹三春晖	圣甲虫、蟹蛛、西班牙蜣螂/舒式西绪福斯蜣螂	我是港,你可永远在此避风!	本展厅主要展出圣甲虫、蟹蛛、西班牙蜣螂,命名为"昆虫中那一抹三春晖"。为什么如此命名呢?不言而喻,在他们身上都散发着母性的光辉 圣甲虫:他们并不挑剔自己的食物,"用带齿的头盔拱一拱,挑一挑就可以了"但这种生活粗糙的昆虫在面临为孩子准备粮食时,却是一丝不苟,严格挑选。"进行精加工,使之营养丰富易于宝宝细嫩的肠道",放弃在阳光下玩耍,以几何学家审视粪球,采取梨形精妙的形状,给宝宝创造有着新鲜空气的孵化室	"谁言寸草心,报得三春晖",昆虫界的母亲用最澄澈的爱去照顾孩子,在那个仲夏,空气中传送着母爱的温暖。法布尔以昆虫的视角洞察他们不为人知、常常被忽略的一面

续表

展厅名	所展昆虫	宣传标语	布置展厅的依据	设计意图
			蟹蛛：虽然是捕食蜜蜂的凶手，但面对卵袋中即将出生的小蟹蛛，"它拖着病体坚持3周，只为孩子打开兼顾卵袋，再欣慰坦然的逝去，变成干尸"，她靠着执着母爱在此之前维持生命，令人为之动容 西班牙蜣螂/舒式西绪福斯蜣螂：一个"习惯用最肮脏的粪料填饱肚子"的昆虫，用精心收集的食物堆积为一个大圆面包，女面包师"用短小爪子抱住面团，有板有眼的按压几下，用较长时间抹光那个球形"柔情似水地注视着梨形摇篮，宁肯自己挨饿，也不饿着心肝宝贝。另一个由夫妻双方共同养育，"蜣螂父亲翘起后腿，抱住财宝，生怕遭人打劫"忠贞与默契地为后代美好的出生奠定基础	

学生评分，交流。

师小结：交流到这里我们发现，法布尔哪里是在写昆虫，分明就是在写人，他用人性的视角看待昆虫。又由虫性来反思人性，给我们带来无尽的思考和感悟。

师追问：大家思考思考法布尔在观察研究昆虫时对这些小生灵持以怎样的情感态度呢？

生1：法布尔用一种平等的心看待昆虫，把昆虫和自己置于同一平面上，俯身观察昆虫，他对昆虫有源自内心的热爱。

生2：我觉得法布尔对昆虫有一种尊重，我在书中了解到，那个时候的昆虫学家都是解剖昆虫，研究昆虫尸体，而法布尔并没有这么做，他研究的是有生命的昆虫，他没有把昆虫当成试验品，而是把他们当作朋友，所以我觉得法布尔是尊重生命的。

板书：热爱、尊重

师小结：这就是真实的昆虫世界，这就是生命本来的样子，法布尔忠实地记录昆虫,他尊重多样的生命。在法布尔心中,哪怕再微不足道的昆虫都是高贵而独立的生命,每个生命都有其独特的价值和意义。

屏显:你们是把昆虫开膛破肚,而我是在它们活蹦乱跳的情况下进行研究;你们把昆虫变成一堆既可怖又可怜的东西,而我则使得人们喜欢它们;你们在酷刑室和碎尸场里工作,而我是在蔚蓝的天空下,在鸣蝉的歌声中观察;你们用试剂测试蜂房和原生质,而我却在研究本能的最高表现;你们探究死亡,而我却在探究生命。

——《昆虫记·荒石园》

师小结:在展厅设计中,我们遇见多种昆虫,收获了丰富的昆虫知识,这也让我们看到了那个热爱生命、尊重生命,具有人文情怀和睿智哲思的法布尔。

板书:人文情怀

任务二:实验体验馆成果展示

(一)成果展示

1.体验馆1组代表展示小组设计(图3-1-2),其他同学边听边根据评价量表打分并说明理由。

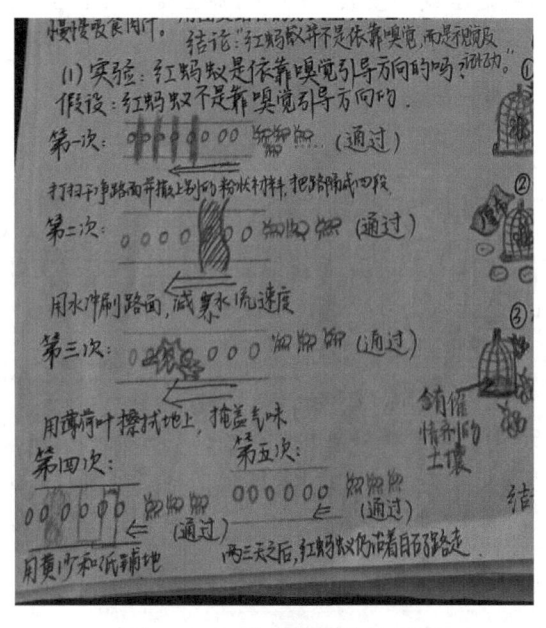

图3-1-2 体验馆设计(1组)

1组代表说明设计意图:通过阅读《昆虫记》红蚂蚁这一章节,我们可以知道,红蚂蚁出行后回家与去时的路线不会改变,于是作者提出疑问,他们是靠什么辨别回家的路呢?有谣言说是通过嗅觉来辨别方向,但是作者持怀疑态度并进行了实验,为了探讨蚂蚁按原路返回的真正原因,根据原著相关内容,我们为实验体验官设计了本次实验小游戏,能够直观生动地还原原著中实验场景,清晰地呈现实验结论,同时能让参观博物馆的同学们信服实验结果,获得蚂蚁通过视觉还是嗅觉回家这一问题的科普知识,让大家体悟实验精神,培养科学的实验意识和周密的实验逻辑。

根据评价量表(表3-1-15)进行评分并说说理由。

表3-1-15 体验小游戏设计星级评价量表

评价标准	分值(星)	自评分	小组评分
还原法布尔实验过程(科学性)	4		
设计意图明确	3		
设计趣味性强	2		
解说流畅、声音洪亮、仪态大方	1		
总分	10		

学生交流,评分:9颗星,设计意图明显,帮助同学们探寻红蚂蚁到底用什么辨别路途的。有趣,设计了闯关游戏,像原著一样设计了四个体验环节。生动地还原了法布尔在原著中所做的实验,还体现了法布尔严谨求实的科学态度。法布尔连续做了四次实验,说明他对科学的热爱。

师追问:大家还根据文中哪个昆虫实验设计了这样的体验馆?

2.体验馆2组代表展示小组设计(图3-1-3),其他同学边听边根据评价量表打分并说明理由。

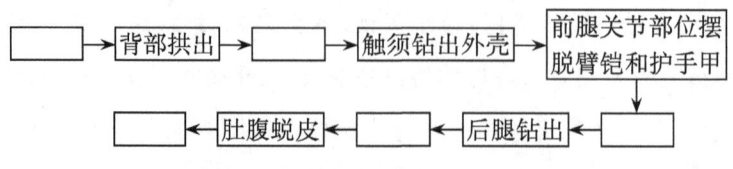

```
┌──┐   ┌────┐   ┌──┐   ┌──────────┐   ┌──────────────┐
│  │──▶│背部拱出│──▶│  │──▶│触须钻出外壳│──▶│前腿关节部位摆  │
└──┘   └────┘   └──┘   └──────────┘   │脱臂铠和护手甲│
                                        └──────────────┘
                                               │
      ┌──┐   ┌────┐   ┌──┐   ┌────┐   ┌──┐    │
      │  │◀──│肚腹蜕皮│◀──│  │◀──│后腿钻出│◀──│  │◀───┘
      └──┘   └────┘   └──┘   └────┘   └──┘
```

A.小腿钻出　B.旧外套裂开　C.张开翅膀
D.头部拱出　E.鞘翅和翅膀挣脱

图3-1-3　见证生命的奇迹——蝗虫蜕壳(填空游戏)

2组代表说明设计意图:蝗虫蜕壳的时间快得出奇,但蜕壳时间的长短丝毫不会对他有什么影响。在法布尔的描写中,它的蜕变是那么的神奇,弯钩和刺棘毫不费力、没有一点阻碍地从薄膜里出来了,在其爪状的外皮上也无一丝一毫的褶皱和裂缝,用放大镜来看也看不到硬擦伤,对于这种情形,法布尔同我们一样是惊讶的。他仔细观察,将如此繁琐的过程严谨地呈现在了书本上。我们将它的蜕变过程设计成了蝗虫蜕壳的小游戏,使科普变得趣味性更强,吸引更多爱好者参与进来,更能提升大家对科普作品的阅读兴趣。

师追问:法布尔是如何把这些不起眼的昆虫写得这么清楚,如何一步步得出这些准确科学结论的呢?(明确:仔细观察、反复试验)

研读了法布尔的昆虫实验,你看到了一个怎样的法布尔?

板书:严谨务实

屏显: 在对某个事物说"是"以前,我要观察、触摸,而且不是一次,是两三次,甚至没完没了,直到我的疑心在如山的铁证下归顺听从为止。

——法布尔

师小结:法布尔像侦探似的长时间观察昆虫,不断假设,反复求证,他严谨务实的科研态度,持之以恒的科学精神让我们由衷的敬佩。

板书:科学精神

任务三:法布尔雕像成果展示

师:我们推选了两个雕像设计作品(图3-1-4、3-1-5),大家看看,你觉得哪个更符合你心目中的法布尔形象,或者有更好的建议也可以提出来。

图 3-1-4　雕像设计作品 1

学生描述雕像设计作品 1：有花、有草，说明法布尔观察昆虫时处于大自然最真实的状态下，有七星瓢虫、有蝴蝶，他与昆虫正在做游戏。法布尔手中拿着一个放大镜，放大镜下有一只蚱蜢。放大镜象征法布尔求真求实、严谨的科学态度和他敏锐的洞察力。我们设计的法布尔取了一个幼年时的形象，说明他永葆童心，有一颗天真活泼的内心，也足见他很小就对大自然和昆虫产生了热爱。

学生介绍设计意图：体现法布尔对昆虫的喜爱，对生命的关爱。他穷尽毕生之力融入了昆虫世界，在自然环境下对昆虫进行了观察和实验，真实地记录了昆虫的生活和习性。

图 3-1-5　雕像设计作品 2

学生描述雕像设计作品2:法布尔先生的全身像,身姿挺拔,穿着绅士西装,蝴蝶淘气地降落在他的帽檐,许多昆虫好似发出窸窣的声响,他微蹙的眉头下方是坚定不移、望向远方的目光,眼底满是对科学的热切追求。

学生介绍设计意图:我认为法布尔先生与大自然的亲密关系,是他用一生细致地观察,是他基本放弃了以人为中心的生命观,从昆虫的角度窥探世界的奥秘而得来的。他用漫长的生命诠释了自己对于昆虫及科学的无限热爱,这是令我们敬佩及赞扬的。通过我们的雕像设计,希望大家可以永远记得带给我们巨大贡献的法布尔先生,也希望大家同法布尔先生一样,热爱心中之热爱,坚持追求心中的热爱,在漫长的岁月中,与自己的热爱并肩而行。

学生分享交流关于法布尔雕像设计的想法。

生1:我更喜欢第一个,画面丰满,元素丰富,表现了法布尔对昆虫及学科事业的热爱。提一个小小的建议,里面有些元素,如昆虫在放大镜下的元素稍微有点隐晦,可以把设计意图更明显地呈现出来。

生2:我喜欢第二个,在昆虫博物馆广场为法布尔塑的雕像应该是成年时期的,因为,这样看起来更庄严肃穆,能让参观的人感受到法布尔的精神,从而产生敬佩之情。

师小结:雕像是博物馆之眼,通过这双眼睛我们看到了法布尔探究真理、持之以恒的科学精神;雕像是博物馆之魂,透过它让我们感受到了法布尔对生命的敬畏与尊重,看到了人与自然和谐共生的美好图景。愿我们都能承法布尔之精神,探生命科学之奥义。

师:博物馆设计之旅即将结束,站在博物馆留言墙边,掩卷深思,再联系自己的生活实际,谈谈你从《昆虫记》中,你从法布尔身上,你从本堂课中收获了什么,用一句话写下你的思考和感受。

生1:感谢法布尔先生用他一生的时间来为我们做出巨大贡献,告诉我们昆虫的一些习性,昆虫跟人类一样的生活,也希望我们可以传承他细致入微观察的精神和对科学无限热爱的精神。

生2:我感谢法布尔,更多的是敬佩法布尔,发自内心向他学习,学习他不断探究真理的勇气,我们在学习中也应像他一样去挖掘最真的东西。

生3:感谢法布尔,法布尔在研究昆虫时有着一种敢于提出质疑的态度,如对大家认知中的蚂蚁的勤劳提出质疑。我们在生活学习中也要敢于质疑,提出自己的思考。

课堂总结:《昆虫记》不单是一本介绍昆虫的科普作品,更是一部展现法布尔人文情怀以及他对真理的思考和探索过程的哲学作品。在《昆虫记》的阅读中,在法布尔昆虫博物馆策划的实践中,我们看见了昆虫世界的多样性,感受了法布尔热爱生命、敬畏生命的人文情怀,严谨求实、持之以恒的科学精神,重建了观照自然与反思自我的人性之光。往后,让我们继续在阅读与思考,阅读与实践中见天地、见众生、见自我。

板书(图3-1-6):

图3-1-6 《昆虫记》整本书项目化阅读板书设计

浓缩诗册 致敬艾青
——《艾青诗选》整本书阅读项目化教学设计

设计人:黄焱、苏婷婷

一、项目化教学构想

《艾青诗选》是统编教材九年级上册的必读名著,它在教材的编排上紧承九年级上册第一单元诗歌活动探究,旨在培养学生阅读新诗的能力和兴趣,并使其从中获得精神感情上的熏陶。用"如何读诗,感受诗歌之美"这个本质问题重构《艾青诗选》,用"制作一本浓缩的艾青诗册,帮助学弟学妹们走进艾青,走进诗歌,你会怎么设计"为驱动的项目化学习方式,引发学生的创造性和实践性,促进学生知识、思维、审美、文化合一。

为了提升学生阅读质量,本教学设计采取"项目化学习"的理念,提炼"大概念",设置真实的"日常生活情境",采用"大任务"激发学生的阅读兴趣,形成"内容重构"的阅读策略。具体来说,就是以编辑诗册的真实情境任务为驱动,设置"制定计划,学会阅读""梳理意象,编辑篇目""设计脚本,录制朗诵""细化量表,生成成果"四个项目阅读环节,每个环节下设具体的阅读任务和评价标准,最终形成了"确定核心概念——设置驱动任务——设计并开展项目实践——设计并公开阅读成果——评价量化阅读效果"的项目化阅读流程。

大概念: 浓缩诗册,致敬艾青。

阐释: 浓缩诗册是在个性阅读《艾青诗选》的基础上,对诗歌内容进行筛选和重组,让学生深入理解艾青诗歌的主要意象及特点,感受诗人抒发的强烈情感,从而致敬"大形象"艾青。旨在让学生在活动过程中建构阅读策略,逐渐找到阅读的门径,形成个性化的阅读方法。

学生已经学习了《黄河颂》《天上的街市》《未选择的路》《假如生活欺骗了你》《回延安》等中外现当代诗歌,也已完成了统编初中语文九年级上册第一单元的现代诗歌"学习鉴赏""诗歌朗诵""尝试创作"3个学习任务,掌握了阅读欣赏现代诗歌的基本思路和方法,大体了解现代诗歌形式、内容的特点。但由于时代的不同及诗歌自身语言形式的陌生化和思想情感的抽象化等特性,加上有限的阅历、较低的认知水平和沉重的应试压力,初中生普遍存在对诗选的整本书阅读兴致不高,存在有相当部分的诗歌读不懂,不知道怎样规划、推进阅读,也不知道如何阅读等问题。

二、学习任务与情境

《艾青诗选》整本书项目化阅读的核心任务是学生自选角度,选取《艾青诗选》中10首左右的诗歌,编辑成浓缩的小诗册,撰写300字左右的序言,将部分诗歌制作成音频或小视频,并用二维码的形式链接在册子里。

依托诗歌文体特点和"读前导读课、读中反馈课和读后展示课"整本书阅读的一般体例,可有效推进《艾青诗选》的整本书阅读。诗歌是文学皇冠上的明珠,艾青的诗歌又是这颗明珠上极为璀璨的部分。诗人的语言和情思最能触动人的心灵,语言本身的感染力就能带动学生的理解。用诵读去表现诗歌意象,就能使学生感受到诗人抒发的强烈情感。以点带面,彰显整本诗选的情感魅力和文化魅力。

项目情境: 学习诗歌前,我们进行了一次学情调查,绝大多数的学生反映不知道怎么读诗歌,不知道诗歌该读什么。

九年级的学生,即将离开这个学校,我们意在给学弟学妹们留下一份阅读诗歌的宝贵经验,消除他们对诗歌的恐惧感与陌生感。

三、项目阅读目标

1.通过制定阅读计划的方式,教会学生采取圈点勾画、批注、分类摘抄等方法鉴赏诗歌,了解诗歌的主要内容、艺术手法、主题思想等,揣摩诗人情感的发展脉络。

2.通过梳理《艾青诗选》中的主要意象的方式,选择最具有代表性的10首诗歌,按照自己的理解,按照一定的规律和顺序进行合理安排,汇编形成诗册目录,并作入选说明。

3.通过设计朗读脚本的方式,让学生掌握诗歌朗读的停连、重音、语调、节奏、感情等技巧,并在班级展示,最后将他们的展示过程录制成音频或视频。

4.通过细化诗册量表的方式,写序言,完善封面与插图,装订成册。

第一课段

制定计划,学会阅读

【教学目标】

1.指导学生阅读名著《艾青诗选》,了解诗歌的主要内容、艺术手法、主题思想等。

2.通过制定阅读计划的方式,教会学生采取圈点勾画、批注法、分类摘抄的方法鉴赏诗歌。

【课时安排】

2课时。

【教学准备】

老师:准备教案、《艾青诗选》相关文本资料。

学生:阅读《艾青诗选》,了解诗人不同创作时期诗歌的内容、特点和风格。

【教学流程】

一、导入

(一)猜猜他是谁

屏显:他是一位出色的画家,曾用画笔渲染城市的缤纷、描绘人间的苦难、鞭挞社会的黑暗。他不幸被捕入狱,被剥夺了画笔,失去了绘画条件。他转而在小小的牢房中写下大量的诗歌,用生命的激情抒写他对养母的怀念、对祖国的热爱、对自由的向往,从此他一鸣惊人,风靡全国,他是继郭沫若、闻一多以后推动一代诗风的重要诗人。

(二)诗人的生平经历以及写作背景

屏显:1933年,第一次用笔名"艾青"发表长诗《大堰河——我的保姆》。

1937年,卢沟桥事变,艾青辗转各地参加抗日救亡运动。战争的爆发影响了艾青的诗歌内容和思想情感。

1941年,奔赴延安,这一时期他的文风发生了大转变。

1957年,被错划为右派。辗转在北大荒和新疆劳动改造,创作沉寂二十余年。

1978年,复出后重返诗坛,诗风发生了很大变化,再次歌唱光明。

1985年,获法国文学艺术最高勋章,成为第一个获得该勋章的中国人。

看艾青的生平经历,他确实是一个有故事的诗人。也正是这些丰富的人生经历,使得艾青的诗歌在不同时期呈现出了不同的风格。

设计意图: 导入环节旨在拉近师生关系,为课堂营造良好氛围。同时,通过回答问题,学生了解了艾青的生平经历及社会地位,认识到艾青诗歌在不同时期呈现出了不同的风格,让学生快速进入文本及课堂状态。

二、明确情境,完成任务

在学习诗歌前,我们进行了一次学情调查,绝大多数的学生反应不知道怎么读诗歌,不知道诗歌该读什么。九年级的学生,即将离开这个学校,我们能不能给学弟学妹们留下一份阅读诗歌的宝贵经验,以消除他们对诗歌的陌生感与恐惧感呢?

驱动型问题: 学生自选角度,选取《艾青诗选》中10首左右诗歌,编辑成浓缩的小诗册,撰写300字左右序言,将部分诗歌制作成音频或小视频并用二维码的形式链接在册子里。

任务一:制作评价量表

讨论一本的诗册应该包含哪些内容和要求,制作评价量表第一稿。可参考示例(表3-2-1、3-2-2)。

表3-2-1 诗册编辑初级评分表1

评价角度	准确性 (1~10分)	美观度 (1~10分)	创新性 (1~10分)
诗歌:所选诗歌是否与所选角度契合。篇目的解读是否准确。诗歌数量合适且质量佳			
序言:是否涵盖了所选诗歌的主题。是否分析出诗歌间的异同。读诗方法指导是否合理			

续表

评价角度	准确性 (1~10分)	美观度 (1~10分)	创新性 (1~10分)
批注:是否有一定的启发性、思想性,且角度多变			
插图:是否与诗歌内容相契合,能传达出诗歌的意境			
音频:是否有声情并茂的诗歌朗诵音频			
宣讲:是否声音响亮,情感充沛,思路清晰,语言富表现力			
综合评价:统计三项得分总分			

表3-2-2 诗册编辑初级评分表2

评价角度	分值(分)	得分
诗歌:所选诗歌是否与所选角度契合。篇目的解读是否准确。诗歌设置是否丰富,数量合适且质量佳	20	
序言:是否涵盖了所选诗歌的主题,分析出诗歌间的异同。读诗方法指导是否合理	10	
批注:是否有一定的启发性、思想性,且角度多变	20	
插图:是否与诗歌内容相契合,能传达出诗歌的意境	20	
音频:是否有声情并茂的诗歌朗诵音频传送二维码	20	
宣讲:是否声音响亮,情感充沛,思路清晰,语言富表现力	10	
综合评价:统计总分	100	

设计意图: 明确情境任务后,学生将参与实际的诗册编辑活动,他们可以运用自己的阅读能力、理解能力、表达能力和创造能力等,将诗集《艾青诗选》改编成一本浓缩的小诗册。在这个过程中,学生需要自主阅读每一首诗,了解诗歌意象、写作手法和主题思想等,并朗诵、绘画,编写出有代表性的诗册。同时,学生也会与小组成员合作和交流,提升沟通、协调和团队合作能力。通过分组合

作和讨论,学生可以加深对艾青诗歌的理解,从而达到对名著整本书深入阅读的目的。

任务二:制订阅读计划

请结合《艾青诗选》中的序言、导读、后记,用时间轴梳理艾青的人生经历和诗歌创作的4个阶段。制订阅读计划表(提示:可从社会背景、作者经历、创作主题、代表作等方面入手),可参考示例(表3-2-3),并开展阅读,一个月完成《艾青诗选》的自主阅读。

表3-2-3 《艾青诗选》阅读计划表

姓名:		预计阅读周期:4周	实际完成时间:
时间	阅读内容	重点选择的经典篇目	要求
第1周	1933~1937年		认真完成思维导图,结合艾青处于的阶段解读诗歌
第2周	1937~1941年		
第3周	1941~1956年		
第4周	1979~1996年		
知识卡片 读诗策略:揣摩语言、关注修辞、把握情感、分析意象、想象画面、把握感情基调、发现形式里的意味、提炼关键词、读出节奏和韵律、联系创作背景			

设计意图:通过阅读规划,学生将在一个月左右阅读完《艾青诗选》,并找出各个时期有代表性的诗篇,熟悉艾青诗歌的内容、写作情感及特点,为后续编辑诗册打下基础。

任务三:学习阅读方法

1.阅读要有符号痕迹——圈点勾画。

引导学生在初次阅读时,用简单快速的符号在关键词句(总起句、点题句、过渡句等)处做标记,不影响整体阅读。比如,用波浪线勾出富有诗意的句子,用圆圈圈出意象,用问号标出不理解的句子,用三角号标出精练恰当的字词等。

2.阅读要有文字痕迹——批注。

(1)赏析式批注:选取自己喜欢的文段、句子或词语写出赏析式批注。这类批注与日常语文学习的关系最为密切,与考试的联系最为直接,也是学生最常用的批注方式。这样的批注落实到一字一词,扎扎实实,能够有效提升学生对文字的敏感度和个体的领悟能力。

如艾青善于运用"陌生化"手法营造诗意感,请你根据"陌生化"手法的相关知识,对《我爱这土地》中运用"陌生化"的诗句,写赏析性批注。

提示:"陌生化"是诗歌中常见的手法,能造成语言理解与感受上的陌生感。诗人从日常生活中提炼语言,加以"陌生化"处理,使诗歌的语言"能量"更大,表意更为新颖别致。例如林徽因《你是人间的四月天》中"你是人间的四月天/笑响点亮了四面风……"说风能被"笑响""点亮",看似不合事理,但这种"陌生化"处理,让读者感受到风的灵气和生命力,增加了揣摩品味的空间。

(2)感想式批注:记下读文章时的理解感受、困惑迷茫或者收集相关资料得来的收获。这种感受式的批注不仅能帮助阅读者深入理解文本,把握文章主旨,而且还有利于培养对文字的敏感性,激发思考,激发创意灵感,能有效地提高写作水平。

(3)导图式批注:可以从诗中意象、结构梳理、表现手法、作者情感、诗歌主旨等几个方面对诗歌进行分析,使思路清晰。

如读《黎明》这首诗时,可以从诗歌结构、写作特色、抒发情感等方面对诗歌进行梳理,运用系统化的思维方式,结合多个角度进行分析和理解,导图式批注清晰明了,表现对诗歌的深刻理解。

如学生在"形式美"一栏后补充"运用有规律的排比、复沓",在"意象美""语言美""情感美"后分别补充"太阳、天空""清新自然、简洁""对黑暗社会的痛恨,对光明的向往和追求"等关键词,在"理性美"一栏后补充《盆景》,一曲自由的颂歌""《失去的岁月》,借自己被流放的心酸岁月抒发沉痛之情"等典型案例。

(4)质疑式批注:学者先要会疑,不疑不能激思,不疑不能增趣。有了疑问,带着问题读书,才能读进去,真正地走入文本,与文本和作者进行对话。

如同学读到《窗》这首诗时,对"无边的天"发出质疑,批注"是否象征着一个开明的新社会?"20世纪30年代,作者的诗思流淌在民族救亡的洪流中,这里的"无边的天"与"开明社会"相联系似乎再恰当不过。但《窗》这首诗一反忧郁的基调,那饱含温馨之情的文字却让这位同学疑惑了,查找相关资料我们会发现《窗》是艾青留有不多的情诗中的拔萃之作,这位同学在质疑中有体悟,有发现,才真正走进了诗歌的文字里。

除了以上4种批注法,我们还可以尝试运用评价式批注、联想式批注等,丰富阅读过程,进行高质量的阅读。

3.阅读要有抄写痕迹——分类摘抄。

每周对自己勾画的内容进行总结归类,整理摘抄本。

重点揣摩语言:分类摘抄陌生化词语、直接抒情的句子(关键句)、口语化语言等。

设计意图:要求学生用圈点勾画、批注、摘抄等方法阅读诗集,学生需要自主阅读每一首诗,了解诗歌意象、写作手法和主题思想等,旨在培养学生深入理解《艾青诗选》的能力,提高其对现代诗歌的鉴赏能力,为后续的项目化任务做足准备。

任务四:每周展示交流

1.每名学生完成前3个任务,每周在组内展示2~3首诗歌。

2.每个小组选出1~2个优秀代表在每一周的名著阅读课上展示交流。

设计意图:通过与小组成员的合作和交流,培养学生的沟通、协调和团队合作能力,加深对艾青诗歌的理解,及时查漏补缺,从而达到对名著整本书深入阅读的目的。

五、作业

1.方法总结:请你用一段文字总结阅读叙事长诗、短诗的方法、策略,不少于200字。

2.请以"致敬艾青"为主题,选择写一首诗、推荐词或颁奖词(任选其一),纪念艾青第一本诗集《大堰河》发表90周年。

第二课段

梳理意象，编辑篇目

【教学目标】

1.学生通过朗读诗歌，了解"土地"和"太阳"等是艾青诗歌的主要意象。

2.学生依据意象、时代背景等选择最具有代表性的10首诗歌，完成诗歌辑录卡、目录设计，撰写每首入选诗歌的推荐语。

3.培养学生创造性思维和团队合作精神，形成属于自己的最佳目录。

【课时安排】

1课时。

【教学准备】

《艾青诗选》。

【教学流程】

一、明确情境，完成任务

任务一：朗读诗歌，找意象

1.介绍意象。

意象就是带着主观情感的客观景物，是解读诗歌的钥匙，我们通过朗读抓住意象，就可以抓住诗歌的特点，把握诗歌的情感。

2.齐读《旷野》，找出诗中意象，体会诗歌的情感。

要求：大声朗读、读准字音、注意情感。

这首诗的意象有"道路、田亩、土块、野草、禾根"，这些词语和土地有关，原本是没有任何感情色彩的物体，但是加上前面的形容词，就带上了感情。如：灰黄、乌暗都是描写颜色的词，色调灰暗；这些词语让人感到忧伤，写出了在日寇侵略下的旷野的荒芜凄凉，唯有斗争才是出路。擅长绘画的艾青，在诗歌中表现出"诗中有画"的特点，使诗歌具有鲜明的色调。

3.读诗歌《北方》《手推车》,思考:这一组诗歌的意象特点和表达的情感。

学生活动,教师点拨。

屏显:

《北方》:暗淡的灰黄、枯死的林木、低矮的住房、灰暗的天幕(写出北方悲哀的境况)。

《手推车》:凝冻的冰雪、贫穷的小村、单独轮子的手推车、灰黄的土层、深深的辙迹、广阔荒漠的道路(灾难深重、贫穷荒凉的北国农村风景图)。

情感:诗歌选取手推车等意象,反映了北方人民在战火下的痛苦和悲哀,蕴含着作者对生活在水深火热之中的祖国北方人民的深切同情和对战争的痛恨。

师:这几首诗用土地意象、灰暗的色调传达了忧郁的情感。色调灰暗、情感忧郁是《艾青诗选》中土地意象系列诗歌的特点。

4.组合土地意象的诗歌,齐读。

5.选诗填空,分组讨论。

《复活的土地》《生命》《太阳》《向太阳》《雪落在中国的土地上》《北方》《黎明的通知》《旷野》《吹号者》《火把》,请结合诗篇内容,将以上10首诗分类并取诗集名。

师小结:"太阳"是艾青诗歌的又一主要意象。

6.自由朗读诗歌《太阳》《吹号者》《火把》,梳理这一组诗歌的意象特点和表达的情感。

师小结:20世纪30年代,诗人借"土地"和"太阳"意象创作的系列诗歌多写民族的苦难,悲伤与反抗,表达了驱逐黑暗争取胜利的美好愿望。他这一时期的诗歌总是充满"土地的忧郁",被称为"土地的歌者"。土地遭遇暴风雨时,为她执着呐喊;土地笼罩上黑暗时,为她呼唤光明。艾青的忧郁就是人民的忧郁,艾青的灰暗就是祖国的灰暗。艾青诗歌的光明就是民族未来的光明,艾青情感的激昂就是民族抗战的激昂。

设计意图:通过介绍意象、朗读诗歌及诗歌分组,学生能很快抓住艾青以"土地"和"太阳"为主要意象创作的系列诗歌特点,即多写民族的苦难、悲伤与反抗,总是充满"土地的忧郁",表达了驱逐黑暗争取胜利的美好愿望。通过勾画色彩词语,体会诗人在诗歌中表现出的"诗中有画"特点。这一活动为下一环节打好了基础。

任务二:梳理意象,编诗集

1.学生用思维导图整理《艾青诗选》中出现的意象,可仿照示例(图3-2-1),并简要分析意象的基本意蕴。

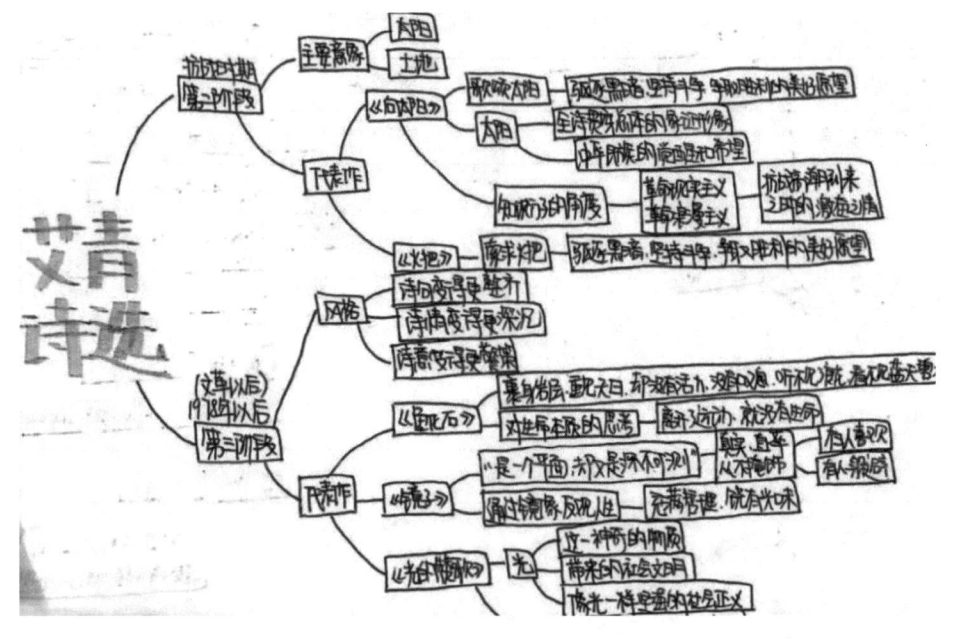

图3-2-1 艾青诗选思维导图

设计意图:通过用思维导图整理诗集中出现的意象并分析其基本意蕴,可以帮助学生将作品内容图示化,有利于学生形成对作品的整体认知,直观地呈现各要点间的层次,帮助学生在头脑中建立清晰、完整的知识结构体系,迅速把诗歌按照意象分类,理解诗人情感。培养学生的分析概括能力,从而发展学生思维,提高学生的阅读能力。

2.完成目录设计。

结合写作背景,选择最具有代表性的10首诗歌,按照自己的理解,按照一定的规律、顺序进行合理安排,汇编形成诗册目录,并作编排说明。(提示:①按照时间顺序,结合背景进行编排。②按照色彩进行归类编排。③按照意象进行归类编排。④按照情感进行归类编排。)

设计意图： 独立完成目录设计这一环节，让学生多角度地对《艾青诗选》中60首左右的诗歌进行筛选，选出自己认为最具有代表性的10首诗歌，从而培养发散性思维及创新精神。

3. 填写所选诗歌的"诗歌辑录卡"，可参考示例（表3-2-4）。

表3-2-4　诗歌辑录卡

小组	第__组	辑录人	
主要意象	土地	诗歌名	《我爱这土地》
入选原因（推荐语）	"土地"象征着生他养他而又多灾多难的祖国。"土地"这个意象，凝聚着诗人艾青对大地母亲深沉的爱，对祖国命运深沉的忧患意识 全诗以"假如"开头，新奇有创意。将自己想象为一只鸟，面对这苦难的山河，也要用"嘶哑的喉咙歌唱"。山河越是壮大，苦难越是深厚，越能体现诗人执着、坚贞、顽强的爱 （从诗歌意象和表达的情感，以及艺术手法，三个角度进行分析）		
交流心得	小组交流后填写自己的发现		

示例：

《我爱这土地》推荐语

"土地"是艾青诗歌中的核心意象，"土地"象征着生他养他而又多灾多难的祖国。在这首诗中，艾青用最直白的情感，表达了对祖国和人民最深沉的爱，对民族危难和人民疾苦的深广忧愤。

诗人将自己化为一只鸟，通过鸟儿的视角，描写了处于日本蹂躏下的祖国山河；用鸟儿嘶哑的歌声，表达对土地深沉、真挚的爱；用鸟儿的归宿，写出了作者在民族存亡关头为祖国献身的思想。情感真挚，字字泣血。他的诗严肃而庄严。

设计意图： 通过编写"诗歌辑录卡"，学生将精选的10首诗歌的意象、情感及艺术手法进行概括，加深了对诗歌的深层理解。

4. 小组合作交流，展示个人设计的目录及诗歌辑录卡。

小组讨论后整合汇编成一份"艾青诗选精选目录",小组代表上台展示,解说目录汇编理由。其他组成员讨论、质疑、评价,本组成员合理解释。教师适当设疑,加深学生对目录和诗歌辑录卡的理解。

设计意图:小组合作交流,在班级展示"艾青诗选精选目录"及汇编理由,可以集思广益、查漏补缺,使理解更深刻。

二、学习评价与作业

学生根据诗歌辑录评价量表(表3-2-5)对作品进行评价。

表3-2-5　诗歌辑录评价量表

评价维度	评价标准	分值(分)	评分	赞赏或建议
内容匹配	所选诗歌经典、有代表性,与主题意象相和	20		
诗歌推荐语	情感把握:可以清晰阐释诗歌所寄寓的情感	20		
	意象理解:结合具体诗句阐释意象的意蕴	15		
	写作特色理解:可把握艾青不同创作阶段诗歌的特点	15		
	推荐语语言:流畅自然,富有表现力	20		
小组合作	全员参与,人人踊跃发言,形成小组合力	10		
总分	各项分值相加	100		

作业:阅读要有想象和延伸——制作意象书签。

抓住意象,分析特点,结合具体诗歌想象画面,以诗入画制作书签,将制作完的书签悬挂于教室走廊外,可相互留言评论。

第三课段

设计脚本,录制朗诵

【教学目标】

1.通过设计朗读脚本,掌握朗读的语速、语调、重音、情感等基本技巧。

2.开展诗歌朗诵会,培养学生的朗读能力。

【教学方法】

1.讲授法:通过教师的讲解,向学生传授朗读脚本的概念,掌握设计的基本技巧。

2.示范法:通过展示具体的朗读脚本,让学生直观地了解如何进行设计。

3.朗读法:通过鼓励学生不断练习,在诗歌朗诵会上分享,展示自己对诗歌内容与情感的理解,促进学生朗读能力的提高。

【课时安排】

2课时。

【教学准备】

基础资源:《艾青诗选》第一、二课段学习成果。

拓展资源:陈铎的《我爱这土地》诗歌名家朗诵音频等。

【教学流程】

一、导入

诗歌是诗人表达心绪之创作,读者读诗不在于简单地读出书面的文字,而是要结合作者的创作风格、创作背景、诗歌的意象特点等,尽可能地去感受诗歌的意境以及诗歌所蕴含的情感,在把握了以上两点的基础上,我们再来朗诵,诗歌的韵味才能被"吟"出来。

优秀的诗歌需要我们用多种形式去展示与分享,在诗歌朗诵前,我们需要设计朗读脚本,指导我们的朗读。

二、明确情境,完成任务

任务一:设计朗读脚本

1.认识朗读脚本

朗读脚本是用于指导他人朗诵的一种文本。它的作用就是,通过你写的脚本别人知道怎么朗读这个文本。当然,如果要求高一点的话,不光要让别人知道怎么朗诵,还要知道为什么这么朗诵,知其然并且知其所以然。

2.朗读的符号标记

(1)语速

①情感为庄重、缅怀、沉思、痛苦、闲适时,语速较慢(符号:~);②情感为抨击、雄辩、紧张、热烈、欢快时,语速较快(符号:____)。

(2)语调

①平直调:平直舒缓,适用叙述、诠释、判定的陈述句和思索、追忆、庄严的文句(符号:→);②上扬调:由低到高,适用表意义未完、号召、呼唤、疑问、惊愕的文句(符号:↗);③降抑调:由高到低,适用表已完结、插入疑问词、祈求、愤恨、感激、感慨的文句(符号:↘);④曲折调:波浪形,适用表委婉、讥讽、反语、暗示、双关的文句,疑问句中常见(符号:∽)。

(3)重音

①情感情绪为舒缓、沉思、呼唤、恳求时,拖音(符号:——);②情感情绪为惊喜、激愤、呵斥、兴奋时,重读(符号:.);③情感情绪为深沉、凝重时,轻读(符号:。);④情感情绪为悲壮、悲戚时,颤音(符号:~)。

(4)强弱

①文句头部加强,适用悲壮、快活、斥责的文句(符号:>);②文句尾部加强,适用不平、热诚、确信的文句(符号:<);③文句中央加强,适用庄重、满足、优美的文句(符号:<>)。

(5)停连

①停顿:停顿时间较短,一般用于文句无标点处(符号:/);停顿时间稍长

(符号:∥);停顿时间较长(符号:∥∥)。②连接:用于有标点符号的地方,表示缩短甚至去掉停顿时间(符号:⌒)。

(6)感情

用汉字说明。

3.教师示范朗诵

北国/风光,千里/冰封,万里/雪飘。

望/长城内外,惟余/莽莽;大河/上下,顿失/滔滔。

山舞/银蛇,原驰/蜡象,欲与天公/试比高。

须/晴日,看/红装素裹,分外/妖娆。

江山/如此多娇,引无数英雄/竞折腰。

惜/秦皇汉武,略输文采;唐宗宋祖,稍逊风骚。

一代天骄,成吉思汗,只识/弯弓射大雕。

俱往矣,数/风流人物,还看/今朝。

4.学以致用

欣赏《我爱这土地》名家配乐朗诵视频,参考示例,用符号标注重音、停连、语调、节奏和感情等朗诵要素。

在组内展示朗诵脚本,交流修改。

学生演练示例(《我爱这土地》朗读小脚本):

假如∥我是一只鸟,

(舒缓而深沉;"鸟"字加重延长,引人遐想。)

我也应该∥用嘶哑的喉咙/歌唱:

("也应该""嘶哑"读出悲怆而激昂的语气,"歌唱"要读得坚定有力。)

这被暴风雨/所打击着的/土地,

这永远汹涌着/我们的悲愤/的河流,

这无止息地/吹刮着的/激怒的风,

(这一组排比句,整体要读得痛苦不安,一句比一句焦灼难耐,最后一句"激怒的风"放缓渐慢。)

和那/来自林间的/无比温柔的∥黎明……

("那来自林间的"充满向往与陶醉,"无比温柔的黎明"要轻柔而喜悦地慢读;省略号可理解为歌唱的还有许多内容,无法穷尽,也可从感情意义上理解为诗人内心对黎明的没说出口的期盼,要读得无比向往与期盼。)

——然后//我/死了,

连羽毛/也腐烂在/土地里面。

(有一种历经惊心动魄的、无比痛苦的历练之后回归平静的沉着与淡然,需要放慢语速,读得平静而深沉。)

(第一诗节的感情基调:昂扬高亢、痛苦深切。)

为什么/我的眼里//常含泪水?

(语速稍快,读出高亢而炽烈的感情。)

因为/我对这土地/爱得//深沉……

(诗人对更深层次的、无法言说的感情的暗示,要读得饱含深情;语速渐慢、尾声部分采取拖音朗读,表现出绵长隽永、复杂深沉的感情。)

(第二诗节的感情基调:深情低沉。)

任务二:互助共读

1.挑选诗册中的一首或一组,模仿名家的朗读技巧,设计简单的朗诵脚本,自己练习朗诵。

2.组内轮流朗诵,互相交流、评价。依据组内建议修改朗诵设计,再练习。

3.小组商议,确定小组朗诵篇目(可在前面练习的篇目中选择)和朗诵代表(可单人、双人、全小组),组内分工排练,可准备配乐或视频图片,辅助朗诵。

任务三:班级朗诵

诗歌要读起来。只有读起来,我们才能感受到诗歌的节奏美、句式美和音韵美。我们可以采用如下读诗策略:把握情感基调,读出节奏、韵律,揣摩语言,分析意象,关注修辞,想象画面,联系创作背景,提炼关键词等。请你用这些策略朗诵诗歌,读熟后,配上合适的音乐,再现场朗诵诗歌。

设计意图:在完成"艾青诗歌我来读"作业时,学生浏览目录后,选择其中一首自己最感兴趣的诗进行深入研读,并配音朗读、录制音(视)频,让学生在实践活动中,既消化了知识,又锻炼了朗诵能力。

1. 赛前准备工作。

(1)确定节目单,各小组商定好朗诵篇目后,报给课代表。

(2)小组内推选1人担任评委,组成班级评委会,商讨评分细则。

(3)推选主持人,根据节目单的内容撰写简单的串词。

(4)师生商定奖励方案,准备奖品。

(5)各小组参赛选手准备辅助资料(图片、音乐、视频等),认真练习。

2. 比赛现场。

(1)主持人把控好现场节奏和氛围。

(2)参赛选手大方朗诵,应做到表情、动作和语气相配合,声音洪亮、清晰。

(3)评委客观公正,依照评分标准打分。

(4)观众文明观赏,专心倾听,掌声鼓励。

3. 比赛后:评委组统分并评选出"最佳朗诵组"或"最美好声音",教师做朗诵交流会小结。

三、学习评价与作业

学生根据朗诵评价量表(表3-2-6)对作品进行评价。

表3-2-6 朗诵评价量表

评价维度	评价标准	分值(分)	评分	赞赏或建议
朗诵形式	形式多样,新颖不俗	10		
整体把握	读准字音,流畅完整	10		
停顿重音	停顿正确,重音恰当	20		
语速语调	语速、语调随情感变化有抑扬顿挫之感	20		
感情把握	能准确把握感情基调,情绪饱满	30		
仪态动作	仪态自然、得体,有适当的身体语言	10		
	总分	100		

《艾青诗选》项目化读写
——朗诵脚本设计

朗读要素标记符号与说明：
1. 停连：一般短停顿用"/"；长停顿用"//"；连续用"⌒"(忽略标点)
2. 重音：重读用"·"(实心圆点)；尾音拖长用"——"
3. 语调：平调不标；升调用"↗"；调降用"↘"；渐强用"＜"；渐弱用"＞"；韵脚用"△"。
4. 节奏和感情，用汉字说明。

根据指导，挑选一首，设计朗读脚本，组内交流，在班级诗会上展示。
我的设计作品：

作业： 借助多媒体、手机等工具，在班级朗诵过程中或朗诵后，录制自己满意的朗诵音频或视频，最后生成二维码融入诗册。

第四课段

细化量表,生成成果

【教学目标】

1.通过进一步修订细化量表,完善诗册,给诗集命名、设计封面、设计插图、完成序言。

2.汇编成册,展示成果。

【教学方法】

1.讨论法:通过小组成员的讨论,进一步修订细化量表,完善诗册。

2.演示法:各小组代表上台展示诗册,介绍制作流程,分享制作心得。

【课时安排】

2课时。

【教学准备】

《艾青诗选》前三课段学习成果。

【教学流程】

一、明确情境,完成任务

任务一:细化量表

根据目录精选汇编后,找到新的问题——诗歌编排不够合理,解读不够深入;意象解说得较多,语言赏析不够;没有设置好的导语;批注该怎么设置才会更有效;如何引发学弟学妹的读诗兴趣,如何引导学弟学妹有效读诗;内容上是否可以更完善等。

1.教师引领学生认真解读单元特色、文本特色,学生进一步修订细化评分表,形成第二稿(表3-2-7)。

表 3-2-7　诗册编辑细化评分表

评价角度	1~2分	1~2分	1~2分	1~2分	1~2分	自评	他评
诗册特色	根据自己的设计风格选择合适的类型	鲜明的特色	活动任务设置驱动性强	活动任务设置有梯度性，带动阅读者探究	活动任务设置贴合阅读者阅读能力		
推荐语	语言精练，有提纲挈领的说明	准确阐释意象的意蕴	能清晰阐释诗歌所寄寓的情感	流畅自然，富有表现力	体现艾青不同创作阶段诗歌的特点		
诗歌编排	所选诗歌与所选角度契合	诗歌选择有代表性、典型性	针对自选角度，诗歌选择有丰富性	篇目与篇目之间排列有序、有内在逻辑联系	诗歌解读深入，有独到的见解		
批注	角度多变，灵活运用各种批注	设定问题能引发深层次思考	有效引领学生关注文本重点	能有效引导阅读者理解诗歌			
插图	与诗歌内容契合	能传达出诗歌的意境	色彩分明、美观	画面整体和谐			
注释	背景说明准确、有引导作用	对重难点字词阐述清晰易懂	能辅助阅读者基本阅读				
思考探究	引导学生初步了解诗歌	加深学生对诗歌深层次理解	启迪学生对诗歌主题的探究				
阅读提示	理清文本思路、情感	明确学习目标	归纳阅读方法的通性	交代探索课外延伸的意义			
写作	激发写作者的创作欲望	设置合理的写作要点	有合理的技法点拨	写作主题与本单元内容比较契合			
音频视频	制作精良	激发兴趣	有很好的示范作用	加深阅读者诗歌的感悟			
宣传	声音洪亮，态度自然	激发兴趣	内容充实，要素全面	形式新颖，引发共鸣			

续表

评价角度	1~2分	1~2分	1~2分	1~2分	1~2分	自评	他评
封面	与所选诗歌主旋律相契合，让人眼前一亮						
版面	整体设计简洁美观，有新意，依照内容而定						
创新	视内容和效果而定，每多加一项创新设计，增加1~2分						
总评	将自评、他评得分分别相加，得出总分						

2.小组讨论，根据评分表，列出任务清单，项目小组成员根据各自分配的任务，完善诗册。可参考示例(表3-2-8至表3-2-11)。

表3-2-8　诗册编辑策划书

诗册编辑策划书　设计人：	
确定诗册主题	
撰写导语	
批注、思考与探究等	
插图的设置	
音频等的录制	
其他	

表3-2-9　导语设计单

导语设计单　设计人：	
本诗册的诗歌是	
这些诗歌的特点是	
学习目标是	
学习重难点是	
学习方法是	
最终形成的导语是(300字左右)	

表 3-2-10　插图设计单

插图设计单　设计人：	
插图对应文本	
插图类型	
插图表达的主题、设计意图	

表 3-2-11　批注(预习、思考与探究等)设计单

批注(预习、思考与探究等)设计单　设计人：	
批注对应文本	
批注的角度	
设计意图	

设计意图：通过细化量表，教师提供专业的指导和针对性的反馈，帮助学生发现并改进他们的不足，弥补知识与设计上的疏漏，培养良好的团队合作精神，促进个人和团队的进步和成长。

任务二：巧汇诗篇，结集成册

1. 给诗集命名。

比如，涉及"土地"意象的诗歌，命名为《土地情，爱国心》。

2. 设计封面。

甲同学设计的《艾青诗选》封面应征作品，封面上有艾青头像和广袤的土地，如果要你在封面上再添加一个物象，你会选择什么物象呢？简要说明理由。

一名学生选择补充"太阳"这一物象，并给出理由：因为"太阳"是艾青诗歌的主要意象之一，在艾青的诗歌中，太阳的形象十分鲜明，既反映了自然环境的美丽，又与光明、希望、力量、朝气蓬勃的意象联系起来，让我们感受到生活的美好。

3. 为诗集配插图。

根据选取诗歌的经典场景或意象来作画，可配色，如为《我爱这土地》这首诗歌配图（图3-2-2）。小组组员1人画封面，其余每人画1幅插图，并附上设计意图。

图3-2-2 《我爱这土地》插图

设计意图:《我爱这土地》涉及的意象有土地、鸟儿、河流、风,给人一种忧郁低沉的感觉,但字里行间无不透露出作者深深的爱国情怀。图画选择以泣血的鸟儿为主体,站在祖国苍茫的大地上,表达了作者对祖国的一片赤诚之爱。

师:无论从插图的构图布局还是色彩明暗,都可以看出小作者的绘画功底深厚,技法圆熟。泣血的鸟儿站在土地上张开喙,用嘶哑的喉咙歌唱,身旁是呼啸的风,基调悲凉但不绝望,那种坚贞不屈、至死不渝的爱国情怀随之流露出来,与诗歌主题相契合!

4.为诗集作序言。

序言可以写自己对诗人艾青的了解,也可以写对诗人一些重要的作品的提示性解读。

例如为诗集《土地情,爱国心》作序:他是诗坛的巨子,他是土地的儿子。他关注着底层大众,他心系着中华民族。他的"眼里常含泪水",因为他"对这片土地爱得深沉"。他用文字诉说着人间大爱,他用胸怀展现着世间真情。土地的忧郁,苦难的国家,"嘶哑的喉咙"也要歌唱,坚贞不屈、至死不渝。

又如为诗集《光明颂》作序:《光明颂》是现代诗人艾青的诗歌选集。解放前,艾青以深沉、激越、奔放的笔触诅咒黑暗、讴歌光明;新中国成立后,他一如既往地歌颂人民,赞扬光明,思考人生。他的"归来"之歌,内容更广泛,思想更浑厚,情感更深沉,手法更多样,艺术更圆熟。艾青一直主张"朴素、单纯、集中、明快"的诗歌美学。

5.装订打印。

将封面、扉页、目录、正文按顺序进行装订,去广告公司打印成册。

设计意图：该作业旨在让学生精读文本、主动探究，理解文本内容和主旨内涵，丰富学生的文化底蕴，锻炼学生的想象力、创造力和审美能力，并培养其良好的团队合作精神。

任务三：成果展示

1. 小组成员之间互相传阅、评价，共享"编书"的快乐，并根据合作情况与个人评价量规（表3-2-12），进行个人评价。

2. 各小组推选出1名公平公正的评委。

3. 各小组代表上台展示诗册，介绍制作流程。

4. 评委根据评分表（表3-2-13）推选最佳展示组。还可评选最优编辑组等组合奖，以及最佳封面等单项奖。

表3-2-12　个人评价量规

个人评价量规

班级：　　　　姓名：

你作为编辑者，在完成诗歌单元编辑过程中，是否进行了认真的研究？请你对自己在下列的维度上打分并作简要陈述。5分代表你在这方面对自己很满意，1分代表你在这方面还需完善自己。

1. 在规定的时间里，我充分参与了单元编辑的主题及相关内容的探究。
2. 我和伙伴共同探讨制定了研究的主题。
3. 我能运用多种检索方式查找信息。
4. 我对我所收集的信息进行了合理的组织和总结。

总体来说，我给自己的成果打分是：

表3-2-13　最佳展示组评分表

评价项目	准确性	分值（分）	评委打分
成果展现	小组成员尽量参与，分工明确，配合默契，介绍制作过程、项目成果时，观点鲜明，内容充实具体	10	
分配流程	主持人衔接流程，介绍清晰	10	
诗歌朗诵	形式多样，可朗诵一首，也可多首串联成新诗。可利用多媒体等辅助。准确把握诗歌节奏、重音、停连、语速等，以声传情	30	

续表

评价项目	准确性	分值(分)	评委打分
语言表达	普通话标准,声音洪亮,吐字清楚,表达准确,流畅	20	
形象风度	展示人精神饱满,能较好地运用姿态、动作、手势、表情	10	
会场效果	有较强的感染力、吸引力、号召力,能较好地与听众情感融为一体,时间控制在7分钟	20	
该组亮点	根据亮点额外加分,不超过10分	0~10	

设计意图：旨在通过小组成员展示,介绍制作流程,共享"编书"的快乐,提高自身的表达能力。通过相互观摩学习和分享,可以促进同学们之间的交流和学习互动,互相启发和借鉴,形成良好的学习氛围。

二、作业:联系生活我来写

诗人的本领就在于发现常人不易察觉的现象或道理,读诗的用处也就在于随着诗人所指点的方向,获得新发现、新体悟。我们所认为平凡的,实则可能是新鲜有趣的。你在平时的生活中"见"到了哪些诗意呢?请将它化为诗行。

提示:

1.有感而发,真情流露。

2.发挥联想和想象,巧用意象。

3.检索名句,仿写改写,化为己用。

4.捕捉灵感,即想即写,多写多改。

以下是其中1名学生创作的作品《我想》:

《我想》

我想触摸天空,

感受云的温柔,

在蔚蓝的画布上,

绘出自由的轮廓。

我想潜入深海,

与鱼群共舞,

在波光粼粼的梦境中,

探索未知的奥秘。

我想攀登高峰,

站在世界的顶端,

在群山的怀抱里,

领悟存在的渺小。

我想拥抱每一个清晨,

每一个黄昏,

在时间的长河里,

珍惜每一刻的宁静。

我想,我想,我想……

在这无尽的遐想中,

我找到了自己。

教师让学生利用诗歌单元所学的方法,结合阅读《艾青诗选》所获得的技能,让诗歌和生活建立联系,让写作变得更有意义。

设计意图:作业作品化是一种激发学生学习内驱力的有效策略,能使学生根据自己的知识储备和当下的学习水平和需求,自主建构对所学内容的思考,开展高质量的语文实践。

开办趣味展馆 消除经典隔膜
——《朝花夕拾》整本书阅读大单元教学设计

设计人：李艺

一、项目化教学构想

在《朝花夕拾》名著教学中，笔者发现许多学生在阅读《朝花夕拾》时存在畏难心理，究其原因主要有两方面，客观方面：其一，时间久远。《朝花夕拾》创作于1926年，距今已近百年之久。其二，成书背景和作者经历复杂。20世纪20年代的时代背景和今天的中国已经截然不同。生活在新时代的中学生如果对百年前的历史背景不做专门了解，那么深入了解文章将会有一定的困难。其三，该书的文章基本都是散文体裁，故事性不是特别强。其四，语言习惯不同。作者鲁迅先生是新文化运动后第一代白话文作家，当时语言方式跟现在稍有不同。主观方面和我们长期以来不恰当的阅读方法有关。在以升学考试为主要目标的指导下，我们阅读名著的目的越来越功利性，主要表现在：只关注主要人物；只看沉重话题；只看中考题型。这就导致了学生在阅读该书时视野变得狭窄，缺乏兴趣从而感到枯燥乏味，更不能发散思维和深入思考。

因此我把此次项目化学习的目标定为"消除与经典的隔膜"。部编版初中语文教材七年级上册里，《朝花夕拾》名著导读部分设定的标题正是"消除与经典的隔膜"，这是教材对这本名著的定位，也是该项目化学习的起点。对于刚来到七年级的学生来说，《朝花夕拾》是他们阅读的第一本名著。读《朝花夕拾》不是为了通过这本书去完全读懂鲁迅，也不是为了让学生完全读懂这本回忆性散文，而是为了借这本书的阅读来消除他们与经典之间的隔膜。这本书是学生后续阅读经典文学作品的一个起点，它开启了学生未来3年的经典阅读之旅。

基于此，将项目学习法运用在《朝花夕拾》整本书阅读教学中，通过创设真实而又有效的问题情境来提高学生的阅读兴趣，以此提升他们的阅读思考能力。根据项目成果,对教学过程进行总结,从而提高他们的阅读水平。我以创办《朝花夕拾》展览馆的真实情境任务为驱动,设置"成长经历展、人物形象展、创意书签展、民俗文化展、情景再现展"5个项目阅读任务。

二、大概念

基于七年级学生学情与统编教材的教学要求,班内小组可以合作分工,借助对《朝花夕拾》的阅读理解,调整教室的空间布置和时间安排,将其改造成《朝花夕拾》展览馆。而教师作为"顾问与策划",帮助学生设计展览馆内各个栏目,以助力其厘清《朝花夕拾》整体表达特点及其与写作目的之间的关系,进而构建理解鲁迅与阅读《朝花夕拾》的方法体系,并由此消除与经典之间的隔膜。

三、学习任务与情景

为弘扬经典名著,消除经典隔膜。我校文学社计划布置名著趣味展览馆,现邀请我校七年级学生参与《朝花夕拾》展览馆的内容展示工作,本次《朝花夕拾》展览馆共设计了5个展区:成长经历展、人物形象展、创意书签展、民俗文化展、情景再现展。发挥你的聪明才智,共同参与到《朝花夕拾》趣味展览馆的筹建中,化身最佳展览策划师吧!

四、项目阅读目标

依据《义务教育语文课程标准》对"整本书阅读"的教学提示和教材对《朝花夕拾》的阅读要求,以及项目化学习的特征和教学原则来确定《朝花夕拾》整本书阅读的项目化学习目标:

1. 通读全书,批注圈画,梳理鲁迅先生的成长历程,熟悉文集内容;精读整合,梳理鲁迅身边人物对其成长的影响,让学生通过了解鲁迅童年、少年、青年各个时期的经历,感受从充满天真童趣的小鲁迅到深沉自省的大鲁迅的成长历程。

2. 了解作品的主要内容及写作手法,学会分析人物形象。分析鲁迅笔下的人物性格特点,体会作者的思想感情。

3. 通过整合、归纳、分析,了解鲁迅对故乡民俗的两种态度,思辨鲁迅矛盾情感背后深沉的民族责任感,思考当代该如何传承民俗文化。

4. 通过排练和表演课本剧的方式,深入分析人物形象、心理变化和作品主题。

第一课段

成长经历展

【教学目标】

1.通过对鲁迅成长经历展的布置出谋划策,充分发挥学生的想象力与创造力,激发他们的思维潜能。

2.了解鲁迅,了解他童年、少年、青年、中年时期的生活经历。通过对鲁迅成长经历和成长原因的梳理,更清晰地了解人物成长历程,更好地体会人物形象。

【教学方法】

情境法、合作探究法、引导法。

【课时安排】

1课时。

【教学准备】

课前读完《朝花夕拾》这本书、PPT、导学案。

【教学流程】

一、导入

同学们,曾经有一个伟人,在他去世的时候,几万人自发地为他送行。当时他的身上,覆盖着一面红旗,红旗上写着3个字,同学们知道是什么字吗?(民族魂)这个了不起的近现代作家,一生笔耕不辍,用独有的文字和思想影响了整个时代,今天我们就一起领略他的一部文学作品《朝花夕拾》,去了解他是如何成为了一代伟人。

设计目的: 以故事的方式导入,调动学生的思维积极性,激发学生的情感,快速走近文本,调整课堂状态。

二、明确情境,完成任务

为弘扬经典名著,消除经典隔膜,我校文学社计划筹建名著趣味展览馆,现邀请我校七年级学生参与《朝花夕拾》展览馆的内容展示工作。《朝花夕拾》展览馆共有5个展区：成长经历展、人物形象展、创意书签展、民俗文化展和情景再现展。发挥你的聪明才智，化身最佳展览策划师，共同参与到《朝花夕拾》趣味展览馆的筹建中，这堂课我们要完成鲁迅成长经历展的布置工作。

陈思和教授说：《朝花夕拾》是一个人由童年、少年到青年的教育成长史。今天就让我们一起绘制鲁迅的成长经历图，尝试读懂每篇文字背后的深情。将全班分为4个大组，每一位同学都要完成3个任务。

任务一：绘制鲁迅成长坐标

1.搜索式速读10篇文章，按时间（对应鲁迅的年龄）、地点，绘制鲁迅的成长坐标（表3-3-1），并思考10篇散文的顺序是否能调换。

表3-3-1　鲁迅成长坐标表

成年										
青年										
少年										
童年										
幼年										
朝花夕拾	狗·猫·鼠	阿长与《山海经》	从百草园到三味书屋	二十四孝图	五猖会	无常	父亲的病	琐记	藤野先生	范爱农

设计目的：绘制成长坐标主要是引导学生聚焦《朝花夕拾》的整体构思，通过搜索式阅读的方法，抓住时间、地点以及人物的生活经历。将《朝花夕拾》中的10篇散文以新颖的方式进行重新组合，意在引导学生发现《朝花夕拾》是按照作者成长顺序进行构思和编排的，使学生能从整体上把握文章的脉络。

任务二：绘制鲁迅成长经历图

1.快乐与忧伤——品读鲁迅的童年。

(1)根据《朝花夕拾》原著内容，运用"多篇串联批注法"，仔细阅读《狗·猫·鼠》《阿长与〈山海经〉》《二十四孝图》《五猖会》《无常》《从百草园到三味书屋》，整理鲁迅对童年生活或快乐或悲伤或愤怒或批判的描写,体会童年时期的鲁迅的生活,从而更全面地了解鲁迅的成长经历。填写"鲁迅的童年"梳理表(表3-3-2)。

表3-3-2 "鲁迅的童年"梳理表

鲁迅的童年				
篇目	快乐	悲伤	愤怒	批判
《狗·猫·鼠》				
《阿长与<山海经>》				
《二十四孝图》				
《五猖会》				
《无常》				
《从百草园到三味书屋》				
总结:鲁迅的童年是				

(2)小组合作绘制鲁迅童年成长经历图。

设计目的:在进行梳理的过程中,不仅可以发现一些具体的事件,还可以对这几篇文章有整体的掌握,让学生能够体会到不同文章之间存在的联系。从而能更好地理解天真活泼的小鲁迅到沉稳自省的大鲁迅的成长历程。

2.勤奋与疑惑——品读鲁迅的少年。

(1)根据《朝花夕拾》原著内容,填写"鲁迅的少年"梳理表(表3-3-3),整理书中鲁迅在少年时或勤奋或疑惑的事情,从而更全面地了解鲁迅的成长经历。

表3-3-3 "鲁迅的少年"梳理表

鲁迅的少年		
《父亲的病》	勤奋	疑惑
《琐记》		
总结:鲁迅的少年是		

(2)小组合作绘制鲁迅的少年成长经历图。

3.迷茫与探索——品读鲁迅的青年。

(1)根据《朝花夕拾》原著内容,运用"关键词句归纳法",阅读《琐记》《藤野先生》《范爱农》,整理书中鲁迅在青年或迷茫或求索的事情,填写"鲁迅的青年"梳理表(表3-3-4),从而更全面地了解鲁迅的成长经历。

表3-3-4 "鲁迅的青年"梳理表

鲁迅的青年			
篇目	迷茫	求索	关键词句
《琐记》			
《藤野先生》			
《范爱农》			
总结:鲁迅的青年是			

(2)小组合作绘制鲁迅的青年成长经历图。

设计目的: 在学生梳理鲁迅的青年成长经历的过程中,教师要指导他们仔细阅读文本,寻找鲁迅"出走"的关键性句子及缘由,再结合相关的资料,让学生体会到青年时期鲁迅的迷茫和坎坷。

4.挫折与责任——品读鲁迅的中年。

(1)重点阅读《小引》部分的内容,并结合相关的背景资料,填写"鲁迅的中年"梳理表(表3-3-5),探寻中年鲁迅的处境。

表3-3-5 "鲁迅的中年"梳理表

鲁迅的中年				
阶段	篇目	写作时间	写作地点	"我"的状态
惨案前	《狗·猫·鼠》			
	《阿长与〈山海经〉》			
惨案后				
厦大时期				

续表

鲁迅的中年			
阶段	篇目	写作时间	写作地点	"我"的状态
厦大时期				
广州	《小引》			
	《后记》			

总结：10篇散文创作的时间历时9个月左右，1926年2月21日至1926年11月18日，小引后记的写作大约两个月的时间。期间鲁迅一直处于（　　　）生活状态，先后辗转（　　　）、（　　　）、（　　　），内心（　　　），一开始被北洋政府通缉，后又受到文人墨客的排挤，于是想要从记忆中寻找一些美好的东西，使自己能得到"闲静"。

(2)小组合作绘制中年鲁迅的处境变化图。

设计目的：《小引》这部分的内容是在"大鲁迅"的视角下完成的，通过让学生仔细阅读《小引》并结合相关的背景资料，让学生体会鲁迅颠沛流离的生活状态，以及理解鲁迅为何创作朝花夕拾，进而了解鲁迅渴望"闲静"而不得的苦闷，以及在纷乱的环境中也不忘战斗的责任和担当。

任务三：撰写"鲁迅如何成长为'鲁迅'"发言稿

前面我们通过梳理鲁迅的成长历程，绘制了成长经历图，现在请你以"鲁迅如何成长为'鲁迅'"为主题撰写发言稿，结合绘制的成长经历图，为参观展览馆的人进行解说。

三、课堂小结

通过以上3个任务，我们了解了《朝花夕拾》，走近了鲁迅。我们在与鲁迅相遇的过程中消除了与经典的隔膜，看到了鲁迅从天真烂漫的童年到成功中年的成长历程，从童年的"三味书屋"到仙台学医乃至弃医从文，内心的感触、挣扎、斗争使他关注国人与国人的思想，进而观照社会。至此鲁迅一步步成长、成熟为一代文学家、思想家、革命家。那么，《朝花夕拾》的创作与发表就是鲁迅对成长和斗争的回望，是斗争间隙的小憩。使我们认识到鲁迅也是一个"人"，而不是高不可及的"神",从本质上理解了鲁迅能成为文学家、思想家、革命家的原因,一代文豪的成功并不是一蹴而就的。同时也让学生明白鲁迅的一生是奋斗的一生,是具有家国情怀的一生。

第二课段

人物形象展

【教学目标】

1.了解作品的主要内容及写作手法,学会分析人物形象。分析鲁迅笔下的人物的性格特点,体会作者的思想感情。

2.通过以其中某个人物的口吻发朋友圈以及回复,让学生进一步明晰不同人物形象,就有不同的语言特点。

3.通过为其中某个人物设计海报,让学生在进一步理解人物形象中锻炼整体构思等创造力。

【教学方法】

情境法、合作探究法、引导法。

【课时安排】

1课时。

【教学准备】

PPT、学案、卡纸、剪刀、彩笔。

【教学流程】

一、导入

猜一猜:根据提示,说出人物名字。

1.她生得黄胖而矮,说话时喜欢切切察察,还竖起第二个手指,在空中上下摇动,或者点着对手或自己的鼻尖。(长妈妈)

2.他是一个高而瘦的老人,须发都花白了,还戴着大眼镜。(寿镜吾先生)

3.她对自己的儿子虽然狠,但对别家的孩子却好,无论孩子闹出什么乱子来,也决不去告诉他们的父母。(衍太太)

4.黑瘦,八字须,戴着眼镜,挟着一叠大大小小的书,据说是穿衣服太模胡了,有时竟会忘记带领结;冬天是一件旧外套,寒颤颤的。(藤野先生)

5. 这是一个高大身材,长头发,眼球白多黑少的人,看人总像在渺视。(范爱农)

6. 他的诊金也是1元4角,他开的药方,难以寻找、颇为奇特,如:原配蟋蟀一对、平地木十株、特别的丸药——败鼓皮丸。(陈莲河)

二、明确情境,完成任务

任务一:探究分析人物形象方法

还记得《从百草园到三味书屋》中的寿镜吾老先生吗?鲁迅对这个先生着墨不多,但却使人印象深刻,大家还记得作者是怎样刻画这个人物的吗?今天,我们以寿镜吾老先生的形象分析为例,填写人物形象分析表(表3-3-6),探究分析人物形象的方法。

表3-3-6 人物形象分析表

描写方法	内容举例	具体分析	人物形象
外貌	一个高而瘦的老人,须发都花白了,还戴着大眼镜	从身形、须发、眼镜描写外貌,显示出了老先生学问渊博的样子	方正、质朴、博学、严而不厉、严而可亲的人
神态	他似乎很不高兴,脸上还有怒色了	对于"我"对课外问题的好奇提问,显示出他的古板	
语言	铁如意,指挥倜傥,一座皆惊呢;金叵罗,颠倒淋漓噫,千杯未醉嗬	先生读书时,节奏、语气、拖音尽皆呈现,多年后音犹在耳、形犹在前,说明先生读书很有感染力,表现出他对学问的热爱	
动作	(1)和蔼地在一旁答礼 (2)因为读到这里,他总是微笑起来,而且将头仰起,摇着,向后面拗过去,拗过去	(1)先生性情和蔼 (2)细致刻画了先生读书时的神态、动作,表现出他对学问的热爱	

任务二:梳理分析主要人物

1.说一说:本书中刻画了许多个性鲜明的人物,你对谁的印象最深刻?请结合原文加以分析。

学生跳读文章,先组内交流,再课堂展示。

2.梳理分析主要人物,填写表格(表3-3-7)。

表3-3-7　主要人物分析表

篇目名称	主要人物	描写方法	内容举例	具体分析	人物形象

(1)在本书中有很多鲜活的人物,请同学梳理各篇中描述他的语句,分析其性格特点,学习、借鉴鲁迅描写人物的方法。

推荐人物及对应作品:

长妈妈:《狗·猫·鼠》《阿长与〈山海经〉》《从百草园到三味书屋》《二十四孝图》

藤野先生:《藤野先生》

范爱农:《范爱农》

父亲:《五猖会》《父亲的病》

(2)主要人物形象概括。

长妈妈——粗俗、好事、善良、有爱心、助人为乐,是一个典型的农村劳动妇女的形象。

父亲——封建、专制,不懂儿童心理的家长。

陈莲河——贪婪、道貌岸然、狡猾、谨小慎微

藤野先生——没有民族偏见、治学严谨、关爱学生的老师。

范爱农——孤傲、正直、有革命理想。

(3)主要人物对鲁迅的影响归纳。

长妈妈——鲁迅美好童年的一部分、为鲁迅讲故事、买书;同时,阿长不幸的人生,也让鲁迅关照小人物命运的悲哀。

父亲——看到了封建的强制教育对儿童天性的压制和摧残。

陈莲河——让鲁迅看到了庸医故弄玄虚、草菅人命的本质。

藤野先生——给鲁迅以鼓励,从藤野先生的高尚品格中汲取力量,来继续与"正人君子"之流作斗争。

范爱农——在回忆怀念中,深刻剖析自我,继续救国救民的道路。

任务三:绘制人物关系图

用思维导图画出人物关系图。通过让学生绘制人物思维导图,意在使学生更直观形象地理解与鲁迅相关的人物,以及他们之间形成的关系链接,也为之后的任务学习奠定基础。

任务四:制作人物海报或人物朋友圈

(两个活动二选一,分别分成两大组完成)

1.以《朝花夕拾》中某一个人物的口吻发朋友圈,朋友圈语言及回复的语言需符合书中人物的性格特点。

小组合作完成发朋友圈的内容:

2.制作人物海报

(1)了解什么是海报

海报是一种平面形式的宣传广告,是极为常见的一种广告形式,具有在放映或演出场所、街头广为张贴的特性。海报又名宣传画:加以美术设计的海报,又是电影、戏剧、体育宣传画的一种。海报又名招贴,贴的英文是"poster",poster意指张贴于纸板、墙、大木板或车辆上的印刷广告,或以其他方式展示的印刷广告,它是户外广告的主要形式,也是广告最古老的形式之一。

(2)海报设计的构成要素

图形:海报是视觉艺术,可以通过图形产生强烈的视觉效果。(标志/插图)

文字:具有说明作用。如果海报设计中没有文字,将无法准确地传递信息。(字体设计/文字排版)

色彩:具有象征性。

版式:构图。

(3)小组分工

小组合作,选择一个感兴趣的人物,在书中梳理出与其相关的事件,分析人物形象以及对鲁迅成长所产生的影响。并为人物制作一幅海报进行展出。小组可以先完成设计单,再完成海报。

人物海报设计单

选择呈现的人物:＿＿＿＿＿＿＿＿＿＿＿＿＿＿＿＿＿＿＿＿＿＿＿＿

为什么选择该人物:＿＿＿＿＿＿＿＿＿＿＿＿＿＿＿＿＿＿＿＿＿＿＿

绘画成员:＿＿＿＿＿＿＿＿＿＿＿＿＿＿＿＿＿＿＿＿＿＿＿＿＿＿＿

誊写成员:＿＿＿＿＿＿＿＿＿＿＿＿＿＿＿＿＿＿＿＿＿＿＿＿＿＿＿

信息整合成员:＿＿＿＿＿＿＿＿＿＿＿＿＿＿＿＿＿＿＿＿＿＿＿＿＿

工具提供成员:＿＿＿＿＿＿＿＿＿＿＿＿＿＿＿＿＿＿＿＿＿＿＿＿＿

三、畅谈收获及评价

由学生说说自己参加此次任务的收获。

设计目的:通过让学生选出自己喜欢的人物,整合与人物有关的事件,分析人物形象,并谈其在鲁迅成长过程中的影响。这一任务的完成需要学生在各篇目中找到与人物相关的事件,并进行细致的分析,能帮助学生理解鲁迅与各个人物之间更深层次的联系。

根据海报评价表(表3-3-8)进行评价。

表 3-3-8　海报评价表

海报评价表						
角度	内容	自评	他评1	他评2	他评3	师评
图形	构图要素能够突出主题,一目了然(1~5分)					
	构图要素之间搭配和谐,整体美观(1~5分)					
	构图要素内涵深刻,具有自己独到的理解(1~5分)					
	构图要素选择新颖,角度独特(1~5分)					
色彩	色彩意蕴丰富,具有一定的深刻性(1~5分)					
	色彩运用围绕书本内容,能够突出主题(1~5分)					
	色彩相互之间搭配和谐,整体美观(1~5分)					
文字	文字具有代表性,内涵深刻,意味丰富(1~5分)					
	文字能够围绕主题,突出主旨(1~5分)					
	文字整洁大方美观(1~5分)					
总分	50分					

四、课堂小结

通过剖析,我们深刻认识了阿长、父亲、陈莲河、藤野先生、范爱农等人的性格、命运,更好地了解了文章主旨,更深层次地理解了鲁迅思想情感的深刻。同学们也根据自己的探究成果,制作了人物朋友圈和人物海报,圆满完成了《朝花夕拾》人物形象展的布置。

第三课段

创意书签展

【教学目标】

1.通过对书签的观察,了解书签的作用、形状和内容。

2.尝试用剪和绘画的方法,利用卡纸、彩笔、剪刀、细彩绳、固体胶内容等材料制作书签。

3.通过本课的学习,促使学生之间的相互交流,激发学生对书签的收藏和名著阅读产生浓厚的兴趣。

【教学方法】

讲授法、合作探究法。

【课时安排】

1课时。

【教学准备】

教具准备:课件、卡纸、彩笔、剪刀、细彩绳、固体胶。

学具准备:彩笔、卡纸、剪刀、细彩绳、固体胶。

【教学流程】

一、导入

同学们,今天我们进行一个"我说你猜"的小活动。你来猜一猜说的是什么东西?"最早是用象牙制成的,挂在卷轴书的外面;后来变成扁平的,可以放在书的里面。它能告诉我们书看到了第几页。"没错,是书签,今天让我们一起来完成创意书签展的布置。

二、明确情境,完成任务

任务一:初步了解书签

1.什么是书签?

书签其实并没有什么特殊的寓意,只是方便读书的一个工具。书签就是标记阅读到什么地方的,为记录阅读进度而夹在书里的小薄片。如果送给朋友书签,可以理解为二人同为书友。

2.书签价值几何?

书签是对时代特征的反应。书签可以记录生活场景,不同时期的书签体现了不同时期的鲜明时代特点,展现不同时代人们的审美追求,是历史的一面镜子。在二十世纪五六十年代,当时的青年学生以互赠书签为时尚,所以书签的内容以倡导学习为主,上面绘制了历史故事、花鸟鱼虫等风景,符合学生年龄层的审美。值得注意的是,书签还具有娱乐宣传的作用,五六十年代的公众媒体不如现今的发达,舆论宣发不如现在深远,电影的宣传也采用了发放书签的方式进行。其中介绍内容和主题曲的书签成为当时"追星一族"的潮流单品,广受群众的喜爱。

3.花样书签有哪些?

团块式。依照图案形式构图,组成各自独立的团块。

水平式。采取横向构图、左右对称的方式设计,宜于表现较规则的画面。

对角线式。采取上下构图,上部为下垂式,下部为自然生长式或人物、动物等。

金属书签是以纯铜、锌合金制成的薄片;植物书签是以各种树木的叶子或者木材制成的薄片;陶瓷书签则是以青瓷、白瓷、陶瓷制成的薄片;纸质书签的是以宣纸、卡纸、油画纸制成的拨片;塑料书签是以聚乙烯、聚丙烯、聚苯乙烯等制成的薄片。

任务二:书签制作

1.准备材料:卡纸、彩笔、剪刀、细彩绳、固体胶等。

2.制作要求:

(1)外形、图案、色彩美观而新颖。

(2)内容与《朝花夕拾》相关,感想深刻。

(3)实用性强。

任务三:评比展示

根据书签评价表(表3-3-9),每组评选出1个"小组最美书签",参与全班评比,最后评出3个"班级最美书签"。

表3-3-9 书签评价表

具体内容	分值	自评	他评	师评
书签蕴含的意境	25分			
书签整体的美观	25分			
书签的独特之处	25分			
书签的趣味之处	25分			
总分	100分			

三、课堂小结

方寸书签,带给你一份恬淡、一阵书香、一种感受、一份感动。古人云:读书破万卷,下笔如有神。意思就是书读得多了,脑子里积累的东西就多了,写起文章来自然得心应手,如神来之笔。腹有诗书气自华,一个人书读多了,有文采,就会散发出高雅的气质,让我们的书签带领着我们读书吧!

第四课段

民俗文化展

【教学目标】

1.通过整合、归纳、分析,了解鲁迅对故乡民俗的两种态度。

2.思辨鲁迅矛盾情感背后深沉的民族责任感,思考当代该如何传承民俗文化。

【教学方法】

讲授法、合作探究法。

【课时安排】

1课时。

【教学准备】

PPT、学案。

【教学流程】

一、导入

同学们,今天这节阅读课,我们要一起探讨一下《朝花夕拾》中的民俗,完成民俗文化展的布置。关于民俗,民间流传着很多谚语,比如:头伏饺子二伏面,三伏大饼炒鸡蛋。这个暑假,这些美食可能你都吃到了。除此之外,大家还知道哪些民谚?(大寒小寒,杀猪过年。二十三,糖瓜粘。大年初一不出门,初二开始拜亲人。五月端阳,糕粽拌糖。)

设计目的:从孩子们耳熟能详的民谚入手,引出本节课的主题——民俗,相信孩子们能说出很多,激发他们探究的趣味,点燃课堂。

二、明确情境,完成任务

任务一:健康民俗vs病态民俗

1.梳理书中写民俗的章节和内容,以及鲁迅对这种民俗的感情,填写表格(表3-3-10)。

表 3-3-10　民俗整理表

	篇目	内容	情感
1			
2			
3			
4			
5			
……			

2.根据鲁迅先生的情感给上面的民俗分类,画一张简单的思维导图。

设计目的:这里用了名著阅读中两种很重要的方法:表格梳理法和思维导图梳理法,目的是对整本书中的同类信息进行整合,为下一步的分析和判断做好铺垫。表格和思维导图梳理法能使知识可视化和结构化。我们都知道,整本书阅读不同于平时的篇章阅读,它的信息容量大,主题更多元,内容更丰富,给读者提供的思维空间也更加广阔。打个比方,如果说单篇课文是大树,整本书阅读就是森林,如果找不到一条游览森林的合适路径,很容易在森林中迷路。所以,利用表格和思维导图在宏观上梳理并整合整本书内容,有利于学生俯视全书,内化吸收,统揽全局,了然于胸。

任务二:热爱民俗vs批判民俗

1.选择你喜欢的形式来展示健康民俗。

(1)配乐朗诵长妈妈讲故事片段。

(2)表演剧本贴花纸片段。

(3)手抄报民俗专辑之无常专栏。

2.对于故乡一些病态的民俗,鲁迅先生表达出腻烦的情感,在原著中找出表达这种情感的句子,读一读。

3.思考:鲁迅如此"不耐烦"故乡的这些民俗,能否表示他不热爱自己的故乡?

设计目的:通过有指导性的朗读,学生很容易能够理解鲁迅对故乡民俗中的一部分持否定腻烦态度,接下来的问题:鲁迅如此"不耐烦"故乡的这些民俗,能否表示他不热爱自己的故乡?这是一个重磅炸弹,会直接引发学生深度思考。在这个时候我们可以安排几分钟小组讨论,通过小组讨论激发学生思考,纠正他们的思路。这种透过文字看本质的能力,就是思辨能力。

4.鲁迅先生对于民俗的回忆和情感,不管是喜爱还是厌烦,哪一个最能引起你的共鸣?跟大家分享一下吧。

设计目的:这个环节的设计运用了阅读的联结策略。毕竟我们的七年级孩子是有一定生活体验的,通过阅读联结学生的成长和生活,激活了学生的生活体验,这样的联结就是在帮助学生打通读法与活法,为辩论环节设下伏笔。

任务三:传承民俗vs废止民俗

1.小辩论。

在当今时代,社会飞速发展,尤其是有些洋节越来越受到年轻人的追捧,你认为现代人应该传承民俗还是废止民俗?结合读这本书的体会和你对传统文化的认识,谈谈自己的观点。

设计目的:设计这个辩论环节能让孩子们的思想和观点进行交锋,更好地引发孩子的思维冲突和自我反思,提高双方的认识,促进他们对民俗问题的深度思考。辩论的时候,孩子们需要组织语言,甚至引经据典,让自己的表达力更有感染力,这对提升语文素养也是有促进作用的。

2.小小宣传员:我们的民俗。

要求:内容具体,主题积极向上;声音洪亮,仪表端庄;讲话时间每人1分钟左右。

设计目的:通过辩论,同学们已经知道优良的民俗是需要传承的,在这个基础上,安排1分钟的语言活动,可以深化孩子们对民俗的认识,进一步发散他们的思维。

三、课堂小结

同学们,通过本节课的学习,我们探究了《朝花夕拾》里的民俗文化,完成了民俗文化展的布置,发现了鲁迅先生对故乡民俗的矛盾心态。他时而欢欣明快时而又失望不耐的笔调,实际上是他一贯的"不虚美不隐恶"之文风的体现。在这种矛盾中,我们看到了一位目光冷静深邃的作家,看到了一个有民族担当的战士。同时,我们也思考了矛盾背后隐藏的深情,知道了当代传承民俗的重要性。希望大家学习鲁迅先生的精神,用心呵护我们优良的民俗文化。

第五课段

情景再现展

【教学目标】

1.初步了解排演课本剧的步骤,能够根据需要适当改编故事内容,设计符合人物身份、性格的台词、动作和表情。

2.能通过自己的演绎,学会通过表情、动作等肢体语言来反映人物的性格,从而加深对故事中人物的理解。

3.通过表演课本剧,进一步亲近名著,激发学生对文学名著的喜爱之情。

【教学方法】

讲授法、合作探究法。

【课时安排】

2课时。

【教学准备】

服装、道具。

【教学流程】

一、导入

同学们,当你在阅读一篇自己喜爱的小说的时候,当你陶醉在一篇散文、一首诗歌创设的优美意境之中的时候,当你的一篇习作因文采飞扬受到老师的褒奖、同窗的称道的时候……少年的你,心中一定会燃起一个文学梦,梦想做一名小说家、散文家或者诗人。那么,你想过成为中国的莎士比亚或者新世纪的曹禺吗?也许,你要问:我有剧作家的潜质吗?今天,我们就来做一次尝试——编写课本剧。

今天,我们将进入《朝花夕拾》的最后一个展,情景再现展。漫长悠远的岁月,大千世界的风景,性格迥异的人物,都可以浓缩在小小的舞台上,在那里我们可以尽情展现自己,重现名著中精彩的情节和难忘的对话。

板书:情景再现展——创编课本剧

学生齐读课题。

二、明确情境,完成任务

任务一:剧本改编指导

1.选文。

适宜改编为剧本的课文的特点:

(1)故事性强,情节波澜起伏。

(2)人物不多,性格鲜明突出

(3)时空较集中,矛盾冲突尖锐。

(4)主要通过对话刻画人物。

板书:选文——故事性强 人物鲜明 时空集中 对话风趣

2.确定剧本结构。

剧本一般是分幕分场的。就选定的剧本素材,划分出场次,想想每一场安排哪些人物、哪些情节。

(1)定场次:把主要事件发生地作为戏剧场景,把次要事件推到幕后,使时空集中。

(2)定脉络:通盘考虑戏剧冲突的开端、发展、高潮和结局在整个剧本各场次中如何布局。

(3)定人物:根据剧本的情节和结构,确定全剧及每场戏的出场人物及其上下场情况。

板书:改编(结构)——时空集中 层次分明 人物有序

3.编写人物台词。

在剧本中,故事的发展及人物性格的展示,一般都依靠人物的对话来完成。在编写剧本时,不能仅仅把课文中的人物语言抄入剧本,

(1)人物说的话,包括对话、独白、旁白。台词要以课文中的人物语言为基础,进行必要的调整、充实和完善,表现人物的性格、身份及思想感情,要通俗自然,简练明确,要口语化,适合舞台表演。剧本主要是通过台词推动情节发展,表现人物性格。

(2)人物的心理活动、相互关系,以及幕后发生的情节,一般也应通过人物的台词自然地显示出来。

(3)必要时,可以使用独白和旁白,独白可用作人物的自我介绍或抒发情感,旁白可以串联情节或点明含义。

板书:改编(台词)——语言通俗 突出心理 独白旁白

4.舞台说明。

舞台说明又叫舞台提示,是剧本里的一些说明性的语言。剧情发生的时间、地点、服装、道具、布景,以及人物的表情、动作、上下场等。这部分语言要简练、扼要、明确。一般出现在每一场的开头结尾和对话中间,一般用括号括起来。

几种常用的舞台提示的作用:

(1)舞台场景说明:可以交代故事发生的时间、地点及环境。

(2)服装、道具提示:可暗示人物的身份、性格、爱好等。

(3)情绪、动作提示:可辅助台词刻画人物,推动情节。

板书:改编(舞台说明)——时间地点 服装道具 情绪动作

5.改编示例

阿长买《山海经》

第一幕

场景:书摊。

人物:阿长、书贩。

阿长:你们这有没有一本带插图的书?

小贩:哎哟,大娘,您就别拿我逗乐子了,您瞧瞧我这小店,带插画的书可多了去了,您要的是哪一本啊?

阿长:我听我哥儿说叫三什么,我这人没文化,我也不太懂啊。

小贩:那您可得好好瞅一瞅了!(小贩自己去收拾整理别的书籍。)

阿长:哎……到哪才能买到哥儿想要的书?(无奈,转身走了出去,嘴里还在嘀咕什么。)

第二幕

场景:另一家书店

人物:阿长、小二、掌柜

阿长开始踮着脚尖自己寻找。

小二(看看阿长,看看书架):大娘,您需要什么书啊?

阿长(期待):我要一本带插图的书,叫三什么,听我哥儿说里面还有什么奇奇怪怪的鸟。

小二(嘲讽的语气):奇怪的鸟,什么鸟,神仙鸟吗?

阿长(迫不及待):好像是,好像还有奇奇怪怪的美女蛇……

小二:我给您找一下,掌柜,掌柜,有一个客人要买一本带插图的书……

掌柜(听小二一番描述,摸着小胡须):应该是《山海经》,小二你去拿一本。

阿长(焦急):带插图的,一定是带插图的。(踮脚尖,扯着脖子。)

小二(拿来了山海经):这位客官,这就应该是您要的那本《山海经》了。

阿长(仔细地翻阅,看着插图,反复询问):这就是那本有带插图的叫三什么的书吗?

小二(不耐烦):是,就是这本,它叫《山海经》,不叫三什么……

阿长(感激):好,我买了,谢谢您。

阿长离开时:太好了,"三哼经"买到了,哥儿的"三哼经"买到了。

第三幕

场景:鲁迅家

人物:阿长、鲁迅

阿长(高兴):哥儿你要的带插图的"三哼经"我给你买来了。

鲁迅震惊,赶紧打开,看见四本小书,开心。

旁白:我的保姆,长妈妈即阿长,辞了这人世,大概也有三十年了,我终于不知道她的姓名,她的经历,但她如我的家人。

任务二:剧本排练指导

1.注意事项。

(1)精选演员:首先根据剧本的编排选演员。

(2)布景设计:根据演出需要准备舞台道具、布景的设计、演员服装等。

(3)安排场次:安排好排练的场所,根据学生不同特长,赋予不同的任务。

(4)塑造形象:各个角色根据剧本联系课文,真实再现人物性格,力求生动塑造人物形象。

(5)改进细节:不断排练,不断改进细节。要充分发挥自身的感悟能力和表演能力,全身心地投入对人物角色的感悟和理解。

板书:排练——精选演员 布景设计 安排场次 塑造形象 改进细节

2.分组创编排练。

(1)填写小组分工表(表3-3-11),组内商讨,做好分工。

(2)选定文章片段,撰写剧本。

(3)小组合作排练,教师巡视排练情况。

表3-3-11　课本剧小组分工表

课本剧小组分工表	
小组:	
选择的文章片段	
导演	
编剧	
演员	
旁白	
道具师	

任务三:表演展示

1.各组依次表演。

2.师生点评各组表演,重点指出创新和成功之处。

(1)讨论欣赏要求,评价方法:认真欣赏表演者的每一句话、每个动作、每个神情。准备推选出最佳创编、最佳演员、最佳评论员。鉴赏整个编排是否有创意。

(2)先肯定优点再指出不足。着重引导学生从人物的个性化语言、动作、神情入手,再从是否富有创造性来评价。也可以提出自己的疑问,由编导或表演者来阐述自己的设计意图。

任务四:评选颁奖

根据课本剧评分表(表3-3-12)评出小组表演名次,同时评选出最佳导演奖、最佳编剧奖,最佳演员奖。

表3-3-12 课本剧评分表

项目	内容	1组	2组	3组	4组	5组	6组
剧本创作	在原有故事基础上有合理的创作、改动(20分)						
故事表达	故事表演完整,语言流畅、清晰(20分)						
感情流露	符合故事发展及人物性格。感情基调与故事内容相符,感情流露自然得体(20分)						
仪态	落落大方,自然,手势与内容相符,表现人物性格(20分)						
服装道具	符合剧情或者有创意(10分)						
表演效果	舞台表演效果好,能吸引观众,获得普遍好评(10分)						
总分值	100分						

三、课堂小结

通过同学们的通力合作,倾情演绎,真是把《朝花夕拾》中的这些人物的形象呈现得生动逼真,老师仿佛看了一场大电影。这不仅是大家对人物的理解到位,还是同学们相互交流,合作共赢的结果。我宣布朝花夕拾情景再现展创办成功!

"大话西游"卡牌游戏
——《西游记》整本书阅读项目化教学设计

设计人：刘蔚

一、项目化教学构想

《西游记》是明代小说家吴承恩所著的中国古代著名的浪漫主义长篇神魔小说，是中国古典文学中最富有想象力的作品之一。小说围绕唐僧、孙悟空、猪八戒、沙僧、白龙马师徒前往西天取经的主线，写了许多降妖除魔的故事。全书表现了唐僧师徒不畏艰险、百折不挠的可贵精神，以及作者对黑暗的社会现实的不满和讽刺。对今天的青少年来说，这部小说更像一个励志故事，告诉我们：人生要有所追求，要为了实现理想而披荆斩棘，不畏任何艰难险阻，以超强的韧劲和斗志战胜一切困难，直至到达胜利的终点。

《西游记》自诞生几百年来魅力始终不减，还衍生出从文字到图像、影视、游戏等多种形式，极大地丰富了学生的阅读视野。学生大多是在西游的故事中成长起来的，对故事情节已有了零星的了解。但是《西游记》原著读起来却十分拗口、晦涩难懂，学生存在畏难心理，缺少阅读兴趣。

基于此，本项目的设计紧扣统编教材七年级上册第六单元"名著导读：《西游记》"的教材要求，以"精读与跳读"作为整本书阅读策略要点，在整本书阅读教学中引入项目式学习，构建起整本书阅读的项目化学习小组。通过任务驱动，设置四个子项目"西游地图绘制能手、人物卡牌设计大师、知识手册编写达人、主题卡牌发布大会"，旨在激发学生阅读《西游记》原著的兴趣，培养学生的理解、分析、归纳、创造、合作等能力，促进学生在真实的项目实践中学习知识和掌握相应技能，促进语文学科核心素养的发展。

二、项目阅读目标

1.通过绘制西游地图的方式，掌握跳读的阅读方法，梳理故事情节。

2.通过设计人物形象卡,掌握精读的阅读方法,并运用精读与跳读相结合的阅读方法,分类理解人物形象。

3.通过编写西游知识手册,深入分析人物形象,把握章回体小说的写法、主题和艺术价值,加深对古典文学的认识。

4.通过项目化阅读合作探究的实践,学会团队合作,收集相关资料,并进行口头或者文字性的表达,进一步增强阅读文本、鉴赏名著、读写结合等学科素养。

三、入项活动

(一)情境驱动

《西游记》是明代小说家吴承恩所著的中国古典小说,小说围绕唐僧、孙悟空、猪八戒、沙僧、白龙马师徒前往西天取经的主线,写了许多降妖除魔的故事,被誉为中国古典文学中最富有想象力的作品之一。为此,学校创意阅读社计划以《西游记》原著为主题,举行"大话西游主题卡牌游戏"设计活动。请你阅读整本书《西游记》,参与主题设计,完成"西游地图绘制能手、人物卡牌设计大师、知识手册编写达人、主题卡牌发布大会"4项活动任务,以更新颖有趣的形式宣传《西游记》,让更多人走近《西游记》,领略中国古典小说的魅力。

(二)项目方案表(表3-5-1)

表3-5-1 项目方案表

项目时间	项目实施进程	项目内容
第1周	入项	1.明确项目任务以及要求 2.项目分组,制定阅读方案
第2~8周	项目一 西游地图绘制能手(1课时)	1.能够按照阅读方案,完成原著阅读 2.掌握跳读的阅读方法,梳理故事情节 3.完成西游地图的设计与绘制,制作相应的重要事件答题卡

续表

项目时间	项目实施进程	项目内容
第9~10周	项目二 人物卡牌设计 大师(1课时)	1. 运用跳读的阅读方法,梳理白龙马的人物经历 2. 运用精读的阅读方法,结合重点语段,品读白龙马的人物形象 3. 迁移阅读方法,分类别品析孙悟空、唐僧、猪八戒等人物形象 4. 完成西游重点人物卡牌的设计与绘制
第11~12周	项目三 知识手册编写 达人(2课时)	1. 以孙悟空为探究对象,探究"三复情节"的写法与作用 2. 结合小说文段,学习刻画人物形象的方法 3. 理解小说"成长"主题,体会小说的艺术价值 4. 读写结合,完成《西游记》知识手册
第13周	项目四 主题卡牌发布 大会(1课时)	1. 分组汇报主题卡牌设计作品 2. 根据成果评价量表以及汇报评价量表,进行评选,选出最佳设计奖

(三)项目分组

1. 学生回顾《西游记》,相互交流观点与看法,并以班级学习小组为主体组建成项目小组,推选组长。

2. 教师提供《西游记》阅读方案建议表(表3-5-2),小组结合建议表,拟定小组阅读方案。

表3-5-2　阅读方案建议表

阅读时间	项目内容	阅读建议
第1周	1~12回	精读1~7回
第2周	13~26回	精读14回、18~19回、20~21回、22回、24~26回
第3周	27~39回	精读27回
第4周	40~55回	精读40~42回、44~46回、50~52回、53~55回
第5周	56~66回	精读56~58回、59~61回、65~66回
第6周	67~79回	精读68~71回
第7周	80~92回	精读80~83回
第8周	93~100回	精读93~97回,绘制取经地图,设计制作重要事件答题卡

项目一

西游地图绘制能手

【教学目标】

1.引导学生整体了解《西游记》的作者概况、故事情节、篇章结构。

2.掌握并运用跳读的方法,阅读《西游记》原著,培养学生探究学习以及初步鉴赏文学作品的能力,激发学生阅读《西游记》的兴趣。

【教学方法】

创设情境法、圈点批注法、合作探究法。

【课时安排】

1课时。

【教学准备】

学生在课前读完《西游记》整本书,并完成"导学案";老师做好教学设计。

【教学流程】

一、导入

(一)《西游记》知识问答

《西游记》的作者是谁?《西游记》一共有多少回,可以分为几个部分?根据《西游记》改编的电影、电视剧、动画片有哪些?简要介绍其中一个。

(二)教师导入课题

在四大古典名著当中,《西游记》是最受青少年喜爱的,它被拍成了电影、电视剧,制成了动画片、连环画,可谓是妇孺皆知。同学们前段时间已对这部著作进行了初步阅读,这节课我们将一起走近这部中国古典小说,去领略西游魅力。

二、明确情境,完成任务

教师出示情境:《西游记》是明代小说家吴承恩所著的中国古典小说,小说围绕唐僧师徒前往西天取经的主线,写了许多降妖除魔的故事,被誉为中国古典文学中最富有想象力的作品之一。为此,学校创意阅读社计划以《西游记》为主题,举行"大话西游"卡牌游戏设计活动。请你阅读整本书《西游记》,参与主题设计,完成"西游地图绘制能手、人物卡牌设计大师、知识手册编写达人、主题卡牌发布大会"4项活动任务,以新颖有趣的形式宣传《西游记》。本堂课我们将完成"西游地图绘制能手"的活动任务。

任务一:复述故事知脉络

请用简洁的语言复述《西游记》故事。

《西游记》主要描写了孙悟空、猪八戒、沙僧三人保护唐僧西行取经,共遇到八十一难,一路降妖除魔,化险为夷,最后到达西天、取得真经的故事。

全书分成三大部分:前7回是全书的引子,交代孙悟空的身世;8~12回写唐僧出世,唐太宗入冥府,交代去西天取经的缘由;13~100回写师徒三人保护唐僧西天取经,沿途降妖除魔,历经九九八十一难,到达西天,取得真经,修成正果的故事。

教师总结:正是因为师徒四人沿途降妖除魔,历经九九八十一难,修成正果,才更加显得这条取经之路如此不容易。因此,在绘制地图的时候,首先需要完整呈现九九八十一难,以展现取经之难、路途之远。

任务二:跳读标题寻信息

如何绘制完整的西游地图呢?可以结合《西游记》章回体小说的特点展开思考。作为典型的章回体小说,《西游记》每一回目的标题用前后对仗的形式,高度概括了章节内容。请快速阅读集中刻画西天取经之路的目录标题,归类思考从中可以获取哪些信息。

学生阅读,并交流。

教师总结:根据阅读目录标题获取的地点、人物、事件等信息,我们能够绘制出取经地图的初稿。而这种通过目录标题进行跳跃式阅读寻找相关信息,选择性地舍弃无关信息的阅读方式,就叫作跳读。

学生阅读教材相关内容,理解跳读概念。

明确:跳读,是跳跃式地阅读。跳读是主动地舍弃、有意地忽略,以求更高的效率。跳读可以跳过与阅读目的无关或自己不感兴趣的内容,也可以跳过某些不甚精彩的章节。

阅读目录时,我们便运用了跳读的第一个策略,"跳读标题寻信息"。

任务三:跳读章节补信息

单单通过目录标题获取信息绘制的西游地图,显然是不完整的,还需要选择性阅读部分标题信息不够明确的章节。请分为8个小组,每组阅读10个回目,以小组合作的形式,继续运用跳读的方式,阅读标题信息不够明确的相关章节,补全西游地图的地点、人物、事件等相关信息。

学生分小组合作阅读,交流补充信息。

教师总结:通过阅读实践,不断地完善西游取经地图。而这样的跳跃式阅读,便是跳读的第二个策略,"跳读章节补信息"。

任务四:跳读文段筛信息

在具体的章节阅读时,我们应当如何快速筛选文本信息,补充出绘制地图所需的人物、事件等信息呢?请结合《唐三藏路阻火焰山,孙行者三调芭蕉扇》节选,或者阅读体验,谈谈你的思考与做法。

学生交流,带目的(如孙悟空做了哪些事,怎样调芭蕉扇等)阅读,忽略与之无关的内容;跳读外貌描写、打斗场面等文段,跳读类似降妖除魔的故事情节等。

教师总结:带目的阅读,跳读无关文段,就能够快速筛选出所需信息,这就是跳读的第三条策略,"跳读文段筛信息"。

任务五:自主阅读巧迁移(作业)

唐僧从长安出发,途中逐渐组建了取经团队,历经九九八十一难,取得真经,修得正果,其中的故事精彩纷呈,不单单是一张地图能呈现的。请继续运用跳读的方法,迁移阅读《西游记》原著,进一步丰富完善小组的西游地图绘制。

板书：

西游地图绘制能手

——《西游记》项目化名著阅读

跳读法 { 跳读标题寻信息　　　获取相关信息
　　　　 跳读章节补信息 }
　　　　 跳读文段筛信息　　　提高阅读效率

三、开展评价

根据评价量表（表3-5-3）开展评价。

表3-5-3　项目一（西游地图绘制能手）评价量表

项目一（西游地图绘制能手）评价量表	
评分维度	赋值
1. 能够按照阅读方案，大致完成原著阅读	☆☆☆☆☆
2. 能较好把握《西游记》的作者概况、故事情节、篇章结构	☆☆☆☆☆
3. 能掌握并运用跳读的办法阅读《西游记》原著	☆☆☆☆☆
4. 能完成西游地图的设计与绘制	☆☆☆☆☆
5. 西游地图设计与绘制有一定的新意和亮点	☆☆☆☆☆

项目二

人物卡牌设计大师

【教学目标】

1.运用跳读的阅读方法,梳理白龙马的经历。

2.运用精读的阅读方法,结合重点语段,品读白龙马的精神内涵。

3.继续迁移阅读方法,分类别品析唐僧、猪八戒等凡人神魔的人物形象。

【教学方法】

任务驱动法,圈点批注品读法、合作探究法。

【课时安排】

1课时。

【教学准备】

学生梳理与白龙马相关的回目;老师做好教学设计。

【教学流程】

一、猜文导入

屏显:

身穿金甲亮堂堂,头戴金冠光映映。手举金箍棒一根,足踏云鞋皆相称。一双怪眼似明星,两耳过肩查又硬。挺挺身才变化多,声音响亮如钟磬。(孙悟空)

碓嘴初长三尺零,獠牙觜出赛银钉。一双圆眼光如电,两耳扇风唿唿声。脑后鬃长排铁箭,浑身皮糙癞还青。(猪八戒)

一头红焰发蓬松,两只圆睛亮似灯。不黑不青蓝靛脸,如雷如鼓老龙声。身披一领鹅黄氅,腰束双攒露白藤。项下骷髅悬九个,手持宝杖甚峥嵘。(沙僧)

凛凛威颜多雅秀,佛衣可体如裁就。辉光艳艳满乾坤,结彩纷纷凝宇宙。朗朗明珠上下排,层层金线穿前后。兜罗四面锦沿边,万样稀奇铺绮绣。(唐僧)

鬃分银线,尾剪玉条。说甚么八骏龙驹,赛过了骕骦款段。千金市骨,万里

追风。登山每与青云合,啸月浑如白雪匀。真是蛟龙离海岛,人间喜有玉麒麟。(白龙马)

学生抢答猜读人物,引出取经团队中少有人提及的第五人——白龙马,教师引导学生齐读观音大士对白龙马的评价:"你想,那东土来的凡马怎历得这万水千山?怎到得那灵山佛地?须是得这个龙马,方才去得。"

二、明确情境,完成任务

在项目一里,我们跟随唐僧师徒踏上西天取经之路,经历了一系列惊险而曲折的故事,其中的大闹天宫、三打白骨精、大战红孩儿、车迟国斗法、女儿国遇难、真假美猴王、三调芭蕉扇等故事尤为精彩。同时,作者借丰富精彩的故事,还塑造了一系列个性鲜明的人物形象,因此,本堂课我们将继续走进原著,寻找这个常被人忽略但依然至关重要的白龙马的形象特点,开启"大话西游"卡牌游戏设计活动项目二——人物卡牌设计大师。

任务一:跳读标题寻变化

要制作西游人物卡牌,需要对人物有一个清晰明确的整体认知。《西游记》中涉及白龙马的故事不多,但情节曲折,引人入胜,白龙马的身份也几经变化。请运用"跳读标题寻变化"的跳读策略,阅读目录,了解内容,回忆故事情节,梳理白龙马的身份变化以及与之相对的回目,自行完成思维导图。可参考示例(图3-5-1)。

图3-5-1 白龙马身份思维导图

教师总结:运用跳读的阅读策略,我们可以发现,这匹白马,非马,而是甘愿化龙为马,从一而终地跟随唐僧,它是故事情节的见证者,也是取经团队中最忠实可靠的伙伴。

任务二:精读文段悟方法

这匹忠实可靠的白龙马,在取经路上始终低调沉稳,却唯独在宝象国显现真身,与黄袍怪大战,这是为何呢?请跳读到第30回,鉴赏选段(唯一一次白龙马显龙形救唐僧),结合具体语句,精思白龙马形象。

学生阅读,并分享。

教师总结:通过细读字句,精思形象,鉴赏手法的阅读策略,体会到了白龙马的机警、沉稳形象特点。这样的阅读方式就叫作精读。

学生勾画教材,总结。

教师总结:精读即精细深入地阅读。精读指向细腻的感受、透彻的理解和广泛的联想。通过精读,可以细致地了解内容,读出自己细腻的感受,在圈点批注中透彻地理解人物形象,形成自己的阅读体验。

任务三:迁移方法探形象

请迁移运用精读法,阅读白龙马相关内容,按照提示细读、精思、鉴赏文段,用圈点批注的方式记录自己的读书感悟,并思考白龙马行为背后的原因。

提示: 精读策略——细读字句,精思形象,鉴赏手法。

学生阅读,并分享。

教师总结:古话说,刚健而不屈,形容人刚强正直不屈服,白龙马不屈服于妖怪,并且在此基础上,积极行动,有所作为。运用精读法的3条策略,从原著中我们读出了一匹忠实可靠、刚健有为的龙马。

任务四:思考探究悟精神

正因为白龙马的刚健有为,师徒五人顺利度过了宝象国之难。而这一难只是取经路上的一个小小劫难,唯有度过九九八十一难,唐僧师徒才能修得圆满,被如来封佛、封神。请齐读第100回选段——如来对白龙马的封词,思考白龙马身份转变原因。

学生朗读,并交流分享:取经之路,让这个最开始冲动任性、纵火烧坏明珠的三太子,化龙为马,驮着唐僧,历经春夏秋冬,尝遍酸甜苦辣,走过了九九八十一难的取经之路。这一路走来,白龙马也在路途中收获了自己的成长。

教师总结:取经路,也是一条成长之路。化龙为马,西行路上有所不为,体现了白龙马的忠诚可靠、坚韧不拔;危急关头积极行动,体现了他的刚健有为、自强不息。在白龙马的不为与为的故事中,流淌着这种崇高的"龙马精神"。

任务五:迁移感悟绘卡牌

小小白龙马的人物形象与精神品质具有丰富的内涵,那他的形象卡牌又可以怎样设计呢?请结合阅读感悟,以小组合作的形式,讨论完成白龙马的卡牌设计(表3-5-4)。

表3-5-4

人物卡牌参考点		
姓名	白龙马	
出身		
本领		人物画像
结局		
性格		
阅读回目		
主要经历		

学生设计并展示。

白龙马,作为一个小角色尚有大智慧,那么吴承恩花大量笔墨描写的其余的师徒四人,以及那些丰富生动的神仙妖怪,定然更加值得阅读。请迁移跳读与精读的阅读方法,继续深入阅读原著人物,并参考白龙马卡牌的设计思路,结合人物分组表(表3-5-5),按要求完成人物卡牌设计任务。

要求:设计的人物卡牌必须包括取经组,其余人物可以每组选择2个以上进行设计。

表 3-5-5　人物分组表

类别	人物
神仙组	玉皇大帝、如来佛祖、观音菩萨、菩提祖师、太白金星、太上老君、镇元大仙等
妖怪组	黑熊怪、牛魔王、蝎子精、蜘蛛精、黄袍怪、黄眉怪、独角兕、六耳猕猴、金角大王、银角大王、虎力大仙、鹿力大仙、羊力大仙等
凡人组	唐太宗、高小姐、西梁女国国王、乌鸡国国王、灭法国国王等

板书：

人物卡牌设计大师
——《西游记》项目化名著阅读二

```
            细读字句
   精读法    精思形象  ┌(精读)  白龙马   ┌忠诚可靠
            鉴赏手法  └(跳读)  龙马精神 └刚健有为
```

三、开展评价

根据评价量表（表 3-5-6）开展评价。

表 3-5-6　项目二（人物卡牌设计大师）评价量表

项目二（人物卡牌设计大师）评价量表	
评分维度	赋值
1. 能够运用精读与跳读相结合的办法阅读《西游记》原著，品析白龙马的形象特点	☆☆☆☆☆
2. 能迁移阅读方法，分类别品析孙悟空、唐僧、猪八戒等凡人神魔的人物形象	☆☆☆☆☆
3. 能完成西游重点人物卡牌的设计与绘制	☆☆☆☆☆
4. 人物卡牌设计有一定亮点与新意	☆☆☆☆☆

项目三

知识手册编写达人

【教学目标】

1.以孙悟空为探究对象,探究"三复情节"的写法与作用。

2.结合小说文段,学习刻画人物形象的方法。

3.深入理解小说"成长"主题,体会古典小说的艺术价值。

【教学方法】

任务驱动法、圈点批注品读法、合作探究法。

【课时安排】

2课时。

【教学准备】

学生梳理与孙悟空相关的回目;老师做好教学设计。

【教学流程】

一、导入

1.学生展示孙悟空人物卡牌设计(图3-5-2),导入人物孙悟空。

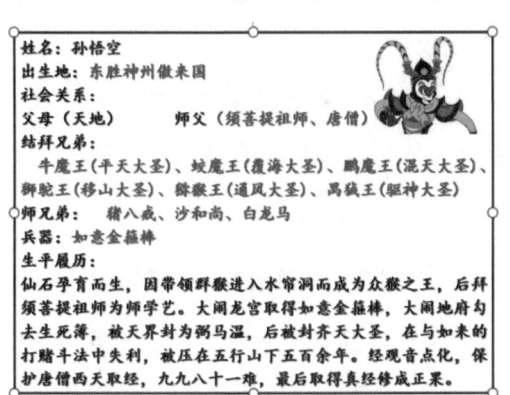

图3-5-2 孙悟空人物卡牌设计

二、明确情境,完成任务

跟随唐僧师徒踏上西天取经之路,经历了一系列惊险而曲折的故事,认识了一系列个性鲜明的神仙妖怪,我们充分领略《西游记》的奇幻有趣。这也引发了我们的思考,这部作品是如何创写故事,使人读来兴趣盎然的呢?本周我们将以孙悟空为例,探究《西游记》写法奥秘,完成"大话西游"卡牌游戏设计活动项目三——知识手册编写达人。

任务一:排序称呼寻成长

1.设计白龙马的人物形象卡牌时,我们可以发现人物称呼变化,其实代表了人物的成长之路。请将下列悟空的称呼按得名的时间排序,并说明称呼来源。

①斗战胜佛;②齐天大圣;③行者;④弼马温;⑤千岁大王;⑥孙悟空。

答案:⑤⑥④②③①。

⑤千岁大王(因带领群猴进入水帘洞而成为众猴之王);⑥孙悟空(拜须菩提祖师为师学艺,得名孙悟空);④弼马温(石猴被招安后,玉皇大帝授给他的官职);②齐天大圣(石猴回到花果山后,接受独角鬼王建议所称);③行者(唐僧收石猴为徒时为他所取的浑名);①斗战胜佛(唐僧师徒取经成功后,如来佛授给孙悟空的品职)。

2.教师总结。

通过分析孙悟空称呼的改变,可以看到一个在不断成长的孙悟空,也可以划分出孙悟空的成长阶段:

《西游记》的第1回至第7回是孙悟空成长的第一阶段。《西游记》的第8回至第58回是孙悟空成长的第二阶段。《西游记》的第59回至第100回是孙悟空成长的第三阶段。

任务二:跳读章节品成长

1.《西游记》的第8回至第58回是孙悟空成长的第二阶段,也是最重要的阶段。在这一阶段,孙悟空3次离开取经团队,又3次回归。请跳读相关章节,梳理相关信息,完成"三离三归"表格。

内容	第一次	第二次	第三次
回目			
主动/被动			
离开原因			
孙悟空离开前言行表现			
去向			
孙悟空返回后言行表现			

2.学生阅读,填写内容,并分享。

任务三:精读文段思变化

小组合作,对比三离三归的表格信息,重点关注孙悟空的言行变化,归纳孙悟空的性格变化。

教师总结:再次运用精读策略,走进原著,可以发现作者通过动作、神态、语言等细节描写,以及环境描写,写出了不断成长变化的孙悟空。

任务四:解读变化悟写法

回顾孙悟空的3个成长阶段,结合全书,完整归纳孙悟空的成长经历,并借助资料卡片与自己的阅读体验,探究作者如何写出这种变化。

资料卡片:

"三复情节"的螺旋式上升形态强化了叙事的美感。一般情况下,三复情节的过程表现为:进展→阻塞→进展→阻塞→进展→完成。"三复乃见作者之用心","三复情节"不是单一的重复,而是在重复中有变化、有发展,逐步展现人物形象,凸显主旨。

学生分享,并交流。

教师总结:回看孙悟空成长的3个阶段,我们可以发现第1回至第7回中孙悟空自在无忧、桀骜不驯。《西游记》的第8回至第58回中孙悟空处于成长的第二阶段,从猴性转变为人性。《西游记》的第59回至第100回是孙悟空成长的第三阶段,逐渐走向成熟稳重,直到最后成佛,这一条路是由猴到人再到佛的转变成长。作者通过孙悟空3个成长阶段、三离三归的三复情节设置,用生动形象的人物描写方法,刻画了孙悟空的形象变化——"猴性""人性""佛性",也再次紧扣并揭示了小说的主题"成长"。

任务五:迁移阅读探写法

作者不仅塑造孙悟空这一人物的成长变化,巧妙地运用了"三复情节"的艺术手法与生动的描写刻画,还在很多故事回目中运用了这些手法。请小组讨论,跳读原著,结合具体内容,说说其体现。

教师总结:《西游记》就是这样一部内涵丰富的古典小说,作者运用"三复情节"、人物描写等多种写法,创造性地改造了史料、民间传说,描绘了一个神奇瑰丽的世界,塑造了一群鲜活典型的神魔形象,在展现取经团队成长的主题下,又一定程度地批判了黑暗丑恶的现实社会。同时,语言风格独特,诙谐幽默,雅俗共赏。既丰富了阅读体验,也带给学生写作上的示范。

任务六:书写感悟编手册(作业)

阅读之旅,也是我们成长之旅,相信你一定有很多感悟与体会。请结合个人阅读感悟与学习收获,参考以下角度,各自选择从不同角度完成对《西游记》知识的介绍,并在小组内部交流,共同完善编写游戏知识手册,丰富"大话西游"卡牌游戏的设计成果。

设计角度:

阅读方法、读后感、人物介绍、写作特色、艺术价值……

创新写作《新西游记》《新八十二难》……

板书:

知识手册编写达人
——《西游记》项目化名著阅读三

细节描写刻画　　(精读)　　猴性
环境描写烘托　　孙悟空　　人性　　主题:成长
三复情节展现　　(跳读)　　神性(佛)

三、开展评价

根据评价量表(表3-5-7)开展评价。

表3-5-7 项目三(知识手册编写达人)评价量表

项目三(知识手册编写达人)评价量表	
评分维度	赋值
1. 能以孙悟空为探究对象,探究"三复情节"的写法与作用	☆☆☆☆☆
2. 能结合小说文段,学习刻画人物形象的方法	☆☆☆☆☆
3. 能理解小说"成长"主题,体会小说的艺术价值	☆☆☆☆☆
4. 能读写结合,完成《西游记》知识手册编写	☆☆☆☆☆

项目四

主题卡牌发布大会

【教学目标】

完成主题卡牌发布大会。

【教学方法】

合作探究法。

【课时安排】

1课时。

【教学准备】

卡牌设计评价量表、汇报评价表。

【教学流程】

1. 分组汇报主题卡牌设计作品。

2. 根据卡牌设计评价量表(表3-5-8)以及汇报评价量表(表3-5-9)进行评选,选出最佳设计奖。

表3-5-8 卡牌设计评价量表

评分维度	评价要点	自评	他评	师评
设计主题	符合《西游记》主题要求(10分)			
内容设计	1. 设计要素齐全(10分) 2. 地图、答题卡等内容符合原著(10分) 3. 人物卡牌形象符合原著(10分) 4. 知识手册准确总结关于原著相关知识(10分) 5. 有自己的阅读思考(10分)			
版面设计	1. 图案生动形象,色彩丰富(10分) 2. 排版构图合理,整体美观(10分)			
创新创意	内容或设计上新颖独特,有亮点(10分)			

续表

评分维度	评价要点	自评	他评	师评
团队合作	项目完成中,小组内部各有分工,沟通顺畅(10分)			
合计(取自评、他评、师评总分平均值)				

表3-5-9　汇报评价量表

评分维度	评价要点	自评	他评	师评
汇报内容	1.设计游戏主题符合原著(10分) 2.设计内容符合原著(10分) 3.要素齐全,版面美观(10分) 4.设计作品有一定亮点,有自己的阅读思考(10分) 5.能展现团队合作的成果(10分)			
语言表达	1.表述得体,条理清晰,语言连贯(10分) 2.恰当运用动作、手势等方式辅助表达(10分) 3.汇报效果较好,有感染力(10分)			
呈现形式	能较好地利用ppt、图片、视频等形式展现设计内容(15分)			
时间	规定时间内表述清楚,限时7分钟(5分)			
合计(取自评、他评、师评总分平均值)				

演读小人物与大舞台

——《骆驼祥子》整本书阅读大单元教学设计(部分)

设计人:郭咏梅

一、项目化教学构想

《义务教育语文课程标准》在"课程理念"部分指出:"创设丰富多样的学习情境,设计富有挑战性的学习任务,激发学生的好奇心、想象力、求知欲,促进学生自主、合作、探究学习。"经典著作篇幅长、信息量大,事件与人物、环境与背景夹杂织糅,学生阅读常常碎片化。《骆驼祥子》也是如此,作品共21万字,以现实主义的笔法,讲述了老北京人力车夫祥子的辛酸故事,塑造了祥子、虎妞等一批令人难忘的人物形象,展现了20世纪20年代的老北京众生相,反映出旧社会底层劳动者的生存困境。为了提升学生阅读质量,本教学设计采取"项目化学习"的理念,以大单元的教学方式,提炼"大概念",设置真实的"日常生活情境",采取跨学科的"大任务"激发学生的阅读兴趣,巧妙引导学生组织相关信息建构系统的内容链条,形成"内容重构"的阅读策略。具体来说,以创编课本剧的真实情境任务为驱动,设置"当编剧创写剧本、当导演排练剧目、当摄影师选取角度、当演员穿越历史"四个项目阅读任务,每个任务下设具体的评价标准,最终形成了"确定核心概念——设置驱动任务——设计并开展项目实践——设计并公开阅读成果——评价量化阅读效果"的项目化阅读流程。演读是以"表演+"的阅读方式,在系列演读活动中运用"潜藏"策略,探究以祥子为代表的小人物在人生和社会的大舞台中的生活境遇,理解小说的主题,启发个人的思考。旨在让学生在活动过程中建构阅读策略,逐渐找到阅读的门径,形成个性化的阅读方法。

二、学习任务与情境

2025年6月,重庆市举行首届中小学"戏剧进校园"视频活动。为此,学校参加了永川区组织的选拔比赛,经语文组全体老师商议,决定排练、拍摄《骆驼祥子》课本剧,以小人物的人生经历反映社会大舞台的深意。请同学们阅读整本书《骆驼祥子》,完成"当编剧创写剧本、当导演排练剧目、当摄影师选取角度、当演员穿越历史"4项活动任务。

三、项目阅读目标

1.通过编写课本剧,学会采取速读、跳读、精读的方法了解小说的人物关系、故事情节、主题思想等。

2.通过排练剧目、选角色、说戏等,将剧本与真实生活进行链接,深入体会"小人物"的卑微、低下,社会"大舞台"的冷漠,从而进一步体会文章主旨。

3.通过确定灯光和景别构图,分析小说的社会环境和自然环境,进一步理解小说主题。

4.通过排练和表演课本剧,品析小说的"京味儿"语言,深入分析人物形象、心理变化和作品主题。

四、项目阅读实施框架

(一)第一课段:当编剧创写剧本(第一课时)

演读活动一:梳理人物关系

人物及其人物关系是创作剧本时首先要确定的元素。根据老师提供的思维导图参考样式,认真跳读作品,圈出小说中出现的人物。用思维导图的方式理清他们与祥子的关系。

演读活动二:概括剧目情节

文学作品的篇幅很长,剧本却是高度浓缩,往往选择矛盾冲突最大的情节,通过独幕剧或多幕剧的形式来演绎故事主题。请以批注阅读的方式,概览小说的主要故事情节,思考是采取独幕还是多幕的方式进行,如果是多幕剧,打算采取几幕,并用简洁语言概括所选情节。

演读活动三:分析角色主次

人物的戏份确定是改编、创作剧本时要确定的第二个因素。请认真阅读老师提供的"脚本角色定位书",快速默读作品,根据每个人物故事在作品中所占篇幅的大小,结合自己对剧本想要突出的内容与主题的思考,概括小人物的故事、情节,确定谁是男一号、男二号、男三号,女一号、女二号、女三号。

演读活动四:试写心理独白

心理独白是指人的自我思考、自我言语等内心活动。聚焦小说结尾祥子"打着旗伞"或"举着花圈挽联"的情节,揣摩祥子的心理活动,为祥子撰写心理独白,体会祥子生命状态的变化及原因(此处主要探究来自个人性格的原因)。

(二)第二课段:当编剧创写剧本(第二课时)

演读活动一:撰写舞台说明

舞台说明是剧本里一些说明性的文字。主要说明剧情发生的时间、地点、服装、道具、布景以及人物的表情、动作、上下场的时间。请选择上个课时中确定的剧幕中的一幕,细读对应的小说章节,勾画摘取相关词句,并结合自己阅读后的感受与理解,仿照老师提供的剧本示例,写舞台说明。

演读活动二:撰写表演语言

剧本主要是通过人物的语言来表现人物形象,推动故事情节发展,是剧本呈现的主要手段。

1.撰写对白。剧本中人物之间的对话。请根据选定的一幕剧,默读对应的小说章节,勾画其中的人物语言,根据舞台表演的需要和自己的思考理解,撰写人物之间的对白,展现出这幕剧的主要情节。

2.撰写旁白。也是表演时的解说词,说话者不出现在画面上,但以语言来介绍内容、交代剧情或发表议论。为选定的每一幕剧写1~2句旁白。

3.撰写独白。继续聚焦剧目中有关祥子的情节,勾画文学作品中有关祥子心理描写的句子,或能够读到祥子心理活动的动作、神态、环境等。认真揣摩祥子的心理活动,为祥子撰写不同境遇下的心理独白,体会祥子生命状态的变化及原因。

(三)第三课段:当导演排练剧目(第三课时)

演读活动一:修改排练剧本

整理前两次在阅读活动中形成的剧本,通读审视后,再次回读小说原著,采取圈点、勾画、批注的方式,比对剧本和原著的故事情节、人物活动等是否一致,若有偏差,适当修改剧本。

演读活动二:定演员角色

导演在拍戏之前最重要的工作就是要选角色。请根据剧本内容,在班级里或班级外(含老师、家长)选择自己认为合适的人扮演对应的角色,并从人物身形外貌、气质神态、动作语言等的匹配度说明理由。

演读活动三:对演员说戏

要想成为一名好导演,就必须学会给演员说戏,包括解说剧情、剧中人物的情感心理、适合的表情动作、服装道具、灯光角度等。请联系原著和剧本,针对"孙侦探敲诈祥子""祥子娶虎妞""得知小福子自尽"等剧情或自己喜欢的一个剧情,扮演导演对全班演员说戏,并说明为什么要这样设计。

(四)第四课段:当摄影师选取角度(第四课时)

演读活动一:选择景别构图

景别包括远景、中景、近景、全景、特写五大类。小说以20世纪20年代的旧北京为背景,社会大背景为小人物提供了广阔的生活的大舞台,是小人物性格、人格、生活方式形成的土壤。请跳读小说中社会环境和自然环境的章节、段落,为每一幕剧设置不同的LED背景表演时用的景别,并说明为什么要这样设置。

演读活动二:选择灯光色度

在舞台表演中,灯光的色温、亮度、色调、色彩、透色范围、调光台的场地背景等都要提前设置好。请你为每一幕剧的每一个细小情节写灯光色度配置说明,并说明理由。

(五)第五课段:当演员穿越历史(第五、六课时)

演读活动一:排练"京味儿"剧幕

老舍先生是新中国第一位"人民艺术家",是杰出的语言大师。他在《骆驼祥子》作品中以北京话为基础的俗白、凝练、生动的语言,在现代作家中别具一格。请跨界阅读,观看电影《骆驼祥子》,模仿独特的"京味儿"语言,根据"任务一"形成的剧本,和"任务二"中分配的角色和任务内容,根据剧情需要以小组为单位,分团队,进行剧本排练,并准备项目阅读成果汇报。

演读活动二:进行剧幕宣传

《骆驼祥子》这本书和排练的课本剧值不值得看呢,课本剧将于下周开演,请结合原著内容,撰写推荐语,并配图,以海报的形式向全校学生、家长、老师发出宣传和邀请,让更多的人了解这部作品的意义和价值。

演读活动三:进行剧目表演

设置一个展示专区,把前面演读过程中产生的好的剧本、导演脚本、照片、剧幕宣传资料等,以纸质形式进行物化展示,并通过展览形式予以呈现。同时,在既定时间,打开学术报告厅进行课本剧展示和录制,录制完成后,报送区教委审核,同时完成一系列的项目化阅读成果展示。

(六)课程评价

课程结束后,根据评价量表(表3-6-1)进行评价。

表3-6-1 《骆驼祥子》项目化阅读活动任务评价量表

评价内容	评价标准	得分
当编剧创写剧本	能运用剧本编写的要素,采取跳读、默读、细读、精读等阅读方式和圈点勾画批注的阅读策略,快速厘清小说的人物形象、人物关系、故事情节,初步明晰小说主题等,并至少能撰写一幕课本剧脚本,做到格式正确、样式齐全	
当导演排练剧目	能在选角色扮演人物、修改脚本、说戏等实践活动中,进一步分析人物的形象、性格、悲剧的原因和作品的主题等	
当摄影师选取角度	能在选景别和灯光配置中,重点呈现小说的环境描写部分,体会环境描写的重要性	
当演员穿越历史	能在演读"京味儿"语言中,感受小说的语言特色;在剧目宣传中总结小说的主要内容,评价小说的文学价值	

第一课段

当编剧创写剧本(第一课时)

【教学目标】

1.引导学生运用编写课本剧的方式来深度阅读《骆驼祥子》。

2.引导学生在真实的语文学习情境中运用速读、跳读、精读等方法了解小说的人物关系、故事情节和主题思想等。

【教学方法】

创设情境,独立阅读与合作探究相结合。

【课时安排】

1课时。

【教学准备】

学生在课前读完《骆驼祥子》整本书,并完成"导学案";老师做好教学设计。

【教学流程】

课前交流。

设计目的: 课前热身,拉近师生关系,为课堂做准备。

一、导入

看图片猜情节。

设计目的: 活跃课堂气氛,调动学生思维,快速走进文本及课堂状态。

二、明确情景

重庆市要举行首届中小学"戏剧进校园"视频评选活动,语文组决定将《骆驼祥子》编排成课本剧参加评选。学生需要完成"当编剧创写剧本、当导演排练剧目、当摄影师选取角度、当演员穿越历史"4项活动。本堂课要完成"当编剧创写剧本"的部分任务。

设计目的: 营造真实的情景,以任务驱动,调动学生参与课堂活动的积极性。

三、完成活动,深读文本

演读活动一:梳理人物关系

1. 跳读作品,圈画出与祥子有关的人物。
2. 用思维导图梳理出这些人物与祥子的关系。

设计目的: 训练学生跳读能力,为学生提供阅读支架,用思维导图梳理文本内容并做深入思考。

演读活动二:概括剧幕情节

1. 速读文本,围绕祥子命运变化将小说内容进行整合缩减。
2. 选择经典情节并用简洁语言进行概括。

设计目的: 训练学生迅速筛选整合文本信息和概括内容的能力。

演读活动三:分析角色主次

问题:谁当男一号、男二号、男三号?谁当女一号、女二号、女三号?

引导学生根据每个人物故事在作品中所占篇幅的多少,结合自己对剧本想要突出的内容与主题思考角色主次。

设计目的: 训练学生结合文本内容深度思考并把握小说人物形象特点和主题思想的能力。

演读活动四:试写心理独白

结合祥子"打着旗伞"或"举着花圈挽联"的情节,揣摩祥子的心理活动,为祥子撰写心理独白。

设计目的: 引导学生通过为祥子写心理独白的方式进一步探究祥子悲剧命运的深层原因。训练学生结合文本内容深度思考并把握小说人物形象特点和主题思想的能力。

四、总结评价

根据评价量表(表3-6-2)进行评价。

表 3-6-2 《骆驼祥子》项目化阅读第一课段活动任务评价量表

评价内容	评价标准	得分
梳理人物关系	根据老师提供的思维导图参考样式,认真跳读作品,圈出小说中出现的人物,用思维导图的方式梳理他们与祥子的关系	
概括剧目情节	能以批注阅读的方式,概括小说的主要故事情节,思考是采取独幕还是多幕的方式进行,能用简洁语言概括所选情节	
分析角色主次	能根据每个人物故事在作品中所占篇幅的大小,结合自己对剧本想要突出的内容与主题的思考,概括人物的故事、情节,确定角色主次	
试写心理独白	能结合祥子"打着旗伞"(或"举着花圈挽联")的情节,揣摩祥子的心理活动,为祥子撰写心理独白,深入体会祥子生命状态的变化及原因	

演士林人物 品世情百态
——《儒林外史》项目式阅读设计(部分)

设计人:夏霜、龚晓红

一、项目化教学构想

语文教育的终极目标是培养有理想、有信念、有文化自觉的新时代人才。在新课标背景下,"文化自信"得到了高度关注。为了将文化自信渗透在语文教学中,教师要立足于文化视角,精心设计教学活动、甄选教学内容、统整教学资源,在语文教学中培养学生的文化自信和民族使命感。

《儒林外史》是一部以辛辣的笔触对社会现状进行批判和揭露儒士命运的讽刺小说。小说形象地刻画了在科举制度下,知识阶层精神道德和文化教育腐朽糜烂的现状。它透过人生百态揭示了士人功名利禄的观念、官僚制度、人伦关系和整个社会风气。作者吴敬梓从揭露科举制度以及在这个制度奴役下的士人丑恶的灵魂入手,讽刺了封建官吏的昏聩无能、地主豪绅的贪吝刻薄、附庸风雅的名士的虚伪卑劣,以及整个封建礼教制度的腐朽和人民灵魂的扭曲。吴敬梓的讽刺显然给了封建社会有力的一击,代表了大多数心有同感的读书人对人性卑劣、社会黑暗的控诉。

整本书中的诸多人物与事件并没有一个清晰的脉络贯穿,所以,无论是阅读还是进一步解读、挖掘都需要我们带领学生在整体阅读的背景之下、宏观审视之下,一一破解。尤其在初中学段的最后一个时期完成此部作品的阅读,更需要我们的精简概览、化繁为简,在引导学生阅读时才能曲径通幽、柳暗花明。

余党绪老师认为,"在印证性阅读中,阅读的过程是一个不断印证已有结论的过程,而思辨性阅读强调阅读中的独立思考意识,分析论证的具体过程以及理性反思的能力。"因此,在阅读过程中始终保持对文本的独特体验和感知,应该成为阅读的反思、质疑、思辨和内化阅读的环环相扣的自觉追求,开篇统揽、审视的建构更应该作为项目式阅读的常态追求。

二、学习情境与任务

自吴敬梓《儒林外史》出,"于是说部中乃始有足称讽刺之书"。但这部以喜剧艺术见长的经典之作,在当今影像盛行的"景观社会",却鲜有为人熟知的影视剧改编作品。请你尝试将《儒林外史》中的片段搬上舞台,品味作品笑中带泪的艺术以及背后的荒诞美学。

三、项目阅读目标

1.阅读与鉴赏:阅读整本书,对《儒林外史》的人物、情节、场景等多方面内容进行梳理。鉴赏小说复杂而矛盾的人物形象,体会作者在人物形象上所寄寓的褒贬之情,品味作品的讽刺艺术,体会作品背后的悲剧内涵、荒诞美学。

2.表达与交流:根据作者的褒贬倾向,制定"红榜""黑榜""灰榜"。交流展示所设想的儒林人物图片。推荐或自荐成立"服装道具组""导演工作室""剧本写作小组"等活动小组。围绕《儒林外史》的相关片段,讨论剧情编排,交流相关道具设计以及宣传海报设计的思路。

3.实践活动:从《儒林外史》整本书中挑选出具有讽刺意味的典型场景,完成剧本创作及话剧公演;为剧组相关人员举行颁奖典礼。

四、学习活动概述

对书中人物进行小传梳理,判断作者所寄寓的褒贬之情,制定"红榜""黑榜""灰榜"。设计人物插画并在班级内部举行展览。互相猜测所描绘的人物,根据人物形象的设计理念,成立服装小组,举行时装发布会。给知名导演写一封邀请信。以导演的口吻写改编思路,成立导演工作室。推敲剧本,从书中挑出多个场景,进一步完善剧本写作。根据剧本遴选演员,由导演工作室组织排练,服装道具组提供帮助,在班级内部进行公演。评选出最佳演员、最佳编剧。征集最优颁奖词。为书中有争议的喜剧人物写翻案文章,举办辩论赛,讨论书中的悲喜艺术。

五、阅读指导

(一)通读

引导学生用不同的方式通读全书,有时浏览,有时跳读,有时需要局部精读,有时需要前后勾连,阅读时要有系统性,有全局观。

1.学生做批注式阅读,随手圈点勾画。可依自己的习惯在情感共鸣处、问题疑难处做出不同的标记。阅读之前,教师要指导学生学做批注。俗话说"不动笔墨不读书",批注就是读者在阅读时将自己对文本内容的见解、质疑和心得体会等写在书中的空白处。这样做的好处在于:一是使读者的思想高度集中,能够提高阅读效果;二是能够从书中获得更多的感悟,使人的注意力水平得以提升;三是提高分析、评价事物的能力。批注的形式多种多样,选择适合文本的批注形式尤为重要。

感悟式批注:当我们全身心投入到文章中时,一定会从文字里产生感悟。那么,把自己的感悟及时写在文段旁边,利于培养边读边想的习惯。

赏析式批注:引导学生运用赏析式批注,关注文本细处、奇处,体会文本表达的精妙所在。边读边赏析批注的方法可以让学生在走进文本的同时,得到语言与思维的双重发展,提升阅读力。

质疑式批注:古人云"学贵有疑,小疑则小进,大疑则大进"。有了疑问,学生带着问题读书,才能真正走入文本,与文本、与作者进行深度对话。

2.学生每完成一周的阅读任务后,都要停下来思索一下,简要回顾这些章回的内容,可以文字概括,也可以绘制思维导图,形式可多种多样。赏析重点人物,结合具体细节,试写人物评论。

3.教师引导学生在阅读中多思考,做好批注。同时也可进行问题导读,出示提前设置好的问题,或者汇总学生们提出的问题,师生共同交流,进一步解读文本。

(二)研读

在学生阅读整本书的基础上进行专题探究。学生根据自己的通读收获,回忆全书内容,围绕自己感兴趣的专题,选择部分章节进行精读。可按以下步骤进行安排。

1. 先分好阅读小组。

2. 由小组成员提出讨论专题的备选项,由小组成员投票选定专题。可以聚焦学生感兴趣的话题,也可以围绕学生有疑问的地方。总之,讨论的专题既要有思想深度,又要有趣味。

3. 专题选定之后,学生选取相关内容重读,梳理、归纳相关内容,并进行小组讨论。讨论之前可以在网络上搜索相关的学术研究论文,既扩充讨论的维度,又保证讨论的深度。

4. 最后,将小组形成的讨论结果通过文字化、图表化或者论文化的方式进行表述。

(三)走进作品——《儒林外史》知多少

1. 作者档案

吴敬梓(1701—1754),字敏轩,一字文木,号粒民,清朝最伟大的小说家之一。安徽全椒人。18岁考取秀才,23岁继承家产又很快荡尽。33岁家迁南京,生活贫困。36岁因对科举生厌,拒绝科考。54岁客死扬州,朋友买棺收殓,归葬南京。因家有"文木山房",所以晚年自称"文木老人"。著有《文木山房集》《文木山房诗说》,讽刺小说《儒林外史》。

吴敬梓的个人经历,令他对考八股、开科举等利弊感受尤深。而在时代背景下,历经康熙、雍正、乾隆三代,中国资本主义生产关系已经萌芽,但社会表面的繁荣掩盖不了封建社会的腐朽。统治者镇压武装起义,大兴文字狱,以考八股、开科举、提倡理学等方法统治思想,牢笼士人。吴敬梓反对八股文、科举制,憎恶士子们醉心制艺、热衷功名利禄的习尚。他把这些观点反映在《儒林外史》中,以讽刺的手法,对丑恶的事物进行深刻的揭露。

2. 作品介绍

"儒林"一词源自《史记》"儒林列传",指封建社会里"读书人"或"士人"这一群体。历代正史皆相沿设有"儒林传",记述各朝有学问、有品德的大儒。吴敬梓的《儒林外史》,却与此不同,刻画的是"儒林"另一些为正史官书所不载的众生相。全书五十六回,没有贯穿全书的中心人物和主要情节,而是由众多故事连缀而成,表现的是日常生活中普通士人的生存状态和精神世界。通过描绘这幅儒林"群丑图",展现金钱和权势对人的品格的毒害,表明作者否定功名富贵的基本立场。同时,通过书中少数淡泊名利、恪守道德、张扬个性的贤者奇人,寄托了作者对理想社会的追求。

作者借王冕之口,痛斥八股科举制度导致知识分子一味追逐功名富贵,从而"把那文行出处都看轻了",使"一代文人有厄",堪称"一曲读书人的悲歌"。

第一课段

览儒林　观百态

【教学目标】

1.引导学生浏览全书,梳理主要人物,深度阅读《儒林外史》。

2.引导学生分析和判断作者对书中人物的情感倾向,并据此制定相应的"榜单",鼓励学生和同伴进行交流分享,说明理由和依据。

【教学方法】

情境式教学、独立阅读、小组合作探究等方法。

【课时安排】

1课时。

【教学流程】

课前交流,激发学生的学习兴趣。

一、导入

《儒林外史》是清代著名小说家吴敬梓写的一部长篇小说。它以古代知识分子为主要描写对象,是一部典型的讽刺小说,描写了一些深受八股科举制度毒害的儒生形象,反映了当时世俗风气的败坏。

同学们,我们今天一起来阅读《儒林外史》,并梳理里面的主要人物。

二、明确情境,完成任务

莎士比亚说过:"戏剧是时代的综合而简练的历史记录者。"当经典的讽刺小说《儒林外史》邂逅了蕴蓄着悲欢离合的舞台,又会迸发出怎样的火花呢?

我们学校将以《儒林外史》为主题,小演员们将通过精彩的舞台剧演绎形式,从《儒林外史》整本书中挑选出具有讽刺意味的典型场景,完成剧本创作及话剧公演。

任务一：根据书中相邻几个回目所写的主要人物，对全书人物的性格和相关情节进行整理

参照下列表格样式（表3-7-1）

表3-7-1　主要人物性格整理表

主要人物	人物性格	典型情节
王冕	聪颖、刻苦、孝顺、知恩图报、蔑视权贵、鄙视世俗、淡泊名利、独立不羁、不慕名利、不愿与浊世同流合污、恬淡高洁、富有远见卓识	学画历时三个月即习得精髓；为了生计，不为母亲增添负担，去秦老家放牛，边放牛边读书；为了不让秦老为难，答应为时知县作画；为了不与危素等权贵结交，多次推辞见面，甚至远走他乡；向吴王献策以"仁义"治"理术"；朱元璋征召其做官，为推辞做官归隐会稽山
周进	迂腐、卑怯、曲意逢迎、压抑、缺乏自尊与自信、麻木空虚、执着于科举、内心扭曲	六十多岁仍然坚持参加科举考试；中举前因地位低下受到梅玖、王举人的嘲讽，却因认同这种等级观念而默默忍受，比如为王举人打扫吃剩的食物垃圾；因不会向夏总甲讨好而被辞退；走进贡院后，心生感叹而撞板号哭；中举后，决意提携范进，将其录取为第一名
胡屠户	势利、市侩、前倨后恭、心直口快	范进中举前辱骂范进"现世宝穷鬼"，中举后变成"贤婿老爷"；中举前动不动就又打又骂，中举后毕恭毕敬地跟在范进后面，"见女婿衣裳后襟滚皱了许多，一路低着头替他扯了几十回"
范进	自轻自贱、逆来顺受、卑怯屈辱、麻木不仁、丧失自我、可怜可悲、醉心科考	中举前受丈人嘲笑和斥骂而默默忍受；一生追求功名，醉心科考，一直考到五十四岁才中举；中举后喜极而疯；因为手头缺钱与张静斋一起去高要县打秋风
严贡生	吝啬贪婪、霸道、无赖、刁钻恶毒、忘义贪利、横行霸道、鱼肉百姓、勾结官府、攀附权贵	强占王小二家的猪，并趁机讹诈王家钱财；以虚钱实契讹诈农民黄梦统；儿子婚礼当天，克扣吹手的钱，导致吹手不来；回家途中利用云片糕设计船家，借此赖掉船钱；弟弟死后，让儿子儿媳搬去弟弟家住，并骗取弟媳赵氏为妾，想趁机夺取弟弟家的房产

续表

主要人物	人物性格	典型情节
严监生	悭吝、卑微、可怜，笨拙地被人捉弄，卑微但又不乏人情味	临死前伸出两根手指头，要求熄灭一根灯芯以免费油；哥哥因躲避官司离家，拿出钱财疏通关系帮哥哥处理官司；妻子死后因怀念妻子而伤心落泪，忧思成疾；他将典铺的例钱——白银三百两，每年全数交给妻子，对其去向不闻不问；对正妻王氏，一往情深，延请名医诊治，煎服人参，毫不含糊；在小妾扶正这件事情上，他配合小妾，助推她"成功上位"；妻子病逝后，他无比悲痛，看到妻子的私房钱，因懊悔没有早点发现银子，悲痛欲绝，最后也病逝了
王惠	目中无人、贪财、无立场、虚伪、薄情、酷虐，但对荀玫也有行侠仗义的一面	做举人时，曾经为避雨而在周进书馆里自吹自擂；因荀玫母亲去世，为了不影响荀玫做官而教荀玫隐瞒丧情不报；上任后从前任太守手中获取二千多两银两才肯接印；对待下属百姓刑罚严苛，不许下属藏私；宁王攻陷城池后迅速投降宁王
鲁编修、鲁小姐	鲁编修：老学究、痴迷八股举业 鲁小姐：庸俗、空洞	蘧鲁联姻，但是结婚后父女两人都嫌弃蘧公孙不擅长八股举业；得知蘧公孙对于科考不擅长后，鲁小姐专心教导儿子学习八股文章，鲁编修打算娶个小妾，再生个儿子，培养他学习八股文章
娄氏两位公子	表面上求贤若渴、礼贤下士、豪举非凡，实际上不过是追逐声名、幻想美誉、填补无所事事的空虚	得知杨执中因得罪了盐商又无钱赔偿，决定义救杨执中，救出杨执中后多次前去拜访杨执中而不得；在杨执中介绍下，结交权勿用，后权因犯事被捕；被张铁骗走五百两银子

任务二：判断人物情感色彩

判断作者对书中人物的情感倾向，将全书的主要人物列入三大"榜单"：红榜（褒大于贬）、黑榜（贬大于褒）、灰榜（褒贬并重）。制定相应的"榜单"，并和同伴交流分享，说明你的理由和依据。

示例：

（一）表现对科举制度的讽刺和批判的一类

1.儒生形象

（1）热衷功名（把科举作为荣身之路）、苦苦追求、终获成功的腐儒，如周进和范进等。

（2）沉迷于八股文和封建礼教而自害又害人的迂儒，如王玉辉、马纯上等。

（3）在八股科举制度下由淳朴而堕落、道德败坏、招摇过市的骗子，以蘧公孙、匡超人为代表。

2.官绅形象

（1）贪婪成性、敲骨吸髓的贪官污吏，如王惠、汤奉等。

（2）土豪劣绅：戴着科举功名的帽子而横行霸道、堕落无行的在乡士绅，如严贡生、严监生、张静斋等。

3."名士"形象

在功名上不得志，但也不打算像周进、范进那样苦熬苦挣，而是投机取巧，以刻诗集、结诗社或品评艺人的"色艺"等形式，混充名士，互相勾结，互相标榜。例如：莺脰湖名士，娄三、娄四公子；西湖名士，景兰江、赵雪斋；莫愁湖名士，杜慎卿、季苇萧；等等。

（二）表达对理想生活的探索和追求的一类

1.具有一定叛逆精神和民主思想的人物：杜少卿和沈琼枝。

2."真儒""贤人"形象：迟衡山、庄绍光、虞育德等。讲究文行出处，淡泊功名利禄，面对世风日下的现实，都企图用复古的办法来改良社会。在这些人身上反映了当时一部分知识分子企图通过复古来改变衰风颓运的正统儒家思想。

《儒林外史》中的人物情感色彩丰富多样，既有正面情感，也有负面情感。

具有正面情感色彩的人物通常表现出仁、义、礼、智、信等传统美德，如杜少卿的豪放不羁、沈琼枝的才貌双全等。这些人物通常具有高尚的品德和情操，是儒林中的一股清流。具有负面情感色彩的人物则表现出贪婪、吝啬、虚伪、残忍等。这些人物通常为了个人利益而不择手段，如严监生和匡超人等，他们的存在揭示了科举制度下的社会弊端和人性的弱点。

此外，还有一些人物表现出复杂的情感色彩，既有正面情感色彩，也有负面情感色彩。这些人物通常具有更加真实和立体的人物形象，如范进和苗青等。他们并不是非黑即白的，而是在不同的情境和背景下表现出不同的情感和行为。

这些人物形象的存在不仅丰富了故事情节，也揭示了当时社会的真实面貌和人性的复杂多样性。

任务三：对于存在争议的人物，全班组织讨论，达成初步共识并确定最终的榜单（部分人物可待定）

设计说明： 书中人物形象众多，通过任务一对全书的人物进行简单的梳理，通过任务二判断作者对人物寄寓的褒贬之情，通过任务三勾勒描画出儒林中的人物形象。三个活动旨在帮助学生逐层深入地了解书中的人物形象。

三、课堂小结

本节课我们对全书人物的性格和相关情节进行了整理，体会到了作者笔下不同的人物性格特点，也将书中人物的情感色彩分为了三类，对文中的人物形象进行了深刻的思考。

第二课段

作肖像　听悲歌

【教学目标】

1.把握小说的故事情节,回顾上节课中的三大榜单人物。

2.赏读细节,联系背景,探讨人物性格,找到一个具有代表意义的人物,并为之配一幅插画,附上简要的评论。

3.根据图片展出情况,推举或自愿组织成立"儒林外史服装道具小组",并举办"儒林时装设计"发布会。

【教学方法】

情境式教学、独立阅读、小组合作探究等方法。

【课时安排】

1课时。

【教学流程】

课前复习,回忆故事情节及人物形象。

一、导入

《儒林外史》的主要故事情节我们已了然于心,书中人物形象众多,你认为三大榜单中具有代表意义的人物是谁呢?让我们继续走进文本,去品味作者笔下这些儒林中的人物形象。

二、明确情景,完成任务

为了完成剧本创作及话剧公演,现推举或自愿组织成立"儒林外史服装道具小组",小组成员进一步完善自己的作品,举办"儒林时装设计"发布会。

让我们一起来为发布会做准备吧。

任务一:配插画

请你从三大榜单中找到一个具有代表意义的人物,并为之配一幅插画(自行创作或者在网上查找近似图片)。打印或手绘插画,根据小说文本附上一段肖像介绍。班级内部举行关于《儒林外史》的人物形象图片展览,标号并张贴在教室空白的墙壁上。

任务二:评人物

全班自由讨论并猜测插画所对应的人物,给你认为最接近原著形象的插画贴上标签,附上简要的评论,为同学点评,选出优秀作品。

例:杜少卿(图3-6-1),一个富有而又潇洒的男子,他的形象在《儒林外史》中独树一帜。他并非那些热衷于功名利禄之辈,而是对生活有着独到见解的人。

他的外表英俊而洒脱,就像是一缕清风,给人一种与众不同的感觉。他的面庞线条分明,仿佛是经过岁月的雕琢,透出一种沉稳与从容。他的眼睛明亮而深邃,仿佛可以洞察世间的真相。他的眼神中透露出的是对生活的热爱和对人性的理解,让人感到无比的亲切和温暖。

他的穿着总是那么的讲究,每一件衣服都仿佛是经过精心挑选,既不失华丽又不显得过于张扬。他的举止之间流露出一种高贵的气质,但又不会让人感到距离感。

图3-6-1 杜少卿

杜少卿的性格更是让人钦佩。他为人正直,有一颗赤诚之心。对待朋友和家人他慷慨大方,常常帮助那些需要帮助的人,从不计较个人的得失。他有着一颗善良的心,对待每一个人都是那么的真诚和热情。他是一个真正的君子,有着高尚的道德品质和人格魅力。他不畏权势,不阿谀奉承,更不会为了追逐功名而违背自己的良心。他的人生观和价值观深深地影响了周围的人,让他们明白什么是真正的价值和意义。

杜少卿是一个典型的知识分子形象,他的思想境界和追求在当时的社会中是十分难得的。他不为功名所累,不为权势所动,只追求内心的平静和真正的幸福。他的形象和品质深深地影响了当时的社会,也让我们看到了一个真正的君子的风范。

通过杜少卿这个人物形象的描绘,我们可以看到当时社会中一些知识分子的思想境界和追求。他们追求的是真正的价值和意义,而不是表面的荣华富贵。他们有着高尚的道德品质和人格魅力,是社会的良心和脊梁。

杜少卿的形象在《儒林外史》中是十分成功的。他的形象栩栩如生,仿佛就在我们的眼前。他的故事让我们感到震撼和感动,也让我们明白了什么是真正的价值和意义。杜少卿是一个真正的君子,他的形象和品质将永远铭刻在我们的心中。

任务三:举办"儒林时装设计"发布会

根据图片展出情况,推举或自愿组织成立"儒林外史服装道具小组",服装道具小组主要是负责对《儒林外史》里人物形象和地位进行分析,并通过自己创作服装道具进行展示。小组成员进一步完善自己的作品,举办"儒林时装设计"发布会。

设计说明: 为"梳理人物"环节的延展,《儒林外史》中有大量对人物外貌的描写,通过服装暗示人物的身份、地位、品位乃至性情,让读者可以从古代服饰体会社会等级差别制度。肖像画是艺术家情感的载体,通过肖像画,我们可以感受到艺术家所表达的爱、恨、愤怒等情绪;能够反映出当时社会的风俗习惯、服饰装扮、价值观念等,帮助我们了解当时社会的真实面貌;肖像画作为一种视觉语言,超越了文字的限制,能够通过形象的表达来传达信息和情感,在评选出优秀作品的同时,也能发掘出有绘画设计特长的学生。

三、课堂小结

肖像画是艺术家情感的载体,通过肖像画,我们可以感受到艺术家所表达的爱、恨、愤怒等情绪;能够反映出当时社会的风俗习惯、服饰装扮、价值观念等,帮助我们了解当时社会的真实面貌;肖像画作为一种视觉语言,超越了文字的限制,能够通过形象的表达来传达信息和情感,同学们的优秀作品,淋漓尽致地反映了作者笔下的人物性格。

第三课段

明分工 定剧本

【教学目标】

1.鉴赏小说复杂而矛盾的人物形象,体会作者在人物形象上所寄寓的褒贬之情。

2.根据作者的褒贬倾向,体会作品的主题,把小说中典型人物和场景创作为剧本。

【教学方法】

情境式教学,小组合作探究等方法。

【课时安排】

1课时。

【教学过程】

一、导入

同学们,莎士比亚说过,"戏剧是时代的综合而简练的历史记录者"。当经典的讽刺小说《儒林外史》邂逅了舞台,又会迸发出怎样的火花呢?吴敬梓《儒林外史》,这部经典之作,在当今影像盛行的"景观社会",却鲜有为人熟知的影视剧改编作品。相信在前面所学基础之上,再来对小说中经典的片段进行改编一定不是难事。让我们一起走进今天的"剧本创作"吧!

二、明确情境,完成任务

任务一:明确小组分工

定岗位,布置工作内容,填写剧组分工表(表3-7-2)。

表3-7-2 剧组分工表

岗位	工作内容	具体人员安排
导演	统筹安排	
编剧	剧本创作	

续表

岗位	工作内容	具体人员安排
演员	扮演角色,塑造人物	
摄影	记录排练、演出的影像	
音乐	寻找合适的音乐配合演出剧情	
道具	提供道具、布置场景	

在第一阶段,同学们确认好导演组、编剧组、演员组等分工,井井有条地开展工作。每一位同学都找到了能让自己发光发亮的岗位,在准备过程中积累了团队合作经验。

在第二阶段,同学们将完成的剧本递交给语文老师,并进行合作修改。在这个过程中,语文老师们耐心地审阅了同学们亲手创作的剧情,并给予了专业的建议。就这样,学生们学会了创作剧本的技巧,师生关系也在交流中愈加紧密。同时,学生们也进行了课本剧的初次彩排,为即将到来的演出做准备。

任务二:完成剧本创作

完成探究学习后,小组讨论,而后各小组选取自己印象最深刻的人物,赏读原文,并根据剧本评价量表(表3-7-3)完成剧本创作。

表3-7-3 剧本评价量表

评价角度	评价内容标准	总分	得分
情节改编	依托原文,不胡编乱造	10分	
	适当改编,使情节更连贯、故事更流畅	20分	
	能够展现主旨	10分	
	有较为激烈的戏剧冲突	10分	
舞台说明	舞台说明丰富:有布景、服装、人务上下场等	10分	
	对角色有细致要求,如神态、内心独白等	20分	
台词	台词符合人物的身份地位和性格特点	10分	
	具有表现力,符合生活语言等	10分	

设计说明:《儒林外史》是中国文学史上一部经久不衰的经典之作,它以幽默生动、讽刺深刻的笔触展现了古代社会的种种荒诞事态。通过将这部小说改

编为情景剧形式,我们试图将古人智慧与现代观众相结合,探索当下社会中的人情世故、道德伦理等问题。

整个策划过程注重对历史的尊重与还原,同时也加入了一些现代元素,力求打破时空的界限,唤起观众对于传统美德与价值观念的思考,引发学生对于自身处境与行为准则的反思。

任务一从书中挑选出适合改编的喜剧场景;任务二则将班级里对剧本写作有兴趣的同学召集在一起,确定最终的剧本写作。

剧本例文: 第六回第四幕

场景一

时间:早上。

地点:回高要的码头。

人物:严贡生、来富、四斗子、船家、新郎、新娘、亲家。

内容简介:儿子结婚没几朝,严贡生一行人便启程回高要,处理二奶奶承嗣的事。

儿子结婚过了几朝,严贡生叫来富和四斗子去雇了两只大船,银十二两,船家都是高要人。一只严贡生自坐,一只新郎、新娘坐。择了吉日,严贡生一行人便辞别了亲家。(在码头上,两家人互相寒暄了一回,严贡生亲家叮嘱了新娘几句,新娘洒了几行泪,都点头应了,这场面像是要分别很久一样,看得直叫人不忍离别。)

严贡生借了一副"巢县正堂"的金字牌,一副"肃静""回避"的白粉牌,四根枪轮,插在船上。又叫了一班吹手,开锣掌伞,吹打上船。像是县太爷的排场,吓得船家小心服侍,一路无话。

第四课段

尽才能　展演出

【教学目标】

1.鉴赏小说复杂而矛盾的人物形象,体会作者在人物形象上所寄寓的褒贬之情。

2.根据作者的褒贬倾向,体会作品的主题,对已创作的剧本进行修改,准备充分,进行展演。

【教学方法】

情境式教学与小组合作探究等多元教学方法。

【课时安排】

1课时。

【教学过程】

一、导入

同学们,上一节课我们创作出了剧本,当我们把颇具讽刺意味的《儒林外史》剧本搬上舞台,又会演绎出何等的精彩呢?让我们拭目以待!

二、明确情境,完成任务

任务一:认识角色,揣摩剧本

示例:

1.范进中举

故事讲述古代广东一位贫苦童生范进的艰辛求学之路。他从20岁开始考秀才,理想是中举人。直到54岁才中了秀才。他的岳父胡屠户是个趋炎附势、嫌贫爱富的人,对女婿感到很不满意,在范进面前趾高气扬,粗野狂暴,范进也只是唯唯连声、低声下气。好不容易在次年中了举人,他喜极而疯,后来又被岳父胡屠户一个耳光打醒了。范进身边的人都是趋炎附势的小人,因此他凭借中举之机,得以升官发财。

2.匡超人

匡超人,原名匡迥,号超人,温州府乐清县人。小说对匡超人的行为描写大致可以分为两种,一是表现质朴孝顺的匡超人,二是表现泯灭人性的匡超人。他本是一个淳朴的农村少年,为人乖巧、做事勤快,其对父亲的一片孝思,亦令人感动。小说最初对匡超人的行为描写是表现他淳朴孝顺的一面。

在流落他乡时,他受社会环境影响,逐步发生了变化。在杭州,匡超人遇到了马二先生,并受马二先生的影响,把科举作为人生的唯一出路,考上秀才后,又受到一群斗方名士的"培养",开始以名士自居,以此作为追名逐利的手段。

社会给他这样的道路,他巧妙地周旋其间,一步步走向堕落。他吹牛撒谎,钻取功名,卖友求荣,忘恩负义,最终变成一个衣冠禽兽。

3.少年王冕

元朝末年,诸暨县的一个村子里有一个少年叫王冕,因家境贫寒,他从小替人放牛,聪明颖悟,勤奋好学,他画的荷花惟妙惟肖,呼之欲出,并且他博览群书,才华横溢。

他不愿意结交朋友,更不愿意求取功名利禄。县令登门拜访,他躲避不见;朱元璋授他"咨议参军"的职务,他也不接受,心甘情愿地逃往会稽山中,过隐姓埋名的生活。

4.周进中举

周进原本是个教书先生,对科举考试极为热衷,可惜到了花甲之年,却连个秀才都没考中。有一回,他和姐夫来到省城开科取士的考场贡院,触景生情,伤心欲绝,竟一头撞到木板上,晕了过去。

醒来以后,他号啕大哭,满地打滚。这一幕被几个商人见到了,他们出于怜悯,帮这个可怜的老头儿捐了个监生。周进欣喜不已,向他们叩头谢恩。后来,借着监生的身份,他居然中了举人。

任务二:修改剧本,完成表演并评价

1.学生在组内交流自己制作的"儒林情报网",可在小组之内互相补充,并根据评价量表(表3-7-4)加以改进,最终确立一份小组成果。小组选出印象最深刻的人物为其制作"儒林情报图",做到图文并茂、形象生动。

2.组内研究学习鉴赏《儒林外史》一书的讽刺艺术,领会作者的批判精神,并在情节安排、舞台说明等方面加以设计,参考评价量规,修改自己组内的剧本。

3.小组派代表向教师汇报阶段成果,教师在过程中给出指导意见、予以纠偏,并带动所有同学进行整本书持续、有效的阅读。

4.教师在参与戏剧演绎的彩排过程中,适时给出鼓励与指导。

5.正式演出时,教师评委与学生评委应做到公平公正,以全班共同制定的评价量表为标准进行准确评价。

表3-7-4 戏剧演出评价量表

戏剧演出评价量表			
评价角度	评价标准	总分	得分
剧本设计	尊重原著,适当改编	20	
	有强烈的戏剧冲突,能展现主旨	10	
	台词具有表现力,能够突出人物形象	20	
演员表现	动作表情生动传神	20	
	台词熟练,声音洪亮,演出自然	10	
其他	布景、道具、音乐、服装、发型等完善	20	
全部	综合得分	100	

任务三:颁奖典礼

导演工作室用问卷调查的方式,选出表演最接近原著人物的演员,为其颁发最佳演员奖。剧本写作小组根据演出情况,从多幕剧中选择最为精彩的一幕剧,颁发最佳编剧奖。服装道具小组根据演员的着装情况,颁发最佳服装奖。

组织全班同学撰写颁奖词,征集并评选最优颁奖词,在班级内部举行颁奖典礼。

设计说明:"颁奖典礼"这一环节是对上一环节的评价。通过评价,肯定并激励学生,充分激发其积极性。"颁奖词征集"任务是为了进一步完善评价体系。

三、课堂小结

有的小组演绎了严家兄弟的懦弱贪婪,有的小组呈现了匡超人的步步堕落,有的小组抒发了沈琼枝的智慧勇敢,还有的小组讽刺了范进的迂腐失败……一幕幕惊艳的场景在舞台上上演,极具张力的台词,配合演员的表演,让一位位《儒林外史》中的经典角色走出书本,为学生们带来极富教育意义的一课。

在新课标背景下,教师要认识"文化自信"在核心素养体系中的关键地位,明确其重要价值,在名著阅读教学中创建"通读——研读——拓读"的层递式阅读系统。引导学生概述名著的主要情节、挖掘名著的深层旨趣。经过深度阅读,学生即可拓展思维广度,获取更为独特的学习体验。在"文化自信"目标的引领下,使学生对民族的文化产生更强烈的认同感。

目前,整本书阅读教学已渐趋常态化,如何阅读一本书,见仁见智。阅读《儒林外史》,可立足宏观、中观、微观的逻辑路径,运用群文阅读、专题研究、任务驱动的实操方法,以帮助学生建立整本书阅读的清晰概念,达到优化教学效益与教学价值的目的。

一个普通女孩的成长蜕变史
——《简·爱》项目化阅读教学设计

设计人:张梳、王建红

一、项目化教学构想

《简·爱》是19世纪英国女作家夏洛蒂·勃朗特创作的一部以自传体形式描绘女性独立精神的小说。这部作品是19世纪英国文学的代表作之一,被誉为"女性的《傲慢与偏见》"。小说讲述了主人公简·爱从孤儿到女教师,再到与罗切斯特先生相爱并最终结婚的坎坷经历。全书通过简·爱的成长历程,展现了一个女性在面对生活的困境时,如何坚守自己的信仰,勇敢地追求真爱和自由的故事。

《简·爱》自问世以来,一直以其独特的魅力吸引着无数读者。然而,对于初中生来说,这部小说的篇幅较长,情节复杂,语言较为古雅,学生在阅读过程中可能会感到困难。

基于此,本项目的设计紧扣统编语文教材九年级下册第六单元名著导读《简·爱》的要求,关注小说基本要素:故事情节、人物形象、主题表现。在整本书阅读教学中引入项目式学习,构建起整本书阅读的项目化学习小组,设置"成长轨迹思维导图""成长路上的引路人:导师分享会""简·爱的生命之花:生命故事展""经典解读研讨会"四个子项目,激发学生阅读《简·爱》的兴趣,培养学生理解、分析、归纳、创造、合作等能力,促进学生在真实的项目实践中学习知识并掌握相应技能,促进语文学科核心素养的发展。

二、项目阅读目标

1.通过绘制成长轨迹思维导图的方式,梳理故事情节。

2.通过设计导师分享会,明确人物形象蜕变的外在因素。

3.通过生命故事展,深入理解简·爱的人物形象。

4.通过经典阅读研讨会，学生自选主题，教师指导学生撰写小论文或研究报告。

三、学习情境与任务

1.学习情境。

《简·爱》是英国女作家夏洛蒂·勃朗特创作的长篇小说，这部作品具有明显的自传色彩。通过简·爱与罗切斯特之间的爱情故事，小说反映了在金钱与地位凌驾于一切之上的社会里，一个出身贫苦、无依无靠的女教师简·爱的曲折遭遇。《简·爱》不仅仅是一部描述爱情的小说，它还深入地探讨了女性主义和个人主义与宗教伦理的冲突，特别是对斯皮瓦克所指的生儿育女和塑造灵魂两个方面进行了深入的探讨。由于其深刻的主题和出色的文学技巧，2006年，《简·爱》被英国《泰晤士报》评为"英国文学史上最伟大的十部小说"之一。为此，学校"视觉之旅摄影协会"计划以《简·爱》为主题，举行"我来记录简·爱成长史游戏"设计活动。请你阅读整本书《简·爱》，参与主题设计，完成"成长轨迹思维导图、成长的引路人导师分享会、生命故事展、经典解读研讨会"四项活动任务，以更新颖有趣的形式解读外国文学作品《简·爱》，让更多人走近《简·爱》，领略外国小说的魅力。

2.分组阅读方案。

教师组织学生对驱动情境进行讨论，思考《简·爱》整本书阅读的要求及相关内容。

学生回顾《简·爱》，相互交流观点与看法，并以班级学习小组为主体，组建成项目小组，推选组长。

教师提供《简·爱》阅读方案建议表，小组结合建议表，拟定小组阅读方案。

师：为了将一部经典名著读完、读懂、读透，必须进行合理的阅读规划。建议你用大约六周的时间读完《简·爱》这本书。在进行阅读规划时，要有具体的时间安排、相应的阅读任务、合适的阅读方法和具体的阅读要求，明白读什么、怎么读、读到什么程度。下面这个阅读方案建议表(表3-8-1)供大家参考。

表3-8-1 阅读方案建议表

时间安排	阅读任务	具体要求	阅读方法
第1周	浏览名著导读、附录、目录等内容,选择有兴趣的章节翻阅	完成《简·爱》概览表	浏览法、梳理整合法
第2周	阅读一至十章,关注简·爱的心理变化,勾画出自己不懂的地方	1.运用思维导图,梳理简·爱从盖茨黑德府到洛伍德学校后的心理变化 2.查阅相关资料,读懂疑难之处	梳理整合法、资料助读法
第3周	阅读十一至二十七章,关注书中的景物描写,勾画出自己不懂的地方	1.运用思维导图,梳理景物描写的不同作用 2.查阅相关资料,读懂疑难之处	
第4周	阅读二十八至三十八章,勾连前面章节,关注伏笔,勾画出自己不懂的地方	1.勾连前文,梳理作者为约翰·爱或疯女人所埋的伏笔,并体会其妙处 2.查阅资料,读懂疑难	
第5周	选取一到两个主题进行研读。如观看电影《简·爱》,选取一个经典情节与原著进行比较研读;或对书中的配角进行研讨	1.以简·爱为中心,完成人物关系图 2.选取一个研读主题,完成一篇小论文(六百字左右)	梳理整合法、选点研读法
第6周	选择你喜欢的方式展示阅读成果	展示形式:经典小剧场、书评、小论文、思维导图、观点辩论赛等	成果展示

3.项目方案和项目成果说明。

教师展示项目方案表和项目成果,其中,项目成果包括项目学习成果(摄影大赛)评价表、项目成果示例。

(1)项目方案表(表3-8-2)

表3-8-2　项目方案表

项目时间	项目实施进程	项目内容	学习支架
第1周	入项	1.明确项目任务以及要求 2.项目分组,制定阅读方案	项目方案、项目成果评价表、阅读方案建议表
第2周	项目一 成长轨迹思维导图(1课时)	1.能够按照阅读方案,完成名著阅读 2.关注阅读外国小说的基本元素,梳理故事情节 3.完成简·爱成长轨迹思维导图的设计与绘制,标注相应的人物、情节、事件	阅读方案及任务单、阅读方法介绍
第3周	项目二 成长路上的引路人:导师分享会(1课时)	1运用梳理整合的阅读方法,梳理出以简·爱为中心的人物关系图 2.运用选点研读法对书中的重要人物进行研读,比如海伦·彭斯、谭波儿小姐、罗切斯特、圣约翰等人物形象 3.分析简·爱成长路上的引路人对她具体的影响,完成导师分享会的拍摄	人物经历思维导图、人物形象归纳表
第4周	项目三 简·爱的生命之花:生命故事展(2课时)	1.运用选点研读的阅读方法,结合文中内心独白、景物描写语段,品读简·爱的人物形象 2.分组汇报演绎精彩片段 3.根据成果评价表以及汇报评价量表,进行评选,选出最佳摄影师	资料卡片
第5周	项目四 经典解读研讨会(1课时)	1.品读语段,提炼主题 2.理解小说"成长"主题,体会小说的艺术价值 3.读写结合,自选主题撰写小论文或研究报告	评价量表、资料卡片

(2)项目学习成果(摄影大赛)评价表(表3-8-3)

表3-8-3　项目学习成果(摄影大赛)评价表

评分维度	评价要点	自评	他评	师评
拍摄主题 (10分)	符合《简·爱》主题要求			
故事性和情感表达(50分)	1. 设计要素齐全 2. 思维导图梳理情节清晰明了 3. 人物形象拍摄符合原著 4. 经典小剧场和经典研讨会凝练展现名著魅力,并且有自己的感受思考			
细节和质感 (20分)	1. 人物生动形象,色彩丰富 2. 拍摄构图合理,整体美观			
创新创意 (10分)	内容或设计上新颖独特,有亮点			
团队合作 (10分)	项目完成中,小组内部各有分工,沟通顺畅			
最终得分(取每个维度评价得分平均值后相加):				

项目一
成长轨迹思维导图

【教学目标】

1.能够按照阅读方案,完成名著阅读。

2.关注阅读外国小说的基本元素,梳理故事情节。

3.能完整地对简·爱成长轨迹思维导图进行设计与绘制,标注相应的人物、情节、事件。

【教学方法】

创设情境法,梳理整合法,合作探究法。

【课时安排】

1课时。

【教学准备】

学生在课前读完《简·爱》整本书,并完成"导学案";老师做好教学设计。

【教学流程】

一、导入

师:同学们,今天我们将一起探讨一部脍炙人口的文学名著——《简·爱》。这是一部充满激情、勇气和坚持的小说,讲述了一个普通女子如何在逆境中追求自由、平等和爱情的故事。我们说要真正读懂一部作品就不得不探究作品的背景,哪位同学可以和我们分享一下你了解到的《简·爱》这部作品的相关背景知识?

生:《简·爱》是英国女作家夏洛蒂·勃朗特创作的一部现实主义小说,创作于19世纪。这部作品以其独特的视角、真实的描绘和深刻的主题,成为19世纪英国文学的瑰宝。它不仅反映了当时社会的现实生活,也展示了女性在追求自由和平等道路上的勇气和坚持。

师:非常好,谢谢!由于其深刻的主题和出色的文学技巧,2006年,《简·爱》被英国《泰晤士报》评为"英国文学史上最伟大的十部小说"之一。同学们前段时间已对这部著作进行了初步阅读,这节课我们将一起走近这部外国小说,去领略一个普通女孩的成长蜕变史。

二、明确情境,完成任务

《简·爱》是英国女作家夏洛蒂·勃朗特创作的长篇小说,这部作品具有明显的自传色彩。通过简·爱与罗切斯特之间的爱情故事,小说反映了在金钱与地位凌驾于一切之上的社会里,一个出身贫苦、无依无靠的女教师简·爱的曲折遭遇。《简·爱》不仅仅是一部描述爱情的小说,它还深入地探讨了女性主义和个人主义的主题。由于其深刻的主题和出色的文学技巧,2006年,《简·爱》被英国《泰晤士报》评为"英国文学史上最伟大的十部小说"之一。为此,学校"视觉之旅摄影协会"计划以《简·爱》为主题,举行"我来记录简·爱成长史"设计活动。请你阅读整本书《简·爱》,参与主题设计,完成"成长轨迹思维导图、成长的引路人导师分享会、生命故事展、经典解读研讨会"四项活动任务,以更新颖有趣的形式解读外国文学作品《简·爱》,让更多人走近《简·爱》,领略外国小说的魅力。

师:本节课我们将完成"成长轨迹思维导图"设计和绘制。

任务一:复述故事知脉络

师:请用自己的语言复述《简·爱》故事。

生A:故事开始于1800年前后,简·爱出生在英国约克郡一个贫寒家庭,父母早逝后被送到了一个名叫盖茨黑德府庄园的寄养学校。在学校里,简遭受了严厉的惩罚和欺凌,但她始终保持坚强和正直。后来,她被送到了她富有的姨妈瑞里太太家中生活,但在那里她同样受到了冷漠和不公平的对待。

在成年后,简决定离开姨妈家去寻求工作,并最终成为桑菲尔德庄园的家庭教师,负责照顾庄园主人罗切斯特先生的女儿阿黛尔。在庄园里,简和罗切斯特先生逐渐建立了深厚的感情。然而,当简得知罗切斯特先生已经结婚并且他患有精神疾病的妻子伯莎被困在庄园的顶楼时,她选择离开桑菲尔德庄园。

简流浪在外,最终来到了一个名叫沼泽居的地方。在那里,她得到了一份工作并与她的好友海伦·伯恩斯一起度过了一段快乐的时光。然而,海伦因病去世,简再次陷入了孤独和绝望。在她最需要帮助的时候,圣约翰找到了她,邀请她回到家乡担任乡村学校的教师。尽管简对这项工作感到满意,但她仍然无法忘记罗切斯特先生。

最后,简回到了桑菲尔德庄园,发现庄园已经被大火烧毁。在火灾中,伯莎不幸丧生,而罗切斯特先生失去了视力。尽管他变得丑陋和残疾,但简仍然选择与他共度余生。在一个风雨交加的夜晚,简找到了罗切斯特先生,两人终于团聚并举行了一场简单的婚礼。从此,他们过上了幸福生活。

师:不错,文本读得很认真,复述得很详细,A同学为我们绘制成长轨迹思维导图提供了一个很好的思路,我们可以抓住故事中的几个地点来搭建我们思维导图的框架。

任务二:梳理文本学整合

1.明方法。

绘制成长轨迹思维导图时,需要标注相关的地点、事件、人物,那么如何在长达三十八章的文本中去得到有用的信息呢?请结合你的阅读体验,谈谈你的设计思考。

生:对于文本中关键性的、精彩的、推动简·爱成长的事件、地点和人物进行标注,其他无关紧要的人、事物不需要关注。

师:作者在描写故事时是有时间脉络的,梳理关键信息,对促进主人公简·爱成长的因素进行梳理和整合,可以缩短我们阅读的时间和提升阅读的效率。将小说根据地点、时间等脉络进行梳理,然后对关键信息进行整合,这就是梳理整合法。

学生阅读相关内容,思考:梳理整合法是什么,有哪些作用?

师:梳理整合法是一种学习策略,其核心是对一段或多段知识信息进行有条理的排列、梳理和整合。这种方法不仅对学习过程和知识情况进行总结和评价,还可以反向启发学生思维,激发他们的创造力,在学习中深化对知识的理解和运用。

2.完善思维导图。

在文学作品中,人物的性格特点和成长经历是塑造角色形象和发展故事情节的重要元素。通过描写人物的性格特点和成长经历，读者可以更好地了解人物的内心世界和变化过程，从而更加深入地理解作品的主题和意义。下面将对人物性格特点和成长经历进行梳理总结，以便更好地理解和分析作品。

师：请同学们运用梳理整合法，补充完善思维导图中关于人物性格和成长经历的部分。

示例：

章节：第一章

内容：《简·爱》的主人公简·爱是一个孤儿，她的童年生活充满了贫困和不幸。然而，她从小就表现出了坚定的意志和独立的性格。在这段描述中，我们可以看到简·爱的坚强和她对生活的渴望。

教师总结：同学们的思维导图在不断地充实和完善，通过你们的思维导图老师很清楚地知道了简·爱的成长经历，以及由此所体现出来的简·爱的性格品质，看来同学们运用梳理整合的能力越来越棒，继续加油！

任务三：自主阅读巧迁移

梳理整合法是阅读长篇小说快速掌握内在逻辑的重要方法，读者可以更好地把握小说中的情节发展，理解角色之间的关系以及小说中所蕴含的主题。这节课我们借助梳理整合的阅读法，利用思维导图的呈现形式整理出简·爱的身世背景、她与罗切斯特之间的情感纠葛，以及她在故事中的成长和转变。

总之，梳理整合法是一种有助于我们深入理解和解读文学作品的方法，尤其对于像《简·爱》这样情节丰富、人物众多的作品而言，它能够帮助我们更加系统地把握作品的精髓，提升阅读体验。

请同学们继续运用梳理整合的阅读方法，迁移阅读《呼啸山庄》，完成以下设计任务：

1.继续完善简·爱成长轨迹思维导图。

2.运用梳理整合法阅读勃朗特姐妹的《呼啸山庄》，利用思维导图的形式呈现该部作品的相关内容。

三、总结评价

根据评价量表(表3-8-4)进行评价。

表3-8-4 项目一过程评价量表

评分维度	赋值
1.能够按照阅读方案,大致完成原著阅读	☆☆☆☆☆
2.能较好把握《简·爱》的作者概况、故事情节、篇章结构	☆☆☆☆☆
3.能掌握并运用梳理整合法和借助资料卡阅读《简·爱》,并梳理出关键信息	☆☆☆☆☆
4.能完成思维导图的设计与绘制,并详细标注重要事件、人物	☆☆☆☆☆
5.思维导图的设计与绘制逻辑清楚,有一定的新意和亮点	☆☆☆☆☆

项目二

成长路上的引路人：导师分享会

【教学目标】

1.运用梳理整合的阅读方法，梳理出以简·爱为中心的人物关系图。

2.运用选点研读法对书中的重点人物进行研读，比如海伦·彭斯、谭波儿小姐、罗切斯特、圣约翰等人物形象。

3.简·爱成长路上引路人对她具体的影响，完成导师分享会的拍摄。

【教学重难点】

理解简·爱成长路上引路人对她具体的影响；完成导师分享会的拍摄。

【课时安排】

1课时。

【教学方法】

创设情境法，梳理整合法，选点研读法。

【教学准备】

学生梳理书中配角人物的章节，并完成"导学案"；老师做好教学设计。

【教学流程】

一、导入

师：同学们，今天我们将继续探讨世界性文学名著——《简·爱》，书中描绘了女孩简·爱从孤儿到独立女性的成长历程。在这个过程中，她遇到了许多引路人，帮助她渡过了种种困境，最终找到了自己的价值和幸福。他们不仅传授给她知识，更教会了她如何面对生活的挑战，如何在困境中坚持自己的信念。正是这些导师的陪伴与引导，让简·爱成长为一个坚强、独立、充满智慧的女性。聪明的同学们，什么是引路人，何以成为导师？

生：引路人是指在人生道路上给予指导和帮助的人，他们通常具有一定的经验和智慧，能够帮助他人找到正确的方向。

教师总结:说得真好！成为引路人不仅需要具备专业的知识和技能,还需要具备良好的品质和态度,关心他人,愿意付出时间和精力去帮助他人成长。

二、明确情境,完成任务

教师出示情境:通过项目一活动,我们梳理整合了简·爱的人生经历和性格特点,知道简·爱因孤儿出身,受尽欺凌,逃离后成为家庭教师,与罗切斯特相恋成婚,经历磨难,最终幸福生活的故事。简·爱从一个孤女成长为独立女性,既有内在的自尊自强,也有外在人事的影响,其中的海伦·彭斯、谭波儿小姐、罗切斯特、圣约翰等人对她的影响尤为深刻。因此,本堂课我们将继续运用梳理整合和选点研读的阅读方法,研读这些人物对促进简·爱成长的重要意义,开启项目二设计活动第二项任务——成长路上的引路人:导师分享会。

任务一:梳理整合人物关系

请用思维导图或图标方式呈现以简·爱为中心的人物关系图。可参考学生作品示例(图3-8-1、3-8-2)。

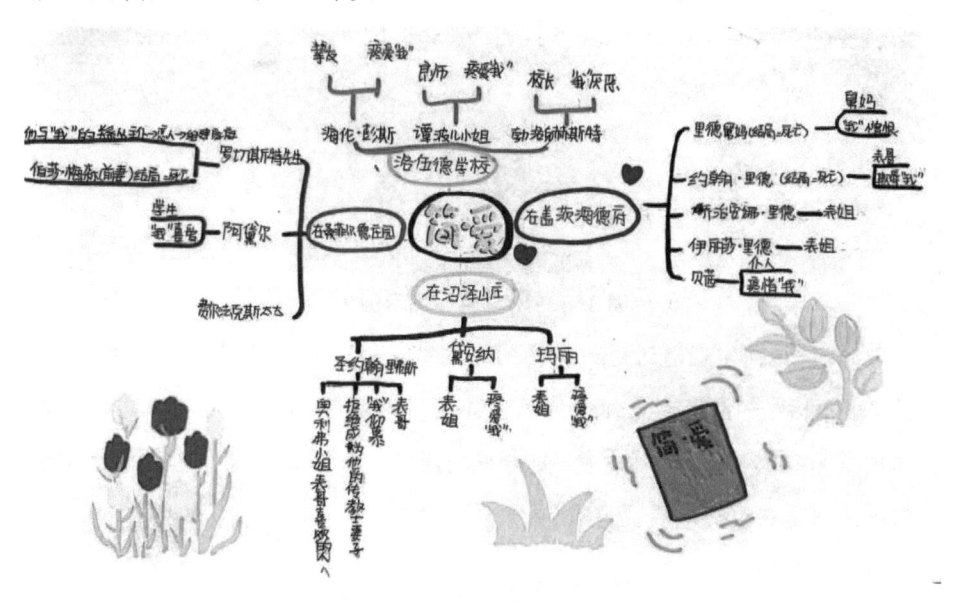

图3-8-1　学生作品示例1

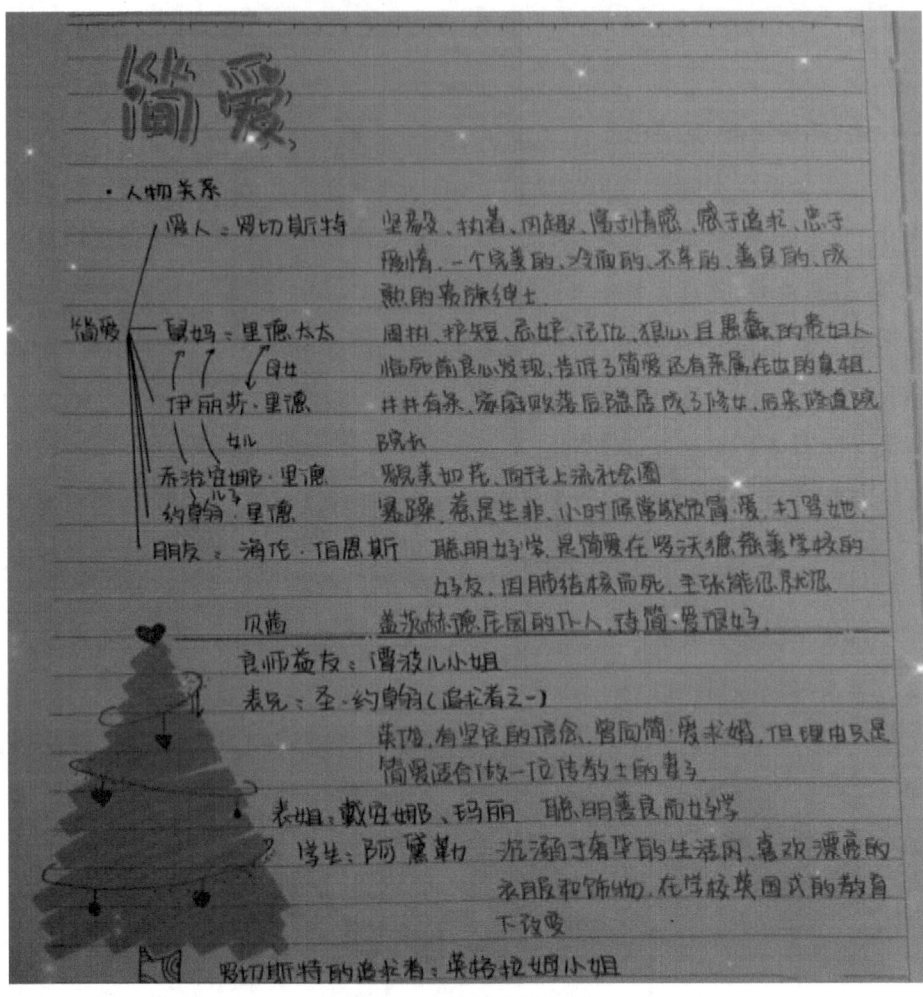

图 3-8-2　学生作品示例 2

教师总结：同学们通过思维导图的方式呈现《简·爱》中以简·爱为中心的人物关系图，做得非常出色。你们的思维导图清晰明了，准确地展示了各个人物之间的关系，让人一目了然。简·爱与罗切斯特、圣约翰、阿黛尔等人物之间复杂的情感纠葛被生动地展现出来，令人印象深刻。

任务二：选点研读重要人物

1. 明方法。

设计拍摄成长路上的引路人，需要标注相关的重要人物对简·爱成长蜕变的影响，那么如何在多达几十个人物中去选取重点人物呢？那就需要用到我们这节课的另外一个阅读方法——选点研读法。什么是选点研读法呢？学生交流。

预设： 选点研读法是一种阅读方法，指的是在阅读过程中有意识地选择一些重要、关键的内容进行深入研读。这种方法可以帮助读者更有针对性地理解和掌握文章的重点和核心观点，提高阅读效率和质量。

教师总结： 没错，同时在选点研读之前还需要对文本进行预读、选点、深入研读、总结归纳、拓展延伸等几个步骤，在选点研读的过程中，要注意对所学内容进行总结和归纳，形成自己的理解和观点。这有助于加深对文章内容的理解和记忆，也有利于培养自己的分析和判断能力。

2.选人物。

请同学们用选点研读法梳理出文中对简·爱成长蜕变起了重要作用的人物。

示例：

文本材料：

①既然躲不了，那就忍着点。

②最能克服仇恨的并不是暴力，最能医治创伤的也不是报复。

③即使整个世界恨你，并且相信你很坏，只要你自己问心无愧。知道你是清白的，你就不会没有朋友。

④我总觉得生命太短促了，不该把它花在怀恨和记仇上。在这个尘世上，我们人人都有一身罪过，而且不可能不是这样。

梳理：海伦·彭斯勤奋、平和、与人为善、宽容自信。

教师总结： 同学们选取的重点人物跟老师不谋而合，除此之外我还选取了戴安娜、玛丽姐妹以及圣约翰等人物。有的同学可能会持有不同意见，让我们进入下一个环节各抒己见吧！

任务三：成长引路，导师分享

1.刚才我们运用选点研读法选取了对简·爱的成长蜕变起了重要作用的人物，为什么会选取他们，我想同学们肯定有很多话要说，请大家以小组为单位，各抒己见。

示例：

第一组：简·爱的精神友人——海伦·彭斯。

在《简·爱》一书中，海伦·彭斯是一个小人物，但她对主人公简·爱的影响是深远且不容忽视的。首先，海伦温顺、聪颖和无比宽容的性格对简·爱产生了积极的熏陶，使得简在面对生活中的各种困难时都能保持坚韧不屈的精神，不再轻易屈服或抱怨，而是学会如何爱与忠诚。

海伦的存在也为简·爱提供了一个鲜明的性格对比，强调了女性应该追求独立自主，而不是仅仅依赖他人或受制于社会的既定安排。尽管简从小就展现出了不屈的反抗精神，但她曾经的反抗方式过于直接；甚至可以说是冲动。然而，海伦教给了她如何以更加智慧和冷静的方式去隐忍和反抗，让她明白沉默也可以是一种强大的武器。此外，海伦还让简认识到过度的隐忍并不是解决问题的方法，真正的坚强是有原则和底线的。这也为简后来与罗切斯特先生的关系中展现出的不卑不亢的态度奠定了基础。

海伦不仅是简·爱的心灵导师，更是她在精神上的朋友。她像天使一样给予简·爱精神上的支持和鼓励。尽管海伦早逝，但她留给简·爱的礼物——那种坚韧、独立和善良的性格——却伴随了简·爱的一生，成为她人生中最宝贵的财富。

三、课堂小结

师：同学们对文本梳理整合很完整，对人物的研读很深刻，不论是观点的凝练，还是理由的阐述，都很细致科学，体现了集体智慧的强大。请同学们迁移运用本节课所学内容，梳理整理出文本中精彩的片段，并对经典片段进行研读，融入自己对人物的思考，为下一节课小剧场的演绎活动做好准备。

四、总结评价

根据评价量表（表3-8-5）进行评价。

表3-8-5　项目二过程评价量表

评分维度	赋值
1.能够正确认识和运用思维导图	☆☆☆☆☆

续表

评分维度	赋值
2.能够运用梳理整合的阅读方法,梳理出以简·爱为中心的人物关系图	☆☆☆☆☆
3.能运用选点研读法对书中的重点人物进行研读,比如海伦·彭斯、谭波儿小姐、罗切斯特、圣约翰等人物形象	☆☆☆☆☆
4.分享时观点明确,理由充分,表述清楚,逻辑严密	☆☆☆☆☆

项目三

简·爱的生命之花：生命故事展

【教学目标】

1.运用选点研读的阅读方法，选取文中内心独白、人物对话等，品读简·爱的人物形象。

2.分组汇报演绎精彩片段。

3.根据成果评价量表，进行评选，选出最佳摄影师。

【教学重点】

分组汇报演绎精彩片段。

【教学难点】

根据成果评价量表，进行评选，选出最佳摄影师。

【教学方法】

创设情境法，梳理整合法，选点研读法。

【课时安排】

2课时。

【教学准备】

学生梳理文本中能体现简·爱自由独立尊严的语段，并完成"导学案"。老师则做好教学设计。

【教学流程】

一、导入

同学们，通过前面几节课的学习，我相信同学们一定从简·爱的身上学到了很多，可以跟老师分享一下吗？

生：学到了坚韧不拔的精神，学到了自尊和独立、珍视真爱和自由……

教师总结：是啊，简·爱的身上有很多宝贵的品质，她就像一朵迷人的生命之花，绽放着独特的个性和坚强的意志，给读者们带来了一场感动心灵的旅程。

通过阅读《简·爱》,我们将共同感受到生命之花的舞动,探索个体在大千世界中的价值,同时也启发我们追求幸福的勇气和信心。同学们,本节课我们将继续进入《简·爱》的世界,一起领略那散发着希望与坚韧的生命之花。

二、明确情境,完成任务

教师出示情境:作为A电视台的知名摄影师,你受芬丁庄园主人邀请来参观他收藏的一批珍贵的文物和历史资料,其中包括祖母简·爱的一些个人物品和她曾经居住过的房间。你跟随主人走进庄园,穿过一片繁花似锦的花园,来到了一个古色古香的展厅。展厅内陈列着简·爱生平的照片、手稿和信件等珍贵文物。主人向你介绍着这些展品背后的故事,请你用镜头的方式,带领观众一起领略那散发着希望与坚韧的生命之花。

师:本节课我们将完成"简·爱的生命之花:生命故事展"的活动任务。

任务一:摘寻语段,明晰人物

1.请运用整合梳理的方法,筛选出文本中能体现简·爱自尊、自重、自立、自强的精神品质。并运用选点研读的方法,对所选文段进行自己的理解和感悟。

示例:

"我不是你的仆人,我是你的伴侣。"

这是简·爱在与罗切斯特先生争吵时说的话。她表达了自己不愿意被他当作一个仆人来看待的愿望,强调了平等和尊严。

2.教师总结:同学们找得很准确,表述也很贴切。这些语段展现了简·爱对自己的独立和自主的追求,她不愿意被他人视为一个弱者或依附于他人的存在。她强调了自己的思想和意志的重要性,追求自由和尊严。这种自尊自立的态度让人感到钦佩和敬仰。

任务二:拍摄作品,演绎剧情

1.随着镜头的不断推进,我们能深切地感知到简·爱虽是一个贫苦低微、其貌不扬、性格倔强的普通女孩,但她独立、自尊、自立、自强。她的一生深刻诠释了:你我生而平凡,虽没有神的光环,但只有通过自己的勤奋和不懈的坚持,也终归可以坦坦荡荡,落落大方。接下来我们继续跟随摄影师的镜头去领略简·

爱迷人的一生，课前四个小组在盖茨黑德府、洛伍德学校、桑菲尔德庄园、芬丁庄园四个场景中各自选取准备，接下来请各组演员就位，摄影师做好记录，将演绎绽放简·爱的生命之花的作品呈现在观众面前。

示例：

盖茨黑德：怪癖"辣妹"

"不要假哭，不要撒娇，不要闹小脾气。永远不要在家中引起一场风暴。你不必因我而感到难过，简，不用为我们家而感到羞耻，你只需忍耐，学习一些东西，充实自己，让自己成为一个聪明人。你早就是聪明人了。"

"里德太太，别欺人太甚！我本可以忍受下去，可你却不断地以伤人的语言刺激我的自尊心。你凭什么来控诉我欺骗人？有谁欺骗了你呢？你到底想对我怎么样？"

"我读书决不白读"，在这双悲惨的愤怒的眼睛里，有一种渴望学习、努力上进的意思，就像一束苍白的光。但其中也饱含着对于幼年粗暴的训斥和成年沉重的责难的反抗。我鼓足了勇气说出了上面的一番话，开始我还有点惊慌失措，但后来我的内心便无比坚定。

"你看上去真是一个怪物！"

"那就当怪物把我带走吧！我可以当个怪物，别人干吗就不行呢？这我倒要仔细地打听打听。"

我像发了狂似的继续往下说："如果这里果真待我如怪物，我就要像怪物一样与你们大闹一场，在我力所能及的范围内，现在就要给以惩罚。"

在这狂风暴雨般的一刹那间，我的心灵完全被一种激愤给控制住了。这时我瞥见约翰·里德正在朝我冷笑，我便不顾一切地朝他扑了过去。不管是谁，只要他敢欺侮我，我就要报复他。我才不管会受到什么惩罚呢！我要大闹一场——大打出手。他们将我从这间屋子带走的时候一定会有很多人前来围观。我要把所有的情况都向大众公布：里德太太的虐待、约翰的蛮横、伊丽莎的傲慢、乔治亚娜的侮辱——如果有谁能看到这桩怪物所做的一切，那他们就一定会了解真相了。我的心灵完全被怨恨所笼罩。我拼命地攥紧拳头打在约翰的胸部上。

学生：同学们在这个场景中演绎出了简·爱在面对不公平待遇时的反抗和渴望自由的精神。

教师总结：你们是很好的演员和摄影师，演员的演绎贴切生动，摄影师则负责记录这真实而自然的瞬间，共同为观众呈现了一场别开生面的视觉盛宴，谢谢你们！

任务三：成果评价，评选最佳

师：在这次活动中，同学们为我们呈现了一系列优秀的成果，涵盖了简·爱成长蜕变史中每一个关键场景。经过激烈的角逐，最终将评选出一个最佳成果奖。欢迎各位同学参加本次成果评价活动。让我们一起期待这场精彩纷呈的竞赛，共同见证智慧与努力的结晶，投出你宝贵的一票！

学生投票，评出最佳成果奖。

三、课堂小结

同学们对文本的梳理整合很完整，对人物的研读很深刻，不管是演员的深情演绎还是摄影师的专注记录都体现了同学们敏锐的感知力和细腻的情感。请同学们迁移运用本节课的所学，将自己对作品、对人物、对主题的理解，不仅可以通过演绎的方式呈现，还可以通过文字的方式加以记录，思考简·爱的成长何以成为经典——为下一节课的经典解读研读会活动做好准备。

四、总结评价

根据评价量表（表3-8-6）进行评价。

表3-8-6　项目三过程评价量表

评分维度	评价要点	自评	他评	师评
拍摄主题	符合《简·爱》主题要求(10分)			
拍摄作品，演绎生命	1.寻找语段是否准确，是否能凸显人物形象(15分) 2.拍摄中演员的台词、动作、神态等是否符合原著人物形象(15分) 3.情感流露是否自然(10分) 4.情感表达是否细腻(10分)			

续表

评分维度	评价要点	自评	他评	师评
细节和质感	1.人物形象生动,色彩丰富(10分) 2.拍摄构图合理,整体美观(10分)			
创新创意	内容或设计上新颖独特,有亮点(10分)			
团队合作	在项目完成的过程中,小组内部各有分工,沟通顺畅(10分)			
合计(取三者总分平均值):				

项目四

简·爱的成长何以成为经典:经典解读研读会

【教学目标】

1.品读语段,提炼主题。

2.理解小说"成长"主题,体会小说的艺术价值。

3.读写结合,自选主题撰写小论文。

【教学重点】

理解小说"成长"主题,体会小说的艺术价值。

【教学难点】

读写结合,自选主题撰写小论文。

【教学方法】

创设情境法、梳理整合法、选点研读法。

【课时安排】

1课时。

【教学准备】

学生从文本中获得关于成长的锦囊,并完成"导学案"。老师则做好教学设计。

【教学流程】

一、导入

同学们,通过前面几节课的学习,你们成长了吗?从简·爱的成长蜕变史中你收获了关于成长的哪些锦囊呢?

预设:独立自主、坚定信念、勇敢面对、自尊自爱、善良宽容、知识改变命运……

教师总结:你们的学习态度非常值得赞扬,不仅能够学以致用,还具备良好的思考和总结能力,能够将所学知识灵活迁移,这种综合素质令人钦佩。本节课我们将继续进入《简·爱》的世界,去探寻成长的意义。

二、明确情境,完成任务

教师出示情境: 在一个阳光明媚的周末,一群"简"学爱好者相约在城市图书馆,举行了一场别开生面的经典解读研读会,并通过现场直播的方式进行全国同步直播。这次的主题是"简·爱的成长何以成为经典",参与者们将通过深入讨论和分析,探讨简·爱的身上关于成长的锦囊,这些成长锦囊对于中学生的成长有怎样的意义。请你梳理整合文本,选点研读你探寻到的关于简·爱成长的片段进行积极讨论分析,并自选撰写一篇关于成长的锦囊小论文。

本节课我们将完成"简·爱的成长何以成为经典:经典解读研读会"的活动任务。

任务一:品读语段,提炼主题

在当今的信息爆炸时代,我们每天都会接触到大量的文字信息,而准确、快速地理解并提炼出文章的主题思想,无疑是我们在学习和工作中必备的一项重要技能。然而,这并不是一件容易的事情,它需要我们具备扎实的阅读理解能力,以及敏锐的思维洞察力。接下来,我们将通过对关键段落的分析,来提炼文章的主题思想,请同学们踊跃发言。

学生分组讨论,可举手发言。

示例:

"我不愿意做任何违反我的本性的事情,即使它能为我带来幸福。对我来说,这种不幸的幸福是不可想象的。"

主题思想:个人尊严和自由意志的重要性。作者强调了主人公简的价值观,她拒绝为了获得所谓的幸福而放弃自己的本性。

教师总结:根据对文本内容进行梳理我们提炼了以上五则能体现关键信息的材料,通过整合发现文本所表达的主题思想包括个人尊严和自由意志的重要性、个人奋斗和自我实现的力量、个人自由和独立的意义、平等和尊重的重要性以及真正的幸福的来源。这些彰显了主人公简对内心价值观的坚守,以及她对自由、独立和尊严的追求,请同学们做好批注。

任务二：紧扣主题，探讨价值

在深入探索这部杰作的过程中，我们不仅需要理解其表面的故事线和角色设定，更需要透过文字，洞察作者的创作意图和深层主题。这个过程就像是提炼黄金，需要我们用心去感知、去思考、去感悟，最终提炼出对整部作品的理解和感悟。同学们对作品有哪些理解和感悟呢？

学生讨论、发言。

学生1：《简·爱》是英国著名女作家夏洛蒂·勃朗特的一部具有自传性质的小说。这部作品讲述了孤儿简·爱在经历了种种磨难后，最终找到真爱并实现自我价值的故事。从这部小说中，我深刻地感受到了女性的坚韧、独立和自尊。

学生2：简·爱的成长过程充满了挑战和困境。她从小失去父母，被送到严厉的洛伍德寄宿学校接受教育。在那里，她不仅要忍受恶劣的生活条件，还要面对残酷的惩罚。然而，简·爱并没有被困境击垮，她努力学习，成了一名优秀的教师。这种顽强的生命力和对知识的渴望让我深感敬佩。

教师总结：在勃朗特姐妹的众多作品中，《简·爱》无疑是其中最具代表性的一部。它以一个孤儿简·爱的人生经历为主线，展现了她从孤儿院到桑菲尔德庄园，再到沼泽居的经历。在这个过程中，简·爱不仅经历了人生的起起落落，也见证了自己内心世界的蜕变和成长。她的故事告诉我们，无论生活给予我们多少磨难，只要我们坚持不懈，勇往直前，就一定能够找到属于自己的幸福。《简·爱》这部作品，不仅仅是一部爱情小说，更是一部关于勇气、坚持和自我认知的成长之书。

任务三：自选主题，撰写论文

写作就像是驾驭一匹脱缰的骏马，经历了前期的准备和铺垫，现在是时候真正让想法飞奔于纸上了。请同学们自选关于简爱·成长的主题，撰写一篇不少于600字的小论文。

三、课堂小结

简·爱的成长成为经典的原因有很多，包括作者夏洛蒂·勃朗特出色的写作技巧、深刻的人物塑造和富有情感的叙事等。通过经典解读研读会，我们可以更深入地理解简·爱的成长历程和小说的内涵,从而更好地体会这部作品的魅力。相信通过项目四的学习,同学们对简·爱有了更深刻的理解,对如何阅读外国小说也有了自己的总结。

四、总结评价

根据评价量表(表3-8-7)进行评价。

表3-8-7 项目四过程评价量表

评分维度	评价要点	自评	他评	师评
目标设定与实现程度(10)	评价研读会是否明确了目标,以及目标是否得到了实现			
组织与策划	评价研读会的组织和策划是否合理,包括活动时间、地点、参与人员等方面的安排			
内容丰富与实用性(20)	评价研读会的内容是否丰富,是否涵盖了简·爱的经典之处,以及内容是否具有实用性			
创新创意(10)	内容或设计上新颖独特,有亮点			
团队合作(10)	完成项目时,小组内部各有分工,沟通顺畅			
合计(取三者平均值):				

第四章
群文阅读的教学设计

照进生命的光

——《再塑生命的人》群文阅读教学设计

设计人:吴竟成

一、文本组织

《假如给我三天光明》节选片段。

二、教学目标

1. 继续学习默读,逐步提高阅读速度,整体把握文章内容。

2. 感悟莎莉文老师这一形象,把握莎莉文老师高超的教育艺术和再塑"我"生命的过程。

3. 比读对海伦不同生命状态的描写,感受海伦·凯勒在逆境中奋进的精神和意志。

三、教学重难点

比读对海伦不同生命状态的叙写,感受海伦·凯勒在逆境中奋进的精神和意志。

四、课时安排

1课时。

五、教学过程

(一)激趣导入

师:请问同学们最近有没有遇到什么困难?

生说。

师:老师最近也遇到一些工作上的困难,一直感觉很烦躁,但是我的一个朋友告诉我:不要烦,都会好起来的。这位朋友的名字叫:海伦·凯勒。今天,让我们一起走近海伦·凯勒。(该环节临场应变)

师:有没有同学对海伦的经历有所耳闻的?

生说。

明确:海伦的世界可以说是一片黑暗。

设计意图:师生共诉自己的困难,共情处于一片黑暗的海伦。

(二)感知内容

1.默读《再塑生命的人》,思考:谁再塑谁?怎么塑?

预设:莎莉文老师再塑海伦·凯勒。学生找到莎莉文老师再塑海伦的过程,从中明确莎莉文老师的形象。

2.创写(说):

照进生命的光,是莎莉文老师的_____、_____、_____。

3.提问:除了莎莉文老师的再塑,海伦的成功还有没有其他因素?

生说。

走进:海伦的自我"重塑"。

设计意图:学生整体感知,把握莎莉文老师再塑海伦生命的过程以及感知莎莉文老师的形象,由表及里,思考海伦成功的其他因素。

(三)聚焦叙写,析生命姿态

1.默读《再塑生命的人》,完成文本分析表(表4-1-1)。

提示:

(1)勾画莎莉文老师到来前后,叙写海伦表现的句子,完成以上表格内容并在组内交流。

(2)反复读一读相应的句子,体会海伦的生命状态。

2.比读《假如给我三天光明》节选内容,完成文本分析表(表4-1-1),可参考表4-1-2。

提示:

(1)勾画描写海伦表现的句子,完成表格填写并在组内交流。

(2)反复读一读相关的句子,体会海伦的生命状态。

3.链接《假如给我三天光明》其他片段:《从浪漫到现实的过渡》《莎莉文老师的教育笔记》等。

4.创说:照进生命的光,不仅是莎莉文老的爱心、耐心、慧心,还是海伦·凯勒的_____、_____、_____。

5. 出示海伦的生平经历。

6. 写一写:面对海伦不同的生命状态,你有什么想对自己说的?

题目:写给亲爱的自己

设计意图:通过表格任务,学生比读《再塑生命的人》《漫漫黑夜中的光明》《当我可以说话的时候》中描写海伦表现的句子,品读其性格特点与当时的生命状态。

表4-1-1 《假如给我三天光明》文本分析表

文本	学习的方式	对待学习(生活)的态度	生命的状态
《再塑生命的人》			
《漫漫黑夜中的光明》			
《当我可以说话的时候》			

表4-1-2 《假如给我三天光明》文本分析表填写示例

文本	学习的方式	对待学习(生活)的态度	生命的状态
《再塑生命的人》	触摸	惶恐——渴求	向上、快乐
《漫漫黑夜中的光明》	触摸	积极、迷茫、热爱	易怒、孤独
《当我可以说话的时候》	触摸	渴望、迫切	坚韧不拔

(四)拓展迁移

1. 链接视频《最美马拉松女孩——牛钰》《残奥剪影》。

2. 这个世界上有许许多多身体残疾的人,也许生活一开始给了他们重击,但他们却用惊人的创造力获得生命的重生。

这种创造力是——

生说。

3. 小结。

是莎莉文老师的爱心、耐心与慧心;也是海伦·凯勒对生活的热爱、对知识的渴望、对人类的关怀、对生命的敬畏,以及她的坚韧不拔、积极乐观、炽热坦诚与感恩之心。

哪怕失聪失明失声,我也要不断学习,努力"看见"色彩、"听见"声音、"说出"话来!

哪怕_____,我也要_____!

生说。

设计意图:链接生活中那些身残志坚、冲破身体的困顿、自我重塑的人,感知生命的倔强。

(五)总结

同学们,我们还有一位老朋友也没有向命运低头,他便是史铁生。

1.出示史铁生的语录。

过渡语:同学们,无论是学习还是生活,我们终将独自面对;人生路漫漫,得良师引导自是该如海伦那般懂得感恩。我们应该为自己而活,学习亦如此,应如海伦一样:我自己要学,而非老师要我学。何其有幸,平凡的我们在十二月相遇,在文本里进进出出。有一天,你会离开学校,离开老师;有一天,那个渴望"光明"的你,一定会是人群中最耀眼的一个。猝不及防地给大家"熬"了碗汤,那就一起干了这碗十二月里暖心窝子的鸡汤吧!

2.写给亲爱的自己。

哪怕无人会登临意,也要猛志固常在!

哪怕畏途巉(chán)岩不可攀,也要会当凌绝顶!

哪怕命运百般折磨,我也要迎难而上!

因为那都是——照进我生命里的光!是生命的倔强!

设计意图:通过阅读史铁生语录,学生再次深刻地感受逆境中那些勇于奋进的生命力,从而引发思考。

天地英雄气 千秋尚凛然
——《纪念白求恩》群文阅读教学设计

设计人：杨欢

一、文本组织

文本一：《纪念白求恩》（毛泽东）。

文本二：《我们时代的英雄》（宋庆龄）。

文本三：《"要拿我当一挺机关枪使用"——怀念白求恩同志》（聂荣臻）。

文本四：《白求恩遗书》（白求恩）。

二、议题阐释

天地英雄气，千秋尚凛然。这两句诗出自唐朝诗人刘禹锡的《蜀先主庙》，本义是说，刘备的英雄气概真可谓顶天立地，经历千秋万代尚威风凛凛。我们借用这两句诗作为议题，旨在通过不同历史时期、不同伟人撰写的纪念白求恩文章的比读，以及参阅白求恩留下的遗书，去还原白求恩大夫生前的工作、生活、人格、境界，去发现一个"立体"（"伟大"而"平凡"）的白求恩，去思索白求恩精神代代相传的原因，从而思考自己的人生价值应如何实现。

三、教学目标

1.群文共读，感知白求恩的精神，明确纪念什么。

2.群文联读，探精神背后的价值，把握为何纪念。

3.走出文本，传承白求恩的精神，学做大写的人。

四、教学重难点

走进群文，读出白求恩精神的内涵、价值及传承；走出文本，学做一个大写的人。

五、文本解读

《纪念白求恩》是统编版语文七年级上册第四单元的第一篇课文，是毛泽东在白求恩逝世后一个多月写的一篇纪念性文章。文章高度赞扬了白求恩的国际主义精神,号召全党学习白求恩毫无自私自利之心的共产主义精神,对白求恩同志的逝世表示沉痛哀悼。文章叙议结合,叙而简约,议而精辟,情理相融,事理统一,是纪念性文章的典范之作。

《我们时代的英雄》一文作于1952年,是宋庆龄为泰德·艾伦、塞德奈·戈登合著的《手术刀就是武器》一书所写的序言。文中从世界背景和人类主要任务写起,从白求恩服务于世界反法西斯斗争的角度出发,歌颂白求恩是"以惊人的忠诚、决心、勇气和技能完成了那个时代放在人人面前的重要任务"的时代英雄,赞扬了实现所有人的美满生活为己任的崇高精神。

《"要拿我当一挺机关枪使用"——怀念白求恩同志》是时任中央军委副主席的聂荣臻在白求恩逝世40周年时写的一篇纪念性文章。文中通过回忆自己与白求恩交往的琐事及白求恩的典型语言,表达了自己对白求恩精神的致敬,呼吁人们学习白求恩同志高尚的共产主义和国际主义精神,为新时期我国的社会主义事业和共产主义事业而奋斗。

上述三篇文本均为纪念性文章,或叙议结合,或追忆典型事迹,或描写个性化语言,给我们建构起了一个"大写"的白求恩形象。而《白求恩遗书》不到千字,句句饱含深情,更是让聂荣臻司令员泪流满面,阅读这封遗书,一个"食人间烟火"的真实可感的白求恩跃然纸上。

六、课时安排

1课时。

七、教学流程

(一)引入

八十几年前,有一位外国英雄,不远万里,来到中国,参加了中国的抗日战争。这个人就是加拿大共产党员白求恩。今天,我们将阅读一组文本,通过绝笔信中的白求恩和他人眼中的白求恩,去进一步了解其人、体悟其精神。

(二)初识榜样:寻精神之内涵

任务一:默读归纳

默读毛泽东的《纪念白求恩》,勾画关键语句,归纳白求恩的精神,填写表格(表4-2-1)。

表4-2-1　白求恩精神归纳表

\multicolumn{2}{c}{《纪念白求恩》}	
作者	毛泽东
精神品质	
形象	

关键语句:

1. 叙述人物主要事迹的语句。(记叙)
2. 彰显人物精神的评价性语句。(议论)

明确:共产主义精神、国际主义精神、毫不利己专门利人的精神、对技术精益求精的精神、毫无自私自利之心的精神;一位伟大的共产党员。

任务二:总结对比

快速默读,比读、概括白求恩在各自文本中的精神品质及歌颂的侧重点,总结白求恩精神对比表,可参考示例(表4-2-2)。

表4-2-2　白求恩精神对比表

篇目	《纪念白求恩》	《我们时代的英雄》	《"要拿我当一挺机关枪使用"——怀念白求恩同志》	《白求恩遗书》
作者	毛泽东	宋庆龄	聂荣臻	白求恩
精神品质	共产主义精神 国际主义精神 毫不利己专门利人 对技术精益求精 毫无自私自利之心	惊人的忠诚 惊人的勇气 钢铁的意志	共产主义胸怀 国际主义精神 舍身忘己 求实诚恳	专门利人 细致周到 有情有义
侧重点	一名优秀的党员	一个时代的英雄	一位伟大的战士	一个平凡的人

明确： 白求恩既是一名优秀的共产党员,一个时代的英雄,一位伟大的共产主义战士,也是一个有情有义的平凡的人。这就是伟大而又平凡的白求恩。

(三)走进时代:探精神之价值

任务三：揣摩写作意图

小组合作讨论,思考老一辈革命家为何纪念白求恩。结合写作背景、文中关键段落及以下人物关系图(图4-2-1),总结写作意图对比表,可参考示例(表4-2-3)。

毛泽东　←只见过一面　白求恩　国际友人→　宋庆龄
中国共产党领导人　　　加拿大共产党员　　　保卫中国同盟主席

↓ 交往甚多

聂荣臻
时任晋察冀军区司令员

图4-2-1　人物关系图

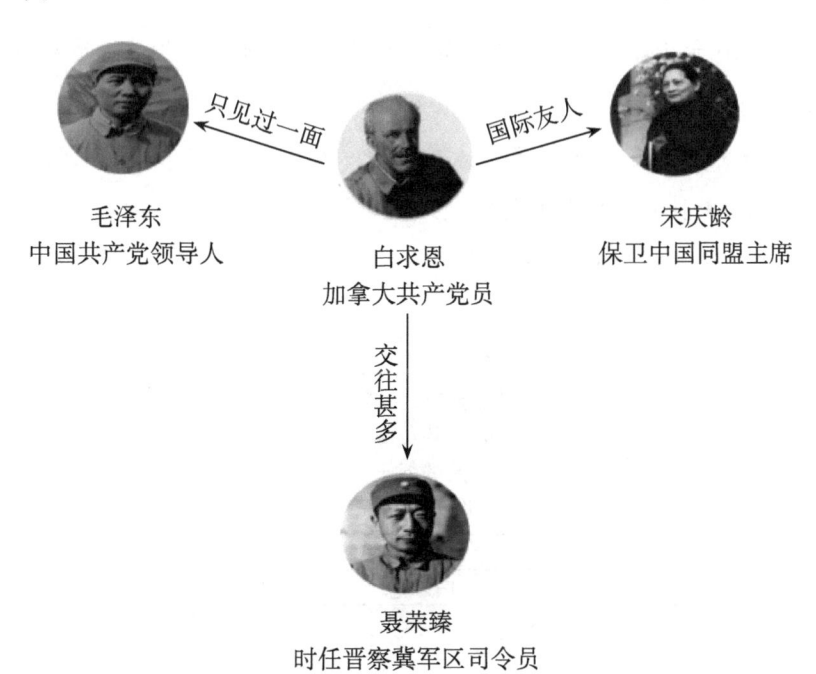

表4-2-3　写作意图对比表

文本	作者	写作时间	写作意图
《纪念白求恩》	毛泽东	1939	赞美精神 教育党员
《我们时代的英雄》	宋庆龄	1952	歌颂精神 为了正义

续表

文本	作者	写作时间	写作意图
《"要拿我当一挺机关枪使用"——怀念白求恩同志》	聂荣臻	1979	致敬精神 号召奋斗

明确：在不同时期，纪念白求恩都有其十分重要的意义，我们都要学习并实践白求恩的精神。用一句话来概括其时代意义就是：天地英雄气，千秋尚凛然！

（四）再见英雄：赞精神之传承

当今时代是否还需要学习白求恩的精神？还有哪些人仍然在传承着这种精神？

白求恩精神成了中国共产党人价值追求的永恒丰碑，跨越时代，千秋凛然。同学们，就让我们为美好前行，在最需要的地方绽放绚丽的花！勇担当作为，做一个有益于人民的大写的人！

八、板书设计

```
┌──────────┐
│ 优秀共产党员 │
│ 时代的英雄  │
│ 伟大的战士  │
│ 平凡的人   │
├──────────┤
│ 有益于人民 │
├──────────┤
│  白求恩   │
└──────────┘
```

附录:选文

纪念白求恩(略)

毛泽东

课文详见七年级上册教材。

> **创作背景**
>
> 1939年抗日战争期间,白求恩在医治伤员时被感染,在河北唐县不幸逝世。12月21日,毛泽东为八路军政治部、卫生部于1940年出版的《诺尔曼·白求恩纪念册》撰写《纪念白求恩》一文。作者在文中高度赞扬了白求恩的精神,号召全党学习白求恩毫无自私自利之心的共产主义精神。

我们时代的英雄

宋庆龄

①世界大势包围着我们每一个人,我们必须投身其中并有所贡献才能够左右自己的前途。今天人类最崇高的任务是:认清反动和死亡的势力,并同它进行斗争,加强并实现今天的世界所提供的、以前的世界从未有过的、给所有的人一个美满的生活的种种可能性。

②任何时代的英雄都是这样一种人:他们以惊人的忠诚、决心、勇气和技能完成了那个时代放在人人面前的重要任务。今天这些任务是世界性的,因此当代英雄——无论是在本国或外国工作——也是世界英雄,非但在历史上是如此,而且现在也是如此。

③诺尔曼·白求恩就是这样一位英雄。他曾在三个国家里生活、工作和斗争——在加拿大,他的祖国;在西班牙,各国高瞻远瞩的人士曾成群结队地去那

儿参加人民反抗纳粹主义和法西斯主义的黑暗势力的、第一次伟大的斗争；在中国，他曾在这儿协助我们的游击队，在日本法西斯军人自以为已经被他们征服的地区，夺取并建立了民族自由与民主的新根据地，并且协助我们锻炼出终于解放了全中国的、强大的人民军队。在一种特殊的意义上，他属于这三个国家的人民。在更广泛的意义上，他属于和对国家对人民的压迫进行斗争的一切人。

④诺尔曼·白求恩是一位医生，他曾用他所最熟悉的武器在医务方面进行斗争。在他本人的科学范围内，他是一位专家和创导者——他把他的武器保持得锋利如新。而且他，自觉而一贯地、把他的伟大的技能贡献给反抗法西斯主义和帝国主义的斗争的先锋。对他来说，法西斯主义是一种比任何其他疾病对人类危害更大的疾病，一种摧毁千千万万人的身心的疾病，并且它既否认人的价值，也就是否认了一切为人的健康、活力和生长服务的科学的价值。

⑤白求恩大夫是第一个把血库送到战场上去的医生，他的输血工作曾为西班牙共和国挽救了数以百计的战士的生命。在中国，他提出并实践了这个口号："医生们！到伤员那儿去！不要等他们来找你们。"在一个与西班牙完全不同的而且远比西班牙落后的环境里，他组织了一种游击队的医疗机构，挽救了成千成万的我国最优秀最英勇的战士。他的计划和实践不仅建立在医疗的科学和经验的基础上，而且也建立在对军事和政治的研究以及人民战争中战场上的经验之上。在西班牙和中国的白求恩是医学战场上的一员先锋。

⑥他充分了解这种斗争的形势、战略、战术和地势，同时他也知道，对于那些为了自己的家庭和前途而与其他自由的人们并肩作战的自由的医务工作者，人们可以抱着什么希望。他训练出来的医生、护士、护理员在他的教导之下，不仅将自己看作技术助理人员，而且看作前线战士，和战斗部队担负着同样重大的任务。

⑦这些工作白求恩是在万分困难的情况下完成的，一个医生对自己的任务如果没有多方面的认识是决不可能克服这些困难的。他在中国最落后的地区的山村里完成了这些工作，事前对中国语言及中国人民几乎一无所知，而且在他自己为肺病侵蚀的身体里，除了他炽热的信心和钢铁的意志以外别无其他力量。

⑧新中国永远不会忘记白求恩大夫。他是那些帮助我们获得自由的人中的一位。他的事业和他的英名永远活在我们中间。

(选自《手术刀就是武器》)

创作背景：

《我们时代的英雄》是宋庆龄为泰德·艾伦、塞德奈·戈登合著的《手术刀就是武器》一书所写的序言。此时，宋庆龄仍旧担任着保卫中国同盟主席(白求恩当初来中国，是通过宋庆龄介绍到中国延安去的)。

注：1949年新中国成立。1950年至1953年期间，中国人民志愿军奔赴朝鲜战场，进行抗美援朝。

怀念白求恩同志(节选)

聂荣臻

①一想起伟大的国际主义战士白求恩同志，我对他的崇敬和怀念之情，就久久不能平静。毛泽东同志在《纪念白求恩》的文章里，对他的光辉形象和高贵品质，作了最概括、最本质的论述。

②我在晋察冀同白求恩同志有过多次接触，并且多次听到关于他舍身忘己，救死扶伤，以及在晋察冀敌后医务建设和培训医务人员工作中的许多动人业绩。说他为晋察冀以至中国人民作出了卓越的贡献和建立了伟大的功绩，是一点也不夸大的。不能忘记，一九三八年六月，他从延安来到晋察冀，我在山西五台的金刚库村第一次见到他。高高的个子，虽然还不到五十岁，却已苍苍白发，但目光炯炯，精神奕奕，是那样严肃而又热情。我看到他跋涉千里，旅途一定很劳累了，劝他多休息几天再谈工作。他这样回答我："我是来工作的，不是来休息的，你们要拿我当一挺机关枪使用。……"这句洋溢着革命者战斗激情的回答，至今还回荡在我的耳际。

③不能忘记，那年九月的一天，我接待了从战地回来的白求恩同志。我向他讲了军区部队刚刚在石盆口打了一个漂亮的伏击战，打死了日寇指挥官清水少将，歼灭了日伪军七八百人，缴获了一批武器弹药。他听了高兴地称颂毛泽

东同志的战略、战术。同他一起吃饭的时候,又谈起了他建立的模范医院,在日寇"扫荡"中被烧毁了。他以坦率的自我批评,讲了他在残酷的敌后游击战争环境里建立正规化医院的想法,是不合实际的。我说:"是啊,我们是要建立正规化医院的,但敌人不让啊。后方医院的建设,要更加从实际出发,注意内容。"他频频点头。此后不久,他根据毛泽东同志关于游击战争的光辉思想和他切身的实践经验,编写了《游击战争中师野战医院的组织和技术》一书,给敌后医务工作者留下了珍贵的礼物。他就是这样,用科学家的求实精神,共产党员诚恳的自我批评,严格要求自己的。

④不能忘记,一九三九年七月一日,在晋察冀边区党的代表大会上,他以特邀代表身份从冀中平原赶来参加大会。他在发言中说:"我们来中国,不仅是为了你们,也是为了我们。……我决心和中国同志并肩战斗,直到抗战最后胜利。我们努力奋斗的共产主义事业,是不分民族,也没有国界的。"他就是用这样质朴的语言,表达了他的共产主义胸怀和国际主义精神。

⑤不能忘记,当党中央已经同意他的要求,回加拿大去一趟,向全世界揭露日本法西斯在中国的血腥暴行,争取欧美人民给英勇的中国抗日军民以更多的物质和技术援助的时候,他给我写了一封热情洋溢的信,大意是要求到各医院进行一次巡视,说"在做完这项工作以前,我决不离开。"他还表示,回国前希望与我面谈一次。接信后,我到前方医院去看望了他。他恳切地说,到中国以后,一直忙于医疗工作,对中国革命的许多问题,没有来得及深入思考,但在同中国同志的并肩战斗中,对中国革命有很深刻的印象;他很钦佩毛泽东同志的正确领导,表示深信,不管环境再残酷,道路再艰苦,斗争再持久,有中国共产党和毛泽东同志的正确领导,革命是一定会胜利的。为了进一步理解中国革命,希望在回国前找个时间,同我详细地面谈一次,由他提问题,我来解答。我被他这种探求真理的革命热情深深感动,表示很高兴与他共同探讨有关中国革命的各种问题。但不久,日寇对我边区的冬季"大扫荡"开始,他不顾同志们的劝告,毅然参加反"扫荡"战斗。就在这次紧张的战场救护工作中,在一个接一个的繁忙手术中,他划破了手指,链球菌侵入伤口,限于敌后的医药条件,尽管当时我们进行了全力的抢救,终于没有能够挽救他的生命。我热切期待着的与这位伟大国

际主义战士的谈话,因此未能实现,成为终身憾事。

⑥他是一个伟大的共产主义战士。他从作为医生的社会实践中,来解剖资本主义社会。他说过:"富人可以照顾自己,谁来照应穷人呢?""最需要医疗的人,正是最出不起医疗费的人。"他看到了人民的疾病不能得到医治的社会根源。他最光辉的时刻,是在西班牙反法西斯战场上和在中国的延安、晋察冀敌后度过的。他从帝国主义这个最凶恶的敌人那里,更清楚地认识到一个共产主义者对人类解放事业应尽的责任。他不空谈政治,而是把政治凝聚在他的手术刀里,用革命的人道主义,救死扶伤。他用外科手术刀作武器,向敌人进行英勇的、忘我的战斗。他在晋察冀的一次战斗中,曾连续六十九个小时为一百一十五名伤员动了手术。哪里最艰苦,哪里最需要他,他就到哪里去。

⑦在纪念白求恩同志逝世四十周年的时刻,我们要遵循毛泽东同志的教导,认真学习白求恩同志高尚的共产主义和国际主义精神,为在我国实现四个现代化,为社会主义和共产主义事业在全世界取得更大的胜利,而努力奋斗!

(选自《人民日报》1979年11月9日)

创作背景:

1937年11月,聂荣臻任晋察冀军区司令员,创建敌后第一个抗日根据地。与白求恩接触较多,结下深厚友情。1979年,白求恩逝世40周年,时任中央军委副主席的聂荣臻写下此文。

白求恩遗书

白求恩

亲爱的聂司令员:

①今天我感觉身体非常不好,也许我要和你们永别了!请你给加拿大共产党总书记蒂姆·布克写一封信,地址是加拿大多伦多城威灵顿街十号。同时,抄送国际援华委员会和加拿大民主联盟会。告诉他们,我在这里十分快乐,我惟一的希望就是能够多做贡献。

②也要写信给美国共产党总书记白劳德,并寄上一把缴获的战刀。这些信

可以用中文写成,寄到那边去翻译。随信把我的照片、日记、文件寄过去,由蒂姆·布克处置。所有这些东西都装在一个箱子里,用林赛先生送给我的那18美金作寄费。这个箱子必须很坚固,用皮带捆住锁好,外加三条绳子。将我永世不变的友爱送给蒂姆·布克以及所有我的加拿大和美国的同志们。

③请求国际援华委员会给我的离婚妻子坎贝尔夫人拨一笔生活款子,分期给也可以。我对她应负的责任很重,决不能因为没钱而把她遗弃了。还要告诉她,我是十分内疚的,并且曾是快乐的。

④两张行军床、两双英国皮鞋,你和聂夫人留用吧。

⑤马靴、马裤,请转交吕司令。

⑥贺将军,也要给他一些纪念品。

⑦两个箱子,给叶部长;18种器械,给游副部长;15种器械,给杜医生;卫生学校的江校长,让他任意挑选两种物品作纪念。

⑧打字机和绷带给郎同志。手表和蚊帐给潘同志。

⑨一箱子食品和文学书籍给董同志,算我对他和他的夫人、孩子的新年礼物。

⑩给我的小鬼和马夫每人一床毯子,另送小鬼一双日本皮鞋。

⑪照相机给沙飞。贮水池等给摄影队。医学书籍和小闹钟给卫生学校。

⑫每年要买250磅奎宁和300磅铁剂,用来治疗疟疾患者和贫血病患者。千万不要再到保定、天津一带去购买药品,那边的价钱要比沪、港贵两倍。

⑬最近两年,是我平生最愉快、最有意义的日子。在这里,我还有很多话要对同志们说,可我不能再写下去了。让我把千百倍的谢忱送给你和千百万亲爱的同志们。

白求恩
1939年11月11日

(选自七年级上册《群文阅读语文新课程1+X读本》)

叙同样故事 诉别样情思
——《天上的街市》《七夕》《鹊桥仙》群文教案
设计人:林炎炎

一、文本组织

文本一:《天上的街市》(郭沫若)。

文本二:《七夕》(李商隐)。

文本三:《鹊桥仙》(秦观)。

二、议题阐释

牛郎织女的爱情故事对华夏人来说是家喻户晓、耳熟能详的。每年农历七月七日这天,是我国传统的七夕节。这是中国最具有民族特色、最具有代表性的传统节日之一,具有浓烈的文化艺术魅力。而七夕的代表性传说"牛郎和织女"是中国的四大民间传说故事之首,在民间艺术的大舞台上大放异彩。传统文化身上独具的魅力是光芒四射的,因此历代来看,无论是文采斐然的文人墨客,还是穿粗衣吃淡饭的耕地种田人,都在以其特有的方式传承着"牛郎和织女"爱情故事,诗、词、黄梅戏、口耳相传等,这些都成了这一传说传承的途径和形式。他们或许生在太平盛世,或许生在动乱年代,简言之,牛郎织女的故事会因为传承者背景和心境的不同,传达出的思想和感情也会不一样。

《天上的街市》一文切入,结合文本内容特点,确立议题为:"叙同样故事,诉别样情思",探讨几位诗人借牛郎织女故事表达的思想感情。试图通过对这组文本的学习,引导学生对比阅读,培养思辨能力,分析几首诗歌中诗人借同一个故事传说表达的不同思想感情,从而加深对诗人心境的理解。

三、教学目标

1.通过熟悉诗歌内容、知人论世等环节,探究体会诗人借牛郎织女典故表达的情思。

2.引导学生体会诗人借牛郎织女故事表达情思的不同角度。

四、教学重难点

1.通过熟悉诗歌内容、知人论世等环节,探究体会诗人借牛郎织女典故表达的情思。

2.引导学生体会诗人借牛郎织女故事表达情思的不同角度。

五、课时安排

1课时。

六、教学流程

(一)导入

每当夜幕低垂,星光灿烂时,我们仰望夜空,隐约可见一条银色的天河,再瞪大眼睛一看,即可发现天河两边有两颗闪烁的星星,这两颗星星就是"牛郎星"和"织女星"。民间早已经流传牛郎和织女的动人传说,在一样灿烂星空下,我国不少诗人也对着牛郎星和织女星在遐想和幽思,创作出一首首著名诗篇。今天,我们就一起来看看他们眼中的"牛郎和织女"。

牛郎与织女的故事早已耳熟能详,你会讲牛郎与织女的故事吗?

设计意图:引入课题,用生动形象的语言描述和讲故事,激发学生的学习兴趣和探究的欲望。

(二)走进诗篇,感受牛郎织女之幸福

学生通过听读、自读等朗读方式,想象并用自己的语言描绘牛郎织女的生活。教师指导点拨。

明确:

《天上的街市》:那缥缈的空中,牛郎织女一定手挽着手,跨过那道浅浅的银河,骑着牛儿自由来往,提着萤火虫做的纸灯笼悠闲散步,儿女在身旁嬉戏,一家人谈笑风生,没有了他人的阻隔,牛郎和织女生活美满而幸福,你看啊,那落入银河的点点光芒,定是他们的微笑。

《七夕》:诗人夜间仰望星空,遥想牛郎织女在天上相会的美好情景,织女已经过河,凤幄缓缓拉开了,障扇亦逐渐斜分,美丽的织女从轿子里走出来了,与牛郎相会;此时,完成搭桥任务的乌鹊们已经高高兴兴全都撤回去了,留下牛郎织女单独温馨幸福的相聚。

《鹊桥仙》：你看，那纤薄的云彩在天空中变幻多端，多么美丽，多么绚烂。牛郎织女此时也相见啦，云彩营造了美好的氛围，温馨、缤纷。天上的流星也来凑上热闹，传递着牛郎织女的相思之情。美丽善良的织女和敦厚诚实的牛郎在秋风白露的七夕里相会了，拉着儿女，有说有笑，彩云相伴，流星相绕，胜过尘世间所有美好遇见。

设计意图：明确朗读节奏，熟悉诗歌内容，为下一步探究作者为何反用典故做铺垫。

（三）知人论世，探究诗人反用典故之原因

阅读创作背景，小组合作交流，探究诗人改编故事缘由。

明确：

《天上的街市》：写于1921年，当时的中国处在军阀混战之中，五四运动刚刚过去，人民生活在水深火热之中。这个时候，诗人写下这首诗，想象了天上自由、光明、美好、幸福的环境，为的是表达他对理想世界和社会的向往与追求。写天上的街市，这里诗人连用两个"定然"，表达一种绝对肯定的语气，坚定地相信那样一个理想的世界是一定存在的，表达他对理想世界和社会的向往与追求。

《七夕》：七月七日，牛郎织女相会，这个传说中优美的爱情故事，令历代诗人吟咏不已，令感情孤寂的人心醉神迷。约9世纪中叶，诗人仰望天空，遥想牛女相聚的情景，不由想起了自己的爱妻早亡，于是创作了此诗来追悼亡妻。

《鹊桥仙》：这首词相传是秦观在与喜爱的女子离别后的某个七夕，写下了这首词，寄托对这位女子的思念，表达了自己的爱情观，认为爱情不必追求朝夕相处和日日相依，应该对彼此矢志不渝、忠贞无比，赞美爱情的纯洁、忠贞、美好。

设计意图：知人论世，从诗篇创作背景方面入手，探究诗人一改牛郎织女传统悲剧色彩的原因。

（四）对话诗人，明确巧借"双星"表达之情思

学生交流分享，教师指导点拨。

明确:

《天上的街市》:渴望光明、追求理想、憧憬自由、向往美好。

《七夕》:悼念亡妻。

《鹊桥仙》:讴歌爱情,表达出诗人乐观豁达的思想境界。

设计意图: 引导学生体会诗人借牛郎织女故事表达的思想感情。

(五)对比情思,体悟诗人情感之角度

学生独立思考,教师指导点拨。

明确:

李商隐仰望星空,联想到天上的牛郎织女尚且可以一年相见一次,以解彼此相思之苦,而我却无法再与亡妻相见,表达自己内心极致的哀婉与对亡妻的悲痛悼念。在李商隐的诗里,我们发现,从情感角度上看,他借对牛郎织女的遐想来表达个人情思。

秦观笔下,牛郎织女每年虽然只能相见一次,但他们依然是心心相印、深爱彼此、矢志不渝,不求日日相伴与依偎。他通过联想牛郎织女的爱情模式,表达自己的爱情观,热情地讴歌了真挚、纯洁、忠贞的爱情。在诗里,我们读出了一个乐观、豁达的秦观。从情感角度上看,他借牛郎织女故事表达自己的个人观点和为人境界。

郭沫若一改牛郎织女故事的悲剧色彩,借牛郎织女的幸福生活表达革命志向与理想追求,体现了他的家国情怀,精神境界更加阔远、深邃。

(六)结语

人们常常用"一千个读者就有一千个哈姆莱特"这句话表达不同人的不同阅读感受和心境,我想说"一千个创作者也会有一千个牛郎和织女"。叙同样故事,诉别样情思,同一故事素材,创作者因背景、经历、心境不同,也会传达出不一样的思想感情。

同学们,这些作品或对我们生活有哲思启发,或对我们将来成年后择偶有良好指引,或对我们人生选择有建设性指导。读万卷书,行万里路。阅读作品一定可以给我们人生带来丰富的"财富"和丰厚的"大礼"。

附录:课外文本

七夕
李商隐

鸾扇斜分凤幄开,星桥横过鹊飞回,

争将世上无期别,换得年年一度来。

注释:

(1)鸾(luán)扇:上面绣有凤凰图案的掌扇。用于坐车上,以蔽日挡尘。

(2)星桥:鹊桥。

(3)争将:怎把。

(4)无期别:死别;无期重逢的离别。

(5)一度:一次。

译文:

分开绣着鸾鸟的掌扇,走出了绣有凤凰图案的车帐,天上的喜鹊已经为牛郎织女架好鹊桥。怎么样才能把人间生离死别,转变为一年一度的相逢呢?

鹊桥仙
秦观

纤云弄巧,飞星传恨,银汉迢迢暗度。金风玉露一相逢,便胜却人间无数。

柔情似水,佳期如梦,忍顾鹊桥归路。两情若是久长时,又岂在朝朝暮暮。

注释:

(1)纤云弄巧:是说纤薄的云彩,变化多端,呈现出许多细巧的花样。

(2)飞星:流星。一说指牵牛、织女二星。

(3)银汉:银河。

(4)迢迢:遥远的样子。

(5)暗度:悄悄度过。

(6)金风玉露:指秋风白露。李商隐《辛未七夕》:"由来碧落银河,可要金风玉露时"。金风:秋风,秋天在五行中属金。玉露:秋天的露水。这句是说他们七夕相会。

(7)忍顾:怎忍回视。

(8)朝朝暮暮:指朝夕相聚。语出宋玉《高唐赋》。

译文:

纤薄的云彩在天空中变幻多端,天上的流星传递着相思的愁怨,遥远无垠的银河今夜我悄悄渡过。在秋风白露的七夕相会,就胜过尘世间那些长相厮守却貌合神离的夫妻。

共诉相思,柔情似水,短暂的相会如梦如幻,分别之时不忍去看那鹊桥路。只要两情至死不渝,又何必贪求卿卿我我的朝欢暮乐呢。

生命的教育

——《回忆我的母亲》(朱德)群文阅读

设计人:龚晓红

一、文本组织

文本一:《回忆我的母亲》(朱德)。

文本二:《我的母亲》(老舍)。

文本三:《我的母亲》(邹韬奋)。

二、议题阐释

《回忆我的母亲》是部编版七年级上册第四单元第二篇课文,其积累拓展第五题提到"很多作家都写过回忆母亲的文章,比如邹韬奋《我的母亲》、老舍《我的母亲》等。找来进行比较阅读,看看不同作者笔下的母亲形象、文章的写作手法、作品的语言风格等方面各有什么不同。"基于此,本节课围绕《回忆我的母亲》(朱德),纳入《我的母亲》(邹韬奋)、《我的母亲》(老舍)两篇文章,展开群文阅读教学。

写人记事的回忆性散文阅读要关注"重要的他人",母亲作为孩子的第一任老师,在孩子的生命里有着举足轻重的意义,是孩子最"重要的他人"。

《回忆我的母亲》朱德通过回忆母亲一生中的具体事例来展现母亲的形象,描绘了一位勤劳一生,宽厚仁慈,反抗压迫,深明大义,同情支持革命,有着朴素阶级意识的母亲。朱德母亲用自己的美好品格带给朱德生命的教育,让他成了一名伟大的革命家。《我的母亲》(老舍)和《我的母亲》(邹韬奋)两篇文章选自教材《回忆我的母亲》(朱德)课后"积累拓展"推荐文本。

《我的母亲》(老舍)通过记叙母亲宽容他人,勇护儿女的故事,让读者认识了一位"软而硬"的母亲。老舍母亲从性格、习惯、为人处世等方面对老舍进行潜移默化的影响,带给老舍生命的教育,让他成为人民艺术家。

《我的母亲》(邹韬奋)以时间顺序,以母亲的"容态"为对象,摄下了几个感人至深的镜头,都是由平凡的生活细节构成,情真意切,扣人心弦。邹韬奋的母亲用她的善良、慈爱、奉献精神,带给了邹韬奋生命的教育,使他成为一名伟大的新闻工作者。

因此,这三篇文本都向我们展现了平凡而又伟大的母亲形象,她们身体力行,始终影响着孩子,给孩子深刻的生命的教育,让孩子成为有益于社会,有益于人民的人。因此,本课确立"生命的教育"这一议题,旨在让学生明白母亲不仅给予孩子生命,还用自己的一言一行影响孩子,带给孩子生命的教育。

三、课时

1课时。

四、教学设计表(表4-4-1)

(注:此教学设计荣获重庆市2023年群文阅读优质课大赛中学组二等奖)

表4-4-1　教学设计表

学习目标	1. 知能目标: (1)联读文本,整体感知作者们幼年家境和社会环境 (2)比读文本,感受母亲形象,体会母亲对作者生命的教育 (3)比读文本,品读作者质朴无华而又饱含深情的语言 2. 理解目标: 感受母亲对孩子生命的教育,理解作者对母亲的感念之情 3. 迁移目标: 感受母亲对自己生命教育
学习 重难点	重点:知能目标(2) 难点:知能目标(3)
教法	讲授法、合作探究法、故事教学法
学法	朗读法、圈点勾画法、合作探究法、故事讲述法
教学准备	1. 学习助学单 2. 文本:《回忆我的母亲》(朱德)、《我的母亲》(老舍)、《我的母亲》(邹韬奋)

续表

导入新课	教师活动： 检查预习：佃农、姑母、束脩三个词语的含义 学生活动： 学生根据文本和注释回答词语的含义 设计意图： 初步感知文本内容
任务一 联读文本， 感"生命教育·底色"	教师活动： 1.出示PPT：展示第一环节的学习任务 2.引导学生找出有关朱德幼时的家境和社会背景，并勾画关键词句 3.指导学生运用所学方法找出老舍和邹韬奋幼时的家境和社会背景 学生活动： 1.明确第一环节任务 2.勾画出有关朱德幼时的家境和社会背景的关键句 3.运用所学方法，找出老舍和邹韬奋幼时的家境和社会背景，并完成助学单上的表格 设计意图： 1.让学生理解生命教育的底色就是每一个人出生时的家庭境况和社会背景 2.领会三位作者的人生底色是灰色的，并为第二环节"生命教育·着色"搭建学习支架
任务二 比读文本， 感"生命教育·着色"	教师活动： 1.播放视频：听"韬奋挨打"的故事，引导学生学讲故事的方法，分析韬奋母亲对他的影响 2.引导学生走进文本，用第一人称、按一定的顺序讲述朱德和老舍的成长故事，并分析朱德母亲和邹韬奋母亲的形象 学生活动： 1.关注第六段，学讲故事的方法，并归纳邹韬奋母亲的形象 2.同桌交流分享（三分钟）；班级交流分享，分析母亲形象，感知母亲对孩子生命的教育 3.归纳出三位母亲对孩子不同的影响

续表

任务二 比读文本， 感"生命教 育·着色"	设计意图： 1.在听故事中，学会讲故事的方法，识得母亲的人物形象，感受母亲对他的影响 2.在讲故事中，培养学生核心素养中语言运用的能力 3.让学生理解生命教育的着色就是一个母亲用自己的言传身教对孩子方方面面的影响。并为第三环节"生命教育·延续"搭建学习支架
任务三 比读文本 "生命教育· 延续"	教师活动： 1.出示PPT：三位作者的成就 2.出示PPT：比读的文本材料 (1)要求学生自由朗读，小组讨论，找出情感共同点 (2)抽学生朗读，指导学生朗读出不同作者对母亲的情感，体会作者对母亲情感的差异 3.升华三位作者的感念之情 学生活动： 1.齐读，了解三位作者的成就 2.自由朗读，品味对母亲共同的情感：哀痛、怀念、感恩。理解老舍、朱德和邹韬奋对母亲独特的情感 3.体悟三位作者的感念之情 设计意图： 1.让学生理解生命教育的延续就是把母亲对自己的教育根植于心间，并付出行动，成为一个对社会有贡献的人 2.明白母亲的生命在孩子身上得到了延续
板书设计	（图：以"生命的教育"为中心的花瓣图，花瓣内容为：力争上进、支持革命、敢于反抗、做人原则、处事平和）
作业布置	写一写： 以《我的母亲》为题，把母亲给予你生命教育的故事分享给大家听（母亲也可指班妈妈、祖国母亲等）

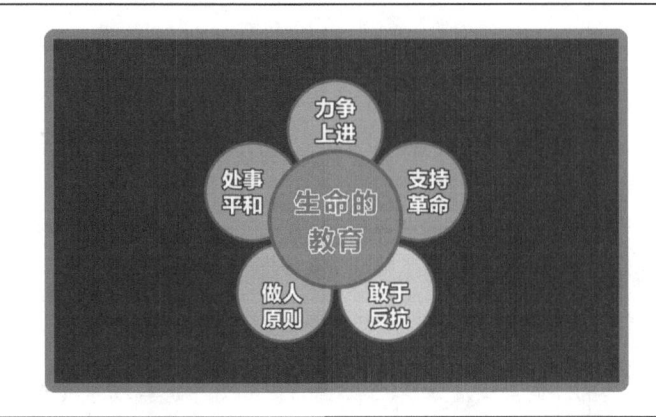

· 212 ·

附1:助读卡片

①朱德,伟大的马克思主义者,伟大的无产阶级革命家、政治家、军事家,中国人民解放军的主要缔造者之一,中华人民共和国的开国元勋,是以毛泽东同志为核心的党的第一代中央领导集体的重要成员。

②老舍,中国现代小说家、作家、语言大师、人民艺术家,新中国第一位获得"人民艺术家"称号的作家。代表作有小说《骆驼祥子》《四世同堂》等,老舍的一生,总是忘我地工作,他是文艺界当之无愧的"劳动模范"。

③邹韬奋,伟大的爱国主义者、政治活动家、评论家、新闻出版工作者、景星学社社员。1993年中华全国新闻工作者协会同中国韬奋基金会联合设立了"韬奋新闻奖",于当年12月在北京举行了隆重的颁奖大会。2009年邹韬奋被评为100位为新中国成立做出突出贡献的英雄模范之一。

附2:文本材料

我的母亲(节选)

文/老舍

①母亲的娘家是北平德胜门外,土城儿外边,通大钟寺的大路上的一个小村里。村里一共有四五家人家,都姓马。大家都种点不十分肥美的地,但是与我同辈的兄弟们,也有当兵的,做木匠的,做泥水匠的,和当巡察的。他们虽然是农家,却养不起牛马,人手不够的时候,妇女便也须下地做活。

②对于姥姥家,我只知道上述的一点。外公外婆是什么样子,我就不知道了,因为他们早已去世。至于更远的族系与家史,就更不晓得了;穷人只能顾眼前的衣食,没有功夫谈论什么过去的光荣;"家谱"这字眼,我在幼年就根本没有听说过。

③兄不到十岁,三姐十二三岁,我才一岁半,全仗母亲独力抚养了。父亲的寡姐跟我们一块儿住,她吸鸦片,她喜摸纸牌,她的脾气极坏。为我们的衣食,母亲要给人家洗衣服,缝补或裁缝衣裳。在我的记忆中,她的手终年是鲜红微肿的。

④姑母常闹脾气。她单在鸡蛋里找骨头。她是我家中的阎王。直到我入了中学,她才死去,我可是没有看见母亲反抗过。"没受过婆婆的气,还不受大姑子的吗?命当如此!"母亲在非解释一下不足以平服别人的时候,才这样说。是的,命当如此。母亲活到老,穷到老,辛苦到老,全是命当如此。她最会吃亏。给亲友邻居帮忙,她总跑在前面:她会给婴儿洗三——穷朋友们可以因此少花一笔"请姥姥"钱——她会刮痧,她会给孩子们剃头,她会给少妇们绞脸……凡是她能做的,都有求必应。但是吵嘴打架,永远没有她。她宁吃亏,不斗气。当姑母死去的时候,母亲似乎把一世的委屈都哭了出来,一直哭到坟地。不知道哪里来的一位侄子,声称有承继权,母亲便一声不响,教他搬走那些破桌子烂板凳,而且把姑母养的一只肥母鸡也送给他。

⑤可是,母亲并不软弱。父亲死在庚子闹"拳"的那一年。联军入城,挨家搜索财物鸡鸭,我们被搜两次。母亲拉着哥哥与三姐坐在墙根,等着"鬼子"进门,街门是开着的。"鬼子"进门,一刺刀先把老黄狗刺死,而后入室搜索。他们走后,母亲把破衣箱搬起,才发现了我。假若箱子不空,我早就被压死了。皇上跑了,丈夫死了,鬼子来了,满城是血光火焰,可是母亲不怕,她要在刺刀下,饥荒中,保护着儿女。北平有多少变乱啊,有时候兵变了,街市整条地烧起,火团落在我们院中。有时候内战了,城门紧闭,铺店关门,昼夜响着枪炮。这惊恐,这紧张,再加上一家饮食的筹划,儿女安全的顾虑,岂是一个软弱的老寡妇所能受得起的?可是,在这种时候,母亲的心横起来,她不慌不哭,要从无办法中想出办法来。她的泪会往心中落!这点软而硬的个性,也传给了我。我对一切人与事,都取和平的态度,把吃亏看作当然的。但是,在做人上,我有一定的宗旨与基本的法则,什么事都可将就,而不能超过自己划好的界限。我怕见生人,怕办杂事,怕出头露面;但是到了非我去不可的时候,我便不得不去,正像我的母亲。从私塾到小学,到中学,我经历过起码有廿位教师吧,其中有给我很大影响的,也有毫无影响的,但是我的真正的教师,把性格传给我的,是我的母亲。母亲并不识字,她给我的是生命的教育。

⑥当我在小学毕了业的时候,亲友一致的愿意我去学手艺,好帮助母亲。我晓得我应当去找饭吃,以减轻母亲的勤劳困苦。可是,我也愿意升学。我偷偷的考入了师范学校——制服,饭食,书籍,宿处,都由学校供给。只有这样,我才敢对母亲提升学的话。入学,要交十元的保证金。这是一笔巨款!母亲作了半个月的难,把这巨款筹到,而后含泪把我送出门去。她不辞劳苦,只要儿子有出息。当我由师范毕业,而被派为小学校校长,母亲与我都一夜不曾合眼。我只说了句:"以后,您可以歇一歇了!"她的回答只有一串串的眼泪。

⑦七七抗战后,我由济南逃出来。北平又像庚子那年似的被鬼子占据了,可是母亲日夜惦念的幼子却跑西南来。母亲怎样想念我,我可以想象得到,可是我不能回去。每逢接到家信,我总不敢马上拆看,我怕,怕,怕,怕有不祥的消息。人,即使活到八九十岁,有母亲便可以多少还有点孩子气。失了慈母便像花插在瓶子里,虽然还有色有香,却失去了根。有母亲的人,心里是安定的。我

怕,怕,怕家信中带来不好的消息,告诉我已是失了根的花草。

⑧去年一年,我在家信中找不到关于老母的起居情况。我疑虑,害怕。我想象得到,如有不幸,家中念我流亡孤苦,或不忍相告。母亲的生日是在九月,我在八月半写去祝寿的信,算计着会在寿日之前到达。信中嘱咐千万把寿日的详情写来,使我不再疑虑。

⑨十二月二十六日,由文化劳军的大会上回来,我接到家信。我不敢拆读。就寝前,我拆开信,母亲已去世一年了!

⑩生命是母亲给我的。我之能长大成人,是母亲的血汗灌养的。我之能成为一个不十分坏的人,是母亲感化的。我的性格,习惯,是母亲传给的。她一世未曾享过一天福,临死还吃的是粗粮。唉!还说什么呢?心痛!心痛!

我的母亲(节选)

文/邹韬奋

①说起我的母亲,我只知道她是"浙江海宁查氏",至今不知道她有什么名字!……后来我的父亲做官,人们便叫做"太太",始终没有用她自己名字的机会!

②我的母亲在我十三岁的时候就去世了。我生的那一年是在九月里生的,她死的那一年是在五月里死的,所以我们母子两人在实际上相聚的时候只有十一年零九个月。我在这篇文里对于母亲的零星追忆,只是这十一年里的前尘影事。

③我现在所能记得的最初对于母亲的印象,大约在两三岁的时候。我记得有一天夜里,我独自一人睡在床上,由梦里醒来,朦胧中睁开眼睛,模糊中看见由垂着的帐门射进来的微微的灯光。在这微微的灯光里瞥见一个青年妇人拉开帐门,微笑着把我抱起来。她嘴里叫我什么,并对我说了什么,现在都记不清了,只记得她把我伏在她的背上,跑到一个灯光灿烂人影幢幢往来的大客厅里,走来走去"巡阅"着。大概是元宵吧,有二三十个孩童提着各色各样的纸灯,里面燃着蜡烛,三五成群地跑着玩。我此时伏在母亲的背上,半醒半睡似的微张

着眼看这个,望那个。……这是我对母亲最初的感觉,虽则在当时的幼稚脑袋里当然不知道什么叫做母爱。

④后来祖父年老告退,父亲自己带着家眷在福州做候补官。我当时大概有了五六岁,比我小两岁的二弟已生了。家里除父亲、母亲和这个小弟弟外,只有母亲由娘家带来的一个青年女仆,名叫妹仔。……家里没有米下锅,妹仔替我们到附近施米给穷人的一个大庙里去领"仓米",要先在庙前人山人海里面拥挤着领到竹签,然后拿着竹签再从挤得水泄不通的人群中,带着粗布袋挤到里面去领米。……妹仔和母亲非常亲热,她们竟好像母女,共患难,直到母亲病得将死的时候,她还是不肯离开她,以孝女自居,寝食俱废地照顾着母亲。

⑤母亲喜欢看小说,那些旧小说,她常常把所看的内容讲给妹仔听。她讲得娓娓动听,妹仔听着忽而笑容满面,忽而愁眉双锁。……如果母亲生在现在,有机会把自己造成一个教员,必可成为一个循循善诱的良师。

⑥我六岁的时候,由父亲自己为我"发蒙",读的是《三字经》,第一天上的课是"人之初,性本善;性相近,习相远。"一点儿莫名其妙!一个人坐在一个小客厅的炕床上"朗诵"了半天,苦不堪言!母亲觉得非请一位"西席"老夫子,总教不好,所以家里虽一贫如洗,情愿节衣缩食,把省下的钱请一位老夫子。说来可笑,第一个请来的这位老夫子,每月束脩只需四块大洋(当然供膳宿),虽则只四块大洋,在母亲已是一件很费筹措的事情。我到十岁的时候,读的是《孟子见梁惠王》,教师的每月束脩已加到十二元,算增加了三倍。到年底的时候,父亲要"清算"我平日的功课。在夜里亲自听我背书,很严厉,桌上放着一根两指阔的竹板。我的背向着他立着背书,背不出的时候,他提一个字,就叫我回转身来把手掌展放在桌上,他拿起这根竹板很重地打下来。我吃了这一下苦头,痛是血肉的身体所无法避免的感觉,当然失声地哭了,但是还要忍住哭,回过身去再背。不幸又有一处中断,背不下去,经他再提一字,再打一下。呜呜咽咽地背着那位前世冤家的"见梁惠王"的"孟子"!我自己呜咽着背,同时听得见坐在旁边缝纫着的母亲也唏唏嘘嘘地泪如泉涌地哭着。我心里知道她见我被打,她也觉得好像刺心的痛苦,和我表着十二分的同情,但她却时时从呜咽着的、断断续续的声音里勉强说着"打得好"!她的饮泣吞声,为的是爱她的儿子;勉强硬着头

皮说声"打得好",为的是希望她的儿子上进。由现在看来,这样的教育方法真是野蛮之至!但于我不敢怪我的母亲,因为那个时候就只有这样野蛮的教育法;如今想起母亲见我被打,陪着我一同哭,那样的母爱,仍然使我感念着我的慈爱的母亲。背完了半本"梁惠王",右手掌打得发肿有半寸高,偷向灯光中一照,通亮,好像满肚子装着已成熟的丝的蚕身一样。母亲含着泪抱我上床,轻轻把被窝盖上,向我额上吻了几吻。

⑦当我八岁的时候,二弟六岁,还有一个妹妹三岁。三个人的衣服鞋袜,没有一件不是母亲自己做的。她还时常收到一些外面的女红来做,所以很忙。……记得有一个夏天的深夜,我忽然从睡梦中醒了起来,因为我的床背就紧接着母亲的床背,所以从帐里望得见母亲独自一人在灯下做鞋底,我心里又想起母亲的劳苦,辗转反侧睡不着,很想起来陪陪母亲。……于是想出一个借口来试试看,便叫声母亲,说太热睡不着,要起来坐一会儿。……我眼巴巴地望着她额上的汗珠往下流,手上一针不停地做着布鞋——做给我穿的。这时万籁俱寂,只听到滴嗒的钟声和可以微闻得到的母亲的呼吸。我心里暗自想念着,为着我要穿鞋,累母亲深夜工作不休,心上感到说不出的歉疚,又感到坐着陪陪母亲,似乎可以减轻些心里的不安成分。当时一肚子里充满着这些心事,却不敢对母亲说出一句。才坐了一会儿,又被母亲赶上床去睡觉,她说小孩子不好好地睡,起来干什么!现在我的母亲不在了,她始终不知道她这个小儿子心里有过这样的一段不敢说出的心理状态。

⑧母亲死的时候才二十九岁,留下了三男三女。在临终的那一夜,她神志非常清楚,忍泪叫着一个一个子女嘱咐一番。她临去最舍不得的就是她这一群的子女。

⑨我的母亲只是一个平凡的母亲,但是我觉得她的可爱的性格,她的努力的精神,她的能干的才具,都埋没在封建社会的一个家族里,都葬送在没有什么意义的事务上,否则她一定可以成为社会上一个更有贡献的分子。我也觉得,像我的母亲这样被埋没葬送掉的女子不知有多少!

与杜甫同行 感家国情怀
——《春望》杜甫诗歌群文阅读教学设计

设计人：黄焱

一、文本组织

文本一：《春望》。

文本二：《月夜》。

文本三：《茅屋为秋风所破歌》。

二、议题阐释

《春望》是统编版语文八年级上册第六单元的最后一篇课文《诗词五首》中的第二首，《月夜》是本课课后练习中所提到的诗歌。《茅屋为秋风所破歌》是统编版语文八年级下册第六单元的《唐诗三首》中的第二首。这三首诗歌中前两首是五律，后一首是歌行体诗，写作手法也有不同，但创作时期接近，都体现出杜甫诗歌"沉郁顿挫"的风格、忧国忧民的"诗圣"情怀。以"与杜甫同行，感家国情怀"作为议题，旨在通过学习杜甫安史之乱时的三首诗歌，了解其写作手法的异同，了解诗人形象，体会诗人忧国忧民、兼济天下的家国情怀。

三、教学目标

1.朗读品味，结合诗人的经历和创作背景，体会诗人忧国忧民、兼济天下的家国情怀。

2.通过比较阅读杜甫的三首诗歌，了解三首诗歌写作手法的异同，培养学生的诗歌鉴赏能力。

3.了解诗人的形象，学习诗人的精神品质。

四、教学重难点

重点:朗读品味,结合诗人的经历和创作背景,体会诗人忧国忧民、兼济天下的家国情怀。了解诗人的形象,学习诗人的精神品质。

难点:通过比较阅读杜甫三首诗歌,了解三首诗歌写作手法的异同,培养学生的诗歌鉴赏能力。

五、文本解读

《春望》是杜甫因居于安史叛军占领的长安时所作的。当时长安被安史叛军焚掠一空,满目凄凉。杜甫眼见国破家亡,春回大地却满目荒凉,不禁触景伤情,发出深重的感慨。《春望》是杜甫现实主义诗歌的典范之作,集中体现了杜甫诗歌"沉郁顿挫"的艺术风格。诗歌将国、家、己三者融为一体,将景物、人事、感情等各种因素综合为一个独立的世界,完美地表达了诗人忧国思家的思想感情,是杜甫五言律诗中的经典之作。

《月夜》是《诗词五首》课后练习中的积累拓展提到的,要求比较它与《春望》在思想感情和写作手法上的异同。《月夜》也作于杜甫困居长安期间。诗歌运用想象、对写手法,结构巧妙,笔法婉曲。字里行间表现出时代的特征,离乱之痛和内心之忧熔于一炉,抒发的不只是自己与妻子之间的离别之情,"独看"的泪痕里浸透着天下乱离的悲哀,"双照"的清辉中闪耀着对和平生活的渴望。

《茅屋为秋风所破歌》作于公元761年。公元759年,饱受战乱之苦的杜甫一家流浪到四川,在亲友的帮助下,终于在成都西郊建起了一座茅草房,暂时结束了颠沛流离的生活。不幸的是,公元761年的秋天,一场大风卷走了茅草,一家只好在风雨中度过了一个难挨的不眠之夜。此情此景,使杜甫感慨万千,于是挥笔写下了这首不朽的诗篇。这首诗寓情于事,最能体现杜甫忧国忧民的博大胸怀和沉郁顿挫的诗歌风格。

这三首诗歌写作手法不同,创作时期接近,都体现出杜甫诗歌"沉郁顿挫"的风格、忧国忧民的"诗圣"情怀。

六、课时安排

1课时。

七、教学流程

(一)知人论世 初识杜甫

1.出示杜甫图像,明确活动任务。

师:同学们都知道这幅图像是杜甫,是因为网络上涂鸦恶搞。(观看"杜甫很忙"短视频50秒)诗圣穿越千年时空,再次成了焦点。永川博物馆在建国75周年之际,要举办"唐宋诗词名家展",老师推荐杜甫作为展出对象,在本节课的学习后,请你为他写一篇小传。

2.杜甫的一生真的很忙吗?观看"诗圣杜甫"视频,了解杜甫生平经历,特别是四个时期。同学们认真做好记录,提取重要信息。

3.师:今天,让我们与杜甫同行,感受他的情怀。

设计意图:诗歌教学要激发学生的兴趣,杜甫的图片与"杜甫很忙"的视频使同学们觉得熟悉又有趣,在此基础上创设情境,观看"诗圣杜甫"视频,帮助学生了解杜甫生平经历,就水到渠成。

(二)比读诗篇 走近杜甫

1.初读诗歌,体会情感。

春望

国破山河在,城春草木深。感时花溅泪,恨别鸟惊心。
烽火连三月,家书抵万金。白头搔更短,浑欲不胜簪。

月夜

今夜鄜州月,闺中只独看。遥怜小儿女,未解忆长安。
香雾云鬟湿,清辉玉臂寒。何时倚虚幌,双照泪痕干?

茅屋为秋风所破歌

八月秋高风怒号,卷我屋上三重茅。茅飞渡江洒江郊,高者挂罥长林梢,下者飘转沉塘坳。

南村群童欺我老无力,忍能对面为盗贼。公然抱茅入竹去,唇焦口燥呼不得,归来倚杖自叹息。

俄顷风定云墨色,秋天漠漠向昏黑。布衾多年冷似铁,娇儿恶卧踏里裂。床头屋漏无干处,雨脚如麻未断绝。自经丧乱少睡眠,长夜沾湿何由彻!

安得广厦千万间,大庇天下寒士俱欢颜!风雨不动安如山。呜呼!何时眼前突兀见此屋,吾庐独破受冻死亦足!

(1)介绍背景。

唐玄宗天宝十四年(755年)十一月,杜甫赴奉先探家。十二月,安禄山发动叛乱。次年五月,潼关失守,杜甫带着妻小逃到鄜州(今陕西富县)。七月,肃宗即位于灵武(今宁夏灵武),杜甫独自离家赶往灵武,投奔肃宗,企图为平叛效力,不料途中被贼兵所俘,被押至长安;因他官职卑小,未被囚禁,次年(757年)春天才得脱身,他历尽千辛万苦,终于到达了当时朝廷的所在地——凤翔。《春望》是诗人逃离长安前一个月写的。《月夜》这首诗也写于诗人被安史叛军所俘,困居长安的一个月夜。

唐肃宗乾元二年(759),关中地区闹饥荒,民不聊生。这年秋天,杜甫弃官到秦州(现在甘肃天水),又辗转经同谷(现在甘肃成县)到了四川。在亲友的帮助下,在成都西郊的浣花溪畔建起了一座草堂。上元二年(761)秋天,大风破屋,大雨又接踵而至。当时安史之乱尚未平息,狂风暴雨再一次把他从隐居生活中敲醒,让他面对现实,诗人感慨万千,写下了这篇脍炙人口的诗篇。

(2)朗读诗歌。

注意读准字音,读出节奏。运用舒缓的语速、沉郁的语气读三首诗,感受杜诗"沉郁顿挫"的特点。

(3)用下面的句式说话。

"_____,_____",与杜甫同行,我看到了_____,我读出了一个____杜甫。

示例:

"<u>国破山河在,城春草木深</u>",与杜甫同行,我看到了<u>安史之乱下的京城长安的破败景象</u>,我读出了一个<u>忧心忡忡</u>的杜甫。

"感时花溅泪,恨别鸟惊心",与杜甫同行,我看到了花、鸟也禁不住因时事悲凉、痛恨离别而哭泣、惊心,我读出了一个感时伤心、苦闷沉痛的杜甫。

(4)归纳思想感情的异同(表4-5-1)。

表4-5-1　诗歌思想感情归纳表

诗歌	景物/画面	思想感情 异	思想感情 同
《春望》	满目疮痍的长安春景	思念亲人 悲己衰老	忧国忧民
《月夜》	鄜州月下的妻儿	思念亲人	忧国忧民
《茅屋为秋风所破歌》	秋风破屋 群童抱茅 长夜沾湿	焦灼无奈 兼济天下 舍己为人	忧国忧民

小结: 这三首诗均写于安史之乱时期,无论是写国家破败的战后惨状还是写个人生活的凄苦遭遇,诗歌中传达出的都是诗人杜甫思念家人、忧国忧民、兼济天下的思想感情。

2.比读三诗,探究写法。

小组讨论交流,比较写作手法的异同,完成下表(表4-5-2)。

表4-5-2　诗歌写作手法比较表

诗歌	景物/画面	思想感情 异	思想感情 同	写作手法 异	写作手法 同
《春望》	满目疮痍的长安春景	思念亲人 悲己衰老	忧国忧民		
《月夜》	鄜州月下的妻儿	思念亲人	忧国忧民		
《茅屋为秋风所破歌》	秋风破屋 群童抱茅 长夜沾湿	焦灼无奈 兼济天下 舍己为人			

(1)比读求同:三首诗中都用的写作手法。

预设：

写作手法方面，三首诗都能体现杜诗"写实"的风格，《春望》侧重于"事实"描绘，《月夜》与《茅屋为秋风所破歌》侧重于"情实"的抒发，三首诗都带着时代的烙印，无愧于杜甫作品"诗史"的美名。

(2)比读求异。

《春望》的主要写作手法：

"感时花溅泪，恨别鸟惊心"两句，课本注解为：感伤国事，看到美丽的花儿都禁不住落泪；伤心离别，听到婉转的鸟鸣都害怕。还有一种解释是：这是拟人写法，意思是由于战乱，都城破败，仿佛花也因感叹时事而落泪，鸟也因世间的离别而惊心。两种解释，一是融情于景，二是移情于物，并无本质区别。

《月夜》的主要写作手法：

a.诗人本在长安，却不写长安月，为什么要写鄜州月呢？这与直接写长安月，哪一种更妙？

写鄜州月更妙，动用想象（虚写）手法，让抒情更灵活，更能写出夫妻间感情的深厚。

b.明明是诗人望月，为何诗中却写妻子看月？这是什么手法？表达了作者什么感情？

诗人独身陷长安，不写自己望月思家，却写妻子独自望月怀夫、久久不眠的情景，无限的深情都从这描写中流出。这是对写手法（曲笔）。

屏显：清代浦起龙《读杜心解》所说："心已驰神到彼，诗从对面飞来。"

想象、换位思考、将心比心、以己度人。

王维《九月九日忆山东兄弟》独在异乡为异客，每逢佳节倍思亲。遥知兄弟登高处，遍插茱萸少一人。

《九月九日忆山东兄弟》前两句从己入笔，描写切身感受；后两句改为从家乡的兄弟入笔，从兄弟在登高时必然会想到身边缺少了一人来写自己的乡思，与《月夜》有异曲同工之妙。

再回到《月夜》，诗人不写自己在长安望月思念妻儿，撇开自己从别人入手，想象妻子在鄜州独对明月，痛苦挂念丈夫的情景，实际上是暗写自己在长安正独对明月，深切地惦念妻子。

《茅屋为秋风所破歌》的主要写作手法：

这首歌行体诗先叙事，后抒情。寓情于事，直抒胸臆。这首诗描绘秋夜屋漏、风雨交加的情景。末段忽生异境，以切身的体验，推己及人，进一步把自己的困苦丢在一边，设想大庇天下寒士的万间广厦。诗人的博大胸襟和崇高理想，至此表现得淋漓尽致。

（3）小结（表4-5-3）

表4-5-3　课程小结表

诗歌	景物/画面	思想感情		写作手法	
		异	同	异	同
《春望》	满目疮痍的长安春景	思念亲人悲己衰老	忧国忧民	融情于景移情于物从己入笔	"写实"风格：《春望》"事实"、《月夜》"情实"、《茅屋为秋风所破歌》"情实"
《月夜》	鄜州月下的妻儿	思念亲人		全用虚写借助想象对写手法	
《茅屋为秋风所破歌》	秋风破屋群童抱茅长夜沾湿	焦灼无奈兼济天下舍己为人		歌行体诗寓情于事直接抒情	

设计意图：比读诗歌，体会思想感情，是本课的教学重点。通过朗读诗歌，感知诗歌内容，学生较容易体会出诗人在每首诗中表现出的情感异同，也了解了诗人形象。写作手法的异同，是本课难点，通过讨论与老师举例讲解，学生才能理解。这一环节突出了教学重点，突破了难点，培养了学生的诗歌鉴赏能力。

（三）感悟初心　读懂杜甫

1.三首诗都写于战乱之中，都写出了诗人思家念亲的沉厚情感，为何《春望》与《茅屋为秋风所破歌》对后世影响更深远？

预设：

杜甫跳出个人的苦难遭遇想，到了百姓的苦难，由"小我"走向了"大我"。杜甫推己及人，表现出忧国忧民关心民生疾苦的家国情怀。

2.思考杜甫"忧国忧民"思想的初心。

过渡:杜甫"忧国忧民"的崇高思想并非经历战乱之苦后才产生的,早在青年时代的杜甫就有"致君尧舜上,再使风俗淳"的宏伟抱负。我们从《望岳》一诗中也可读出他的凌云壮志,这首诗在七年级时学过,大家再读,体会一下青年杜甫的精神气象。

望岳

岱宗夫如何?齐鲁青未了。造化钟神秀,阴阳割昏晓。

荡胸生曾云,决眦入归鸟。会当凌绝顶,一览众山小。

思考:这首诗表达了青年杜甫怎样的情怀?对后面的创作有什么影响?

小结:青年杜甫在《望岳》中借泰山雄伟磅礴的气象抒发自己勇于攀登,傲视一切的雄心壮志,洋溢着蓬勃向上的朝气。后来,诗人被卷入战争中,成了一个潦倒痛苦的落难者。但诗人没有被战乱击溃,他初心未改,青年时期胸怀天下的理想伴随了他一生。在狂风猛雨无情袭击的秋夜,诗人脑海里翻腾的不仅是"吾庐独破",而且是"天下寒士"的茅屋俱破。他兼济天下、忧国忧民的思想犹如一束光照耀千古,激励后人。千百年来,杜甫伟大的思想情怀仍在流传,永远被后人铭记于心。

3.初心不改,杜甫在"春望""月夜""破屋"中"望"的是什么呢?

预设:

望能收到家人来信,早报平安;望能顺利到达灵武,酬报国之志;望官军早日收复京城,中兴国运;望广厦千万,大庇寒士……

设计意图:结合七年级学的《望岳》,感受青年杜甫的宏伟抱负,了解诗人并非经历战乱后才产生"忧国忧民"的崇高思想,而是早在青年时代就有"致君尧舜上,再使风俗淳"的初心。这一环节,让学生对"诗圣"的形象理解得更深刻。

(四)抒写敬意 礼赞杜甫

1.以"杜甫,我想对你说:"开头,写一句话表达对杜甫的敬意。

预设:

(1)杜甫,我想对你说:"会当凌绝顶,一览众山小"是你的壮志豪情,"安得广厦千万间,大庇天下寒士俱欢颜"是你的广阔胸襟,"有弟皆分散,无家问死生"是你的思亲悠情。你的诗篇见证历史,你的精神勉励我们每一个后人。

(2)杜甫,我想对你说:虽然你不能改变社会的战乱,虽然你无力拯救朝廷的腐败,你却用深入骨血的文字写下了发人深省的诗章。杜甫,在那个久远的时代,你被人遗忘,被人排斥。然而,你却用你饱含风霜的睿眸洞察了一切,历史见证了你的伟大,后人赋予你"诗圣"的称号。你的光辉照耀古今!

2.结束语。

以"诗圣"称杜甫,不仅因为他的诗歌成就,更是因为他的仁者之心,他的爱国之情!他生活在苦难的谷底,但他的思想永在巍峨的顶峰!也许我们看不清月夜下诗人那张忧伤沉郁的脸庞,但他所经历的每一个不眠之夜皆是他忧国伤时的心灵记录,也是他留给千年青史最真切感人的形象!从千年的历史长河中走来,杜甫飘荡在唐朝诗歌中,一袭布衣,两鬓花白,他用宽广的胸襟诠释着一种责任与伟大。杜甫是一首要用一生来解读的诗,杜甫是一曲要用灵魂来倾听的歌!

读"诗圣"诗歌,去体察,去关怀,去行动;与杜甫同行,他告诉我们应该怎么做,他心忧天下的家国情怀就是最好的答案!

设计意图:读写结合是诗歌教学中的一种方法,学生写对杜甫说的话,加深了对诗人形象的理解和细节的品味。这一环节,是情感的升华,也是了解"诗圣"形象的机会。

(五)课后作业

查阅资料,写一篇杜甫小传,300字以上。

板书设计

杜甫 { 《春望》 《月夜》 《茅屋为秋风所破歌》 } 忧国忧民 { 写实风格 } 诗圣

习教养之风，展优雅之度
——《论教养》群文阅读教学设计
设计人：文锦

一、文本组织

文本一：《论教养》。

文本二：《择善而从最重要》。

文本三：《跃出误区的艺术》。

二、议题阐释

"习教养之风，展优雅风度"是由三篇文本共同所阐述的内容所提炼而成的人文主题的议题。教养是风度的内在气质，风度是教养的外在表现。在通过文本比读探索教养的真谛的同时，也要引导学生做有教养、有风度的人。

三、教学目标

1. 从人的具体表现中了解教养的本质。（难点）

2. 理解有教养的必要性。（重点）

3. 引导学生做一个有教养的人。（重点）

四、文本分析

《论教养》是统编版语文九年级上册第二单元阅读中的第三篇课文，是苏联作家利哈乔夫所著《善与美书简》中的第十三封信，是一篇谈论有关教养的议论性文章。本文从讨论教养本身，到剖析教养的重要表现——"优雅风度"，字里行间贯穿着作者的基本见解：教养的本质是尊重。文章富有浓厚的生活气息，亲切而生动，富有现实意义。

《择善而从最重要》是利哈乔夫《善与美书简》中的第三封信。文章通过充分的道理论据以及浅近平实的语言论述了"善"是什么，如何为善，由此加深对教养的另一本质"善"的认识。

《跃出误区的艺术》是利哈乔夫《善与美书简》中的第十八封信。文章从论述冰舞演员纠正失误的风度写起,延伸到生活中对于错误的积极纠正,揭示了教养的又一本质:勇气。

五、课时安排

1课时。

六、教学流程

(一)导入课题

出示图片,学生谈感受。(教师顺势引导入题)

(二)寻找教养之本质

快速默读《论教养》《择善而从最重要》《跃出误区的艺术》,勾画出关于有教养的人的具体表现的句子,探寻教养的本质。

总结:教养是尊重,是善,是勇气。在生活中,也无处不在的体现着教养的重要性,其内涵也更为丰富。希望大家细心观察,用心体会,有教养地做人做事。(表4-6-1)

表4-6-1　教养的具体表现和本质

	《论教养》	《择善而从最重要》	《跃出误区的艺术》
教养的具体表现	对自己、他人、社会、自然的态度	让人幸福理智的爱善良的聪明	冰舞演员纠正失误正视自己的过失并纠正予过失者以鼓励
本质	尊重	善	勇气

(二)探索教养之意义

小组合作交流:结合文本理解,谈谈人们为什么需要教养?(表4-6-2)

总结:教养是一个人良好形象的展示,是社会美好文明的命脉。教养应该融入我们的生命,影响我们的生活。

表4-6-2 人们需要教养的必要性

	人们需要教养的必要性
《论教养》	渴望更好 不懈追求
《择善而从最重要》	获得力量 得到美好
《跃出误区的艺术》	带来喜悦 令人赞赏

(三)获取教养之途径

1.结合文本与生活实际,谈谈怎样才能成为一个有教养、有优雅风度的人?

我从_____方面谈,_____。

提示:可以从学习、人际交往、个人形象、对世界的态度等方面来谈。

2.齐读:教养是一个人生命的层次,更是一个人灵魂的模样(胡适)。

师:以学识丰富自己,以教育武装自身,以美德炼化自我,从细节处行动,从格局上提升,教养之花经你悉心浇灌之后必定会常开不败。

(四)板书设计

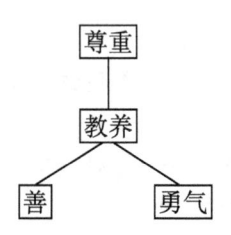

```
        尊重
         |
        教养
        /  \
       善   勇气
```

附录:选文

择善而从最重要

利哈乔夫

①人生最重大的目的是什么呢?我以为,是让善在我们的周围日益增长。而所谓善——首先指的是所有人的幸福。构成幸福的因素很多,生活不断地向人们提出任务,每次都必须妥善解决。可以通过细小的事情施惠于人,可以思考重大的善行义举,但大事小事不可分割。我曾经说过,许多事情是从小处做起,是从孩提时代开始,是在亲人们中间萌生的。

②儿童爱自己的父母,爱兄弟姊妹,爱自己的家庭房舍。爱的范围不断扩大,依恋之情逐渐扩展到学校、村庄、城市,直至自己的祖国,这已经完全是一种博大深厚的情感了,虽然这情感不能就此止步,还应当继续发扬光大,把人真正地作为人来热爱。要做爱国主义者,不做民族主义者。你爱自己的家庭,没有必要仇恨别人的家庭;你是爱国主义者,没有必要仇视别的民族。爱国主义和民族主义之间存在深刻的区别。前者,强调的是对自己祖国的爱,而后者,强调的是对所有其他民族的恨。

③出自善良愿望的远大志向从小事开始——愿自己的亲人幸福,这一愿望逐步扩大,就包括了范围更加广阔的内容。这有点像水面上的涟漪。水面的圆形波纹一圈一圈向外荡漾,波及越远渐趋微弱。而爱与友情逐渐增长,扩展到许多方面,却能不断获得新的力量,变得更加崇高,而站在爱与友情中心的人——则变得更加明智。爱,不应该是无意识的;爱,需要理智。这意味着,爱必须结合一种能力,那就是善于发现缺陷,善于向缺陷进行斗争,对待你所喜爱的人是这样,对待周围其他的人也应该如此。爱,必须同智慧结合,必须善于明辨什么是必要的应酬,什么是无聊和虚伪。爱,不能是盲目的。盲目的亢奋(这种情感甚至不能叫作爱)可能导致可怕的后果。凡事总爱激动兴奋的母亲,一味夸奖娇惯她的孩子,可能养育出一个精神残缺的畸形儿。对于日尔曼的盲目亢奋,导致了纳粹主义("日尔曼高于一切!"是德国沙文主义歌曲的一句歌词);

对于意大利的盲目亢奋——导致了法西斯主义的诞生。

④智慧,是融合了善良的聪明。缺乏善良因素的精明是圆滑。圆滑难以持久地支撑局面,或早或迟会转过身来惩罚圆滑者本人。要知道圆滑随时需要掩饰,而智慧却是坦诚可靠的。智慧,从不欺骗别人,首先是不欺骗智慧者本人,智慧给智慧者带来的是良好的名声和长久的幸运,可靠的幸福,还有良心的平静。这种良心的平静在一个人的晚年比什么东西都更加珍贵。

⑤"细微处见高远""青春与毕生""择善而从最重要",是我谈过的三个命题。能否用一个词对三个命题加以概括呢?能。这个词就是:诚实!对重大原则保持诚实的态度,事无巨细都有所遵循。对纯洁无瑕的青春要诚实,对祖国要诚实,对家乡要诚实,对自己的家庭、朋友、城市和人民要诚实。诚实,归根结底,是对真理——没有矫饰的真理,符合正义的真理——保持诚实。

跃出误区的艺术

利哈乔夫

①我这个人不大喜欢看电视,但是有些节目如冰上舞蹈却从不放过,甚至百看不厌。有些选手实力较弱,或是尚未达到公认的水准,如果他们的表演获得成功,我就会感到格外欣喜。有的新手初次参赛脱颖而出,有的选手屡遭挫折终于获胜,这两者与那些一帆风顺的名手连战告捷比较起来,总是给我更多的振奋与喜悦。

②然而,这还不是我爱看冰上舞蹈的主要原因。我之所以受冰舞的吸引,是因为从中受到过启迪。冰上舞蹈演员一旦登上冰场,立刻投入风驰电掣的表演,自然,流畅;偶有失误,跌倒了,立刻站起来,疾速起步,继续滑行,旋转,跳跃,保持优美的舞姿,仿佛从来没有出现过闪失一样。他们纠正失误的这种风度令我赞赏不已。我觉得这是一种跃出误区的艺术,真正高超的艺术。

③与冰场相比,生活中出现偏差或失误的时候自然更多。重要的是怎么样迅速地走出失误的困境:纠正错误要毫不拖延迟疑,而且应当……应当干脆漂亮。是的,需要的恰恰是干脆漂亮,就像冰上舞蹈演员做的那样。

④一个人做错了一件事,假如他固执己见,就会错上加错;反之由于过失而自责,过分痛苦伤心,总是想:"这下全完了,生活没了奔头!"这种态度不仅使自己萎靡不振,而且使周围的人感到难堪。亲属、朋友和同学或同事之所以尴尬,并非由于失误者的错误本身所致,而是因为他对于纠正错误缺乏勇气和能力,这使得他们深深地感到不快。

⑤要自己正视自己的过失,不是轻而易举的事情,这里往往需要处世的经验。一般说来,不一定非得当众检讨不可,那种做法常常使失误者觉得难为情,并容易导致敷衍搪塞、文过饰非。可取的态度是,做错了某件事以后,一旦发觉,立刻纠正,尽可能迅速,尽可能轻松地投入工作,继续把该做的事情做好。周围的人没有必要迫使失误者承认错误,需要的是激发他的勇气,促使他以行动纠正过失,这就像观看体育竞赛的观众那样,对于那些在运动场上偶尔跌跤却即刻爬起来继续比赛的选手,要不失时机地热烈鼓掌,以资激励。

览物之情 得无异乎
——《岳阳楼记》群文阅读课

设计人:何维香

一、文本组织

文本一:《岳阳楼记》。

文本二:《与夏十二登岳阳楼》。

文本三:《登岳阳楼》。

文本四:《登岳阳楼·其一》。

二、议题阐释

四篇文本都是文人登岳阳楼而作,但是他们看到相同的景象,所抒发的情感却不一样,因此我将议题定为"览物之情,得无异乎",既很好地表达了主题,又联系了文本,使主题和文意相融。

三、教学目标

1.通读文本,理解大意。

2.品味不同诗人笔下的岳阳楼风光,体会古人寄托于山水名胜中的思想感情。

3.感受古人和古仁人忧乐情怀的差异。

四、教学重难点

1.品味不同诗人笔下的岳阳楼风光,体会古人寄托于山水名胜中的思想感情。(重点)

2.感受古人和古仁人忧乐情怀的差异。(难点)

五、文本解读

《岳阳楼记》是初中语文统编教材九年级上册第三单元第一篇文章,在描写景物、抒发情感的同时,也表达了作者的政治理想、志趣和抱负。在学习过程中要注意体会古人寄托于山水名胜中的思想感情,感受他们的忧乐情怀。《与夏十二登岳阳楼》《登岳阳楼》《登岳阳楼·其一》三篇文本分别抒发了流放获释以后的喜悦心情;政治生活坎坷,漂泊天涯,怀才不遇的心情;感怀家国,慨叹时势,无限悲痛和忧愁之感。这些思想与范仲淹所抒发的"先天下之忧而忧,后天下之乐而乐"济世情怀有相同点,但是细品又有不同。

六、课时安排

1课时。

七、教学过程

(一)导入

烟波浩渺的洞庭湖与绵延万里的长江交汇处,名冠江南三大名楼之首的岳阳楼傍水而生。岳阳,素以"洞庭天下水,岳阳天下楼"而著称。千百年来,迁客骚人,多会于此,登楼望远,他们心中所想又会有何不同呢?今天就让我们去看看他们笔下的岳阳楼风光又蕴含着怎样的思想情感。

(二)忆"迁客骚人"之情

朗读《岳阳楼记》三、四段,概括"迁客骚人"观岳阳楼的不同心情。

明确:景暗心悲,景明心喜,一明一暗,一悲一喜,"迁客骚人"的心情完全随着岳阳楼景色的变化而变化。

(三)品"唐宋诗人"之情

王国维说"一切景语皆情语",写景就是为了抒情。

自由朗读诗歌,分别找出诗歌中描写的景物,并通过所写景物的特点初步体会诗人的情感,完成下表(表4-7-1)。

表4-7-1 《岳阳楼记》群文文本总结表

文本	作者	景物	情感
《与夏十二登岳阳楼》	李白		
《登岳阳楼》	杜甫		
《登岳阳楼·其一》	陈与义		

示例:《与夏十二登岳阳楼》中"山衔好月来","月"是景物,用"好"字修饰"月",说明李白的心情比较愉悦。

明确： 三首诗歌都是因登岳阳楼而作，但是因为所写景物不同，感情基调也不一样，李白心情轻松愉悦，杜甫心境悲凉无奈，陈与义悲痛。

只是通过欣赏景物描写来品味诗人情感，是远远不够的。知人论世也是体会诗人情感的重要方法。请同学们结合材料链接再次品味诗人的情感。

(四)赏范仲淹之思想

朗读《岳阳楼记》第五段，赏析范仲淹的思想。

明确： "不以物喜，不以己悲"，不因为外物和自己的处境的变化而喜悲，还有一种"先天下之忧而忧，后天下之乐而乐"的济世情怀。

(五)得无异乎

纵观古人，同是登岳阳楼，仔细体会"迁客骚人"和范仲淹所抒发情感的不同之处。

明确： 古人登楼远望其实有三境界：一是：以物喜，以己悲；二是以物喜，以己悲的同时又与家国命运紧紧相连；三是不以物喜，不以己悲，先天下之忧而忧，后天下之乐而乐的济世情怀。

范仲淹不愧被吕中称赞为：先儒论宋朝人物，以范仲淹为第一。

(六)结语

古人登亭台楼阁，观湖光山色，游目骋怀，纵情山水，抒忧乐情怀。我想我们每一位同学都应该牢记"先天下之忧而忧，后天下之乐而乐"的济世情怀并与之共勉！

附录:阅读材料

与夏十二登岳阳楼
李白

楼观岳阳尽,川迥洞庭开。
雁引愁心去,山衔好月来。
云间连下榻,天上接行杯。
醉后凉风起,吹人舞袖回。

注释:

(1)夏十二:李白的朋友,排行十二,名字不详。岳阳楼:坐落在岳州郡治西南,今湖南省岳阳市西门城楼。西临洞庭,左顾君山,为湖南名胜。

(2)岳阳:即岳州,以在天岳山之南,故名。治所在巴陵,即今湖南省岳阳市。

(3)迥:远。一作"向"。洞庭开:指洞庭湖水宽阔无边。

(4)"雁引"句:一作"雁别秋江去"。

(5)"山衔"句:指月亮从山后升起,如被山衔出。

(6)连下榻:为宾客设榻留住,用汉代陈蕃礼徐穉、周璆事。连:一作"逢"。

(7)行杯:谓传杯而饮。

(8)回:回荡,摆动。

材料链接: 唐肃宗乾元二年(759),李白流放途中遇赦,回舟江陵,南游岳阳而作此诗。夏十二,李白朋友,排行十二。李白登楼赋诗,留下了这首脍炙人口的篇章,使岳阳楼更添一层迷人的色彩。

登岳阳楼
杜甫

昔闻洞庭水,今上岳阳楼。

吴楚东南坼,乾坤日夜浮。

亲朋无一字,老病有孤舟。

戎马关山北,凭轩涕泗流。

注释:

(1)岳阳楼:即岳阳城西门楼,在湖南省岳阳市,下临洞庭湖,为游览胜地。

(2)洞庭水:即洞庭湖,在今湖南北部,长江南岸,是中国第二淡水湖。

(3)吴楚:吴楚两地在我国东南。坼(chè):分裂。

(4)乾坤:指日、月。浮:日月星辰和大地昼夜都漂浮在洞庭湖上。

(5)无一字:音讯全无。字:这里指书信。

(6)老病:杜甫时年五十七岁,身患肺病,风痹,右耳已聋。有孤舟:唯有孤舟一叶飘零无定。

(7)戎马:指战争。关山北:北方边境。

(8)凭轩:靠着窗户或廊上的栏杆。涕泗(sì)流:眼泪禁不住地流淌。

材料链接: 唐代宗大历二年(767),杜甫五十七岁,距生命的终结仅有两年,当时诗人处境艰难,凄苦不堪,年老体衰,患肺病及风痹症,左臂偏枯,右耳已聋,靠饮药维持生命。大历三年(768),杜甫离开夔州(今重庆奉节)沿江由江陵、公安一路漂泊,来到岳阳(今属湖南)。登上神往已久的岳阳楼,凭轩远眺,面对烟波浩渺、壮阔无垠的洞庭湖,诗人发出由衷的礼赞;继而想到自己晚年漂泊无定,国家多灾多难,又不免感慨万千,于是在岳阳写下《登岳阳楼》。

登岳阳楼·其一

陈与义

洞庭之东江水西,帘旌不动夕阳迟。

登临吴蜀横分地,徙倚湖山欲暮时。

万里来游还望远,三年多难更凭危。

白头吊古风霜里,老木沧波无限悲。

注释：

(1)帘旌(jīng)：酒店或茶馆的招子。夕阳迟：夕阳缓慢地下沉。迟，缓慢。

(2)吴蜀横分地：三国时吴国和蜀国争夺荆州，吴将鲁肃曾率兵万人驻扎在岳阳。横分，这里指瓜分。

(3)徙(xǐ)倚(yǐ)：徘徊。

(4)凭危：指登楼。凭，靠着。危，指高处。

(5)吊古：哀吊，凭吊。

材料链接： 和北宋、南宋之交的大部分诗人(如李清照)一样，陈与义的人生经历和文学创作也以靖康之难为界线，分为两个时期。在这之前，他走的是仕途功名的常路，24岁那年，即宋徽宗政和三年公元1113年登进士第，授文林郎。他精于绘画，擅长书法，更以诗名于当世，深受皇帝赏识，官职屡迁，但也不知不觉地卷进了政治斗争的漩涡。靖康之难发生时，陈与义被贬在陈留(在今河南开封东南)做监酒税的小官，自然加入逃亡的难民行列中，南奔襄汉，颠沛湖湘，流离失所。他流亡到洞庭湖，几次登岳阳楼，与朋友悲伤国事，借酒浇愁，写下了数首诗歌以记其事，本课所选的就是其中的一首。

比联阅读,深析"痴"情

——《湖心亭看雪》群文阅读教学设计

设计人:徐琦

一、组织文本

文本一:《湖心亭看雪》。

文本二:《西湖七月半》。

文本三:《庞公池》。

文本四:《自为墓志铭》。

二、议题阐释

《湖心亭看雪》一文仅用百余字,将作者前往湖心亭看雪时的所见、所闻、所感糅合在了一起。寥寥数语,"以少总多,情貌无遗",既有对天地人生的感悟,也有对故国的深情(这是文本的重点,但作者却又表达含蓄)。学生学后似懂非懂,含糊不清。本次借助群文阅读的理念及优势,围绕"痴"字,结合多篇文本,进行深入探讨,帮助学生更好地理解作者张岱的痴情。

三、教学目标

1.回顾旧知,明确中心内容。

2.通过比读和联读,深入探究"痴"情。

3.感受张岱经历,获得人生体悟。

四、教学重难点

通过比读和联读,深入探究"痴"情。

五、文本解读

《湖心亭看雪》是部编版语文九年级上册第三单元阅读中的一篇文言文,作者以回忆的方式,淡雅的语言,记述了一次湖心亭赏雪的往事,表现了西湖雪后的洁净之美,以及亭上遇人之乐。其中隐含着淡淡的故国之思、故国之悲。本文是本议题的母本,也是议题"痴"情的出处。

《西湖七月半》描绘了杭州人在夏季到西湖出游的盛况。本文的作用在于与张岱独自夜游湖心亭作对比,体会"痴"行。

《庞公池》记叙了张岱在读书时,月夜乘船在庞公池悠闲游玩的场景。本文的作用在于将张岱的前期游玩之情,与国破家亡后游玩之情形成对比,加深理解。

《自为墓志铭》是张岱为自己写的一篇墓志铭,讲述了自己前半生作为纨绔子弟的奢华生活,和后半生国破家亡后生活的艰辛。本文的作用在于帮助学生深入了解张岱,从而体会故国之思的"痴"情。

六、课时安排

1课时。

七、教学流程

(一)回顾旧知,导入新课

《湖心亭看雪》这篇文章我们已经共同学习过了,在对课文解读的过程中,我们了解到张岱是一个傲岸自恃,且带有浓浓故国之思的"痴"情文人。

不知同学在学完整篇文章后,是否有这样一个疑问:难道张岱生来就是这样一个爱好不寻常之景、满心忧思、傲岸自恃的"痴"人吗?"满纸荒唐言,一把辛酸泪。都云作者痴,谁解其中味?"今天,我们就一起通过比读、联读的方式,来探究张岱作品中的"痴"味。

(二)比读出游,明确"痴"行

比较阅读《西湖七月半》《庞公池》《湖心亭看雪》,找出作者三次出游西湖所"痴"的内容,完成表格(参考表4-8-1)。

表 4-8-1 《湖心亭看雪》群文文本总结表

篇目	出游场景	景物特点	心境	相同点	不同点
《西湖七月半》	七月半杭州人游湖赏月的热闹场面,人散后在荷花中酣睡	热闹闲适	爱热闹悠闲	夜晚出游醉心景物	1.出游地点不同 2.出游心境不同(《西湖七月半》更偏爱热闹,《庞公池》侧重无忧无虑,《湖心亭看雪》带有人生思考和愁绪)
《庞公池》	夜晚乘船出游,赏月听歌	闲适静谧	悠闲,无忧无虑		
《湖心亭看雪》	深冬半夜乘船前往湖心亭看雪	沉寂空旷	天地之大,人生之微;故国之思;遇知音之喜		

从这三篇文章中,我们不难看出,作者本就是一个热爱闲适生活,爱夜晚出游的特立独行之人。但他出游所"痴"之景由热闹、静谧转为孤寂,他的情也由单纯对景物的"痴"变成了对国家的"痴"。张岱到底经历了什么,造成了这种差别?要想了解这个问题,我们必须先深入了解张岱。

(三)比联经历,深究"痴"情

阅读《自为墓志铭》,找出张岱"痴"情变化的原因。

明确: 他年少时是纨绔子弟,享尽了荣华富贵,爱好颇多,也有一技之长。国泰民安、家境优渥让他无需为任何事情忧心,出游时只是欣赏山水人文,自然他的"痴"也就只因景而"痴"。

后半生经历了国破家亡后,隐居山里,穷困潦倒,生活与前半生天差地别。经历了国破家亡后,他心中增添了家仇国恨、浓浓愁绪,对人生有了更多的感悟,看到故地、故景,难免产生对故国的"痴"情。

1.联系补充材料,再谈认识。

屏显: 由纨绔子弟到食不果腹,张岱之所以没有像他的朋友那样自杀殉国,是因为他想为大明帝国写史。张岱为了自己的人生信念,宁愿忍受贫穷的生活,这一选择体现了他"贫穷不能移其志"的气节。《石匮书》这部巨著整整耗时二十七年,足以见他对故国的痴情。

2.让我们一起来读一读《自为墓志铭》,感受他所经历的变故。

他在年轻时喜爱繁华之景,"不晓世间何物谓之忧愁",在国破家亡后才尝尽了愁滋味。

3.由此我们可以推测这三篇文章所记叙的时期。

《西湖七月半》和《庞公池》记录的是明灭前的生活。

《湖心亭看雪》记录的是明灭后的生活。

(四)畅所欲言,品悟"痴"人

了解了张岱的一生,以及他贫穷不移气节的性格和对故国的痴情,相信同学们肯定对其有所思,有所悟。现在就把你的感悟,或者想要对张岱说的话,用你最喜欢的方式写出来分享给同学。

(五)总结

张岱的一生,从锦衣玉食、极爱繁华的纨绔子弟,到自力更生、过清贫生活的山间遗民,他享尽了繁华,也阅尽了沧桑,但是他的文字里没有悲愤,没有绝望,甚至也没有不甘、不平之气。他只是把自己的前半生当作是一场梦,所以才能在国恨家仇中,平和地过完自己的余生。也希望同学们能像他一样,不管遇到何种困境,都能保持自己的初心。

(六)板书

比联阅读 深析"痴"情

——《湖心亭看雪》群文阅读

景:夜晚出游 醉心闲适

情:故国之思 不移气节

附录:阅读文本

西湖七月半(节选)

张岱

　　西湖七月半,一无可看,止可看看七月半之人……杭人游湖,巳①出酉②归,避月如仇。是夕好名③,逐队争出,多犒门军酒钱。轿夫擎燎④,列俟岸上。一入舟,速舟子急放断桥,赶入胜会。以故二鼓⑤以前,人声鼓吹,如沸如撼⑥,如魇如呓⑦,如聋如哑。大船小船一齐凑岸,一无所见,止见篙击篙,舟触舟,肩摩肩,面看面而已。少刻兴尽,官府席散,皂隶⑧喝道去。轿夫叫,船上人怖以关门,灯笼火把如列星,一一簇拥而去。岸上人亦逐队赶门,渐稀渐薄,顷刻散尽矣。

　　吾辈始舣(yǐ)舟⑨近岸。断桥石磴(dèng)始凉,席其上,呼客纵饮。此时月如镜新磨,山复整妆,湖复靧(huì)面⑩,向之浅斟低唱者出,匿影树下者亦出,吾辈往通声气,拉与同坐。韵友来,名妓至,杯箸安,竹肉发。月色苍凉,东方将白,客方散去。吾辈纵舟,酣睡于十里荷花之中,香气拍人,清梦甚惬。

　　【注】①巳:巳时,约为上午九时至十一时。②酉:酉时,约为下午五时至七时。③是夕好名:七月十五这天夜晚,人们喜欢这个名目。"名",指"中元节"的名目,等于说"名堂"。④擎燎:举着火把。⑤二鼓:二更,约为夜里十一点左右。⑥如沸如撼:像水沸腾,像物体震撼,形容喧嚷。⑦如魇如呓:指目瞪口呆,被眼前的景象震撼得目瞪口呆。⑧皂隶:旧指衙门里的差役。因穿黑色衣服,故名。⑨舣舟:船只停靠岸边。⑩靧面:洗脸。

庞公池

张岱

　　庞公池岁不得船,况①夜船,况看月而船。自余读书山艇子,辄留小舟于池中,月夜,夜夜出,缘城至北海坂,往返可五里,盘旋其中。山后人家,闭门高卧,不见灯火,悄悄冥冥,意颇凄恻。余设凉簟②,卧舟中看月,小傒③船头唱曲,醉梦相杂,声声渐远,月亦渐淡,嗒然④睡去。歌终忽寤,哈晡⑤赞之,寻复鼾齁。小傒亦呵欠歪斜,互相枕藉。舟子回船到岸,篙啄丁丁,促起就寝。此时胸中浩浩落落,并无芥蒂,一枕黑甜⑥,高舂⑦始起,不晓世间何物谓之忧愁。

【注】选自《陶庵梦忆》卷七 ①况:何况。②凉簟(diàn):凉席。③小傒:奴仆。④嗒(dā)然:悄悄地。⑤哈晡:同"含糊"。⑥黑甜:黑甜香,即睡梦。⑦高舂(chōng):指太阳升起。

自为墓志铭(节选)
张岱

蜀人张岱,陶庵其号也。少为纨绔子弟,极爱繁华,好精舍,好美婢,好娈(luán)童,好鲜衣,好美食,好骏马,好华灯,好烟火,好梨园,好鼓吹,好古董,好花鸟,兼以茶淫橘虐①,书蠹(dù)诗魔②,劳碌半生,皆成梦幻。年至五十,国破家亡,避迹山居,所存者,破床碎几,折鼎病琴,与残书数帙(zhì),缺砚一方而已。布衣蔬茛(gèn),常至断炊。回首二十年前,真如隔世。

【注】①茶淫橘虐:意即喜爱品茶和下象棋。淫、虐都是指过分地喜爱。橘:"橘中秘"棋谱。②书蠹诗魔:书中的蛀虫,诗里面的魔鬼,比喻读书写诗成瘾成狂的人。

【补充材料】

材料一: 张岱出生于累世官宦之家,高祖张天复是嘉靖年间进士,曾祖张元忭高中状元,祖父张汝霖是万历年间的进士,称得上家世显赫。到了张岱父亲这一辈,不再一味追求功名,转而崇尚享乐的生活,痴迷园林、乐为鼓吹——这也是晚明士人阶层的典型特征。在这样的环境下长大,张岱不仅学就满腹诗书,在艺术上有较高的品位,还对"吃喝玩乐"非常精通。

材料二: 满人入关,张岱悠然闲适的生活便戛然而止,国破家亡,他内心承受着巨大的痛苦,更为不幸的是,曾经呵护着他的家人也相继离世,而他的好友祁彪佳投水自杀以身殉国,山水知己王思任也殉节而死,更增加了张岱的愁苦;在清廷的高压下,他避乱于山中,食不果腹,生活凄惨,日与陋床碎几和折鼎破琴为伴。

材料三：清兵来临时，张岱仓皇出逃。别说古董等不好携带运输的物品了，就连他所珍爱的三万册藏书也没有带走多少，四十年的收藏就这么都没了。不过，就算逃得再匆忙，张岱也没落下他没写完的《石匮书》(纪传体明史)的书稿，可见这部著作对他而言是多么重要。

寻找教育的真谛

——《创造宣言》1+X群文阅读教学设计

设计人:程虹

一、文本组织

文本一:《创造宣言》。

文本二:《生活即教育》。

文本三:《教学做合一下之教科书》。

二、议题阐释

陶行知是伟大的人民教育家。他认为教师的天职既是教人化人,又是自化化人。他说,教师的职务就是"千教万教,教人求真",学生的职务就是"千学万学,学做真人"。此次阅读陶行知的三篇文章,最终目的就是寻找教育的真谛,让教育者和受教育者双方都能够从这堂课中获益,学会在"生活"中"创造"性地去"做"。

三、教学目标

1.快速阅读,寻教育主张。

2.群文联读,析教育理念。

3.联系实际,谈教育启示。

四、教学重难点

深入理解陶行知的生活教育理论,体会教育者该怎样"创造真人";把握受教育者该如何学做"真人"。

五、文本解读

《创造宣言》是统编版语文教材九年级上册第五单元的一篇议论文,本文写于1943年,陶行知先生用生动的事例,提出了"处处是创造之地,天天是创造之时,人人是创造之人"的观点,号召每一个人时时、处处要去创造,教育者要教育出真善美的活人。本文叙议结合,有破有立,运用大量的排比和比喻,具有很强的说服力。

《教学做合一下之教科书》是《中国教育改造》一书下篇的补编文章。教学做合一是陶行知生活教育理论的核心思想之一,1925年后,陶行知围绕这一观点作出多次拓展论述,在这一篇文章中更是明确了"生活教育"和"教学做合一"这两个重要理论的定义和特点。这篇文章叙议结合,多用举例论证,列举了古今中外的事例,说服力强,语言平白易懂。

《生活即教育》也是《中国教育改造》一书下篇的补编文章。二十世纪二十年代,陶行知在世界教育革新的背景下,结合了西方教育学者杜威的教育思想理论,根据中国国情,探索出了生活教育。他认为"生活即教育",突显了教育应该以"生活"为圆心,向四周展开,并根据生活的具体要求,利用生活进行教育。这篇文章还写到了他的另一个重要理论:社会即学校。这篇文章叙议结合,灵活运用比喻论证和举例论证,说理生动形象。

上述三篇文本均为议论文,生活即教育、社会即学校、教学做合一是陶行知的主要教育理论"生活教育"的三个方面,学生对这几个概念较为陌生,读起来难度较大,需要花费较多时间来理解。他的这几篇文章一方面论述了教育者该怎样"创造真人",另一方面也指引我们在教与学的实践中,学习做值得自己崇拜的"真人",告诉我们要在"生活"中"创造"性地去"做"。

六、课时安排

1课时。

七、教学流程

(一)引入

陶行知是伟大的人民教育家。目睹了国贫民弱,他试图以教育来建设新社会。他有什么样的教育主张呢?现在我们来回顾一下我们所学过的《创造宣言》。

(二)快速默读,寻教育观点

快速阅读《创造宣言》,勾画表现陶行知的教育主张的关键语句,填写表格(表4-9-1)。

表4-9-1 《创造宣言》教育主张总结表

《创造宣言》教育主张	

明确:1.教育者要创造的是真善美的活人。

2.处处是创造之地,天天是创造之时,人人是创造之人。

3.只要有一滴汗,一滴血,一滴热情,便是创造之神所爱住的行宫,就能开创造之花,结创造之果,繁殖创造之森林。

总结:号召我们随时随地都要创造。创造什么呢?(真善美的活人)

陶行知说:"千教万教教人求真,千学万学学做真人。"那么作为教育者,我们该如何创造真人?作为学习者,我们又该怎样创造性地学做真人呢?这些都需要的是创造。那么为了获得创造真人途径和方法,下面让我们来阅读这两篇文章。

快速默读《生活即教育》和《教学做合一下之教科书》,提取陶行知的主要教育理念,完成以下表格(表4-9-3)。

表4-9-2 陶行知主要教育理念表

篇目	《创造宣言》	《生活即教育》	《教学做合一下之教科书》
教育主张	1.创造真善美的活人 2.处处、天天、人人 3.只要有……就能……	1.生活即教育 2.社会即学校	1.生活即教育 2.教学做合一

(三)细读文本,析教育主张

这两篇文章中可能有很多难以理解的问题,但是其实只要我们把下面三个问题理清了,这些问题也就解决了。

1.细读文本,回答表格相应问题(表4-9-3)。

2.分组讨论交流,并派代表分享成果。

表4-9-3　文章问题总结表

教育主张	问题	结论
生活即教育	1."生活即教育"还是"教育即生活"	
社会即学校	2."学校即社会"还是"社会即学校"	
教学做合一	3.教学做三者之间谁是核心,为什么	

(1)杜威的"教育就是生活"是通过教育创造比现实生活更美好的生活。陶行知认为"生活就是教育",生活教育是供给人生活需要的教育;生活决定教育,是生活就是教育。(只有在生活中获得的教育才是有用和真正的教育。你必须过你想要的生活,接受你想要的教育。)

(2)"学校即社会"本质上还是离不开学校,只不过是将社会的活动浓缩到了学校中,也就是说在学校创造了一个小型的社会,一个经过精挑细选的社会。"社会即学校"则意味着整个的社会活动,就是我们的教育范围;社会即学校要把学校的一切扩大到大自然去。(将社会作为学校,扩大了学校的范围,使普通的劳苦大众也有了受教育的机会。)

(3)在"教学做合一"中,"做"是核心;主张在做上教,在做上学;教、学、做三者是一件事。"做"有行动、思想、新价值产生这三种特征。

明确:生活即教育,社会即学校,教学做合一是陶行知的主要教育理论"生活教育"的三个方面。通过这三篇文章,我们发现,其实开启教育之门的金钥匙就是:在生活中创造性地去做。

(四)结合现实,谈教育启示

通过对陶行知这些教育主张的认知了解,现在回过头来看,我们教师要创造真人,我们该怎么做？学生创造性地要学做真人,他们获得了哪些有效的途径？

结合本堂课所学,针对学习生活现状,请从生活的角度、社会的角度、做的角度给老师或者同学提建议(具体到某个学科、某个老师或者学生)。

八、板书设计

寻找教育的真谛

——《创造宣言》1+x群文阅读

教育者：创造真人　　　　生活即教育

受教育者：学做真人　　　社会即学校

教学做合一

附录:选文

生活即教育

陶行知

①今天我要讲的是"生活即教育"。中国从前有一个很流行的名词,我们也用得很多而且很熟的,就是"教育即生活"(Education of life)。教育即生活这句话,是从约翰·杜威(John Dewey)先生那里来的,我们在过去虽常常用它,但是,从来没有问过这里边有什么用意。现在,我把它翻了半个筋斗,改为"生活即教育"。在这里,我们就要问:"什么是生活?"那些有生命的存在,在一个环境里持续繁衍生息的就是生活。譬如一粒种子一样,它能在不见不闻的地方而发芽开花。从动的方面看起来,就好像是晓庄剧社在舞台演戏一样。"生活即教育"这个演讲,从前我已经讲了两套,现在重提我们的老套。

②第一套就是:

是生活就是教育,不是生活的就不是教育;

是好生活就是好教育,是坏生活就是坏教育;

是认真的生活就是认真的教育,是马虎的生活就是马虎的教育;

是合理的生活就是合理的教育,是不合理的生活就是不合理的教育;

不是生活,就不是教育;

所谓生活未必是生活,就未必是教育。

③第二套内容是第二次讲的时候纳入的,是按照我们五个目标加进去的,就是:

是康健的生活,就是康健的教育;是不康健的生活,就是不康健的教育;

是劳动的生活,就是劳动的教育;是不劳动的生活,就是不劳动的教育;

是科学的生活,就是科学的教育;是不科学的生活,就是不科学的教育;

是艺术的生活,就是艺术的教育;是不艺术的生活,就是不艺术的教育;

是改造社会的生活,就是改造社会的教育;是不改造社会的生活,就是不改造社会的教育。

④近来,我们有一个主张,是每一个机关、每一个人在十九年里都要有一个计划。这样,在十九年里我们所过的生活,就是有计划的生活,也就是有计划的教育。于是,又加了这么一套:

是有计划的生活就是有计划的教育,是没有计划的生活,就是没有计划的教育。

⑤我今天要说的就是:我们此地的教育,是生活教育,是供给人生需要的教育,不是作假的教育。人生需要什么,我们就教什么。人生需要面包,我们就得受面包教育;人生需要恋爱,我们就得过恋爱生活,也就是受恋爱教育。照此类推,照加上去:是那样的生活,就是那样的教育。

⑥与"教育即生活"有联带关系的就是"学校即社会"。"学校即社会"也就是跟着"教育即生活"而来的,现在我也把它翻了半个筋斗,变成"社会即学校"。整个的社会活动,就是我们的教育范围,不消谈什么联络,而它的血脉是自然流通的。不要说"学校社会化"。譬如现在说要某人革命化,就是某人本来不革命,假使某人本来是革命的,还要他"化"什么呢?讲"学校社会化",也是犯同样的毛病。"社会即学校",我们的学校就是社会,还要什么"化"呢?现在我还有一个比方:学校即社会,就好像把一只活泼的小鸟从天空里捉来关在笼里一样。他要以一个小的学校去把社会上所有的一切东西都吸收进来,所以容易弄假。社会即学校则不然,他是要把笼中的小鸟放到天空中去,使它能任意翱翔,是要把学校的一切伸张到大自然界里去。要先能做到"生活即学校",然后才能讲"学校即社会";要先能做到"社会即教育",然后才能讲到"教育即生活"。要这样的学校才是学校,这样的教育才是教育。

教学做合一下之教科书

陶行知

①教学做合一是生活教育之方法之理论。这理论同时叙述生活教育之现象与过程。所以要想讨论这个理论对于教科书之要求,先须说明什么是生活教育,什么是教学做合一。

②什么是生活教育:生活教育是以生活为中心之教育。它不是要求教育与生活联络。一提到联络,便含有彼此相外的意思。倘使我们主张教育与生活联络,便不啻承认教育与生活是两个个体,好像一个是张三,一个是李四,平日不相识,现在要互递名片结为朋友。联络的本意原想使教育与生活发生更密切的关系,不知道一把它们看作两个个体,便使它们格外疏远了。生活与教育是一个东西,不是两个东西。在生活教育的观点看来,它们是一个现象的两个名称,好比一个人的小名与学名。先生用学名喊他,妈妈用小名喊他,毕竟他是他,不是她。生活即教育。是生活便是教育,不是生活便不是教育。分开来说,过什么生活便是受什么教育:过康健的生活便是受康健的教育;过科学的生活便是受科学的教育;过劳动的生活便是受劳动的教育;过艺术的生活便是受艺术的教育;过社会革命的生活便是受社会革命的教育。以此类推,我们可以说:好生活是好教育;坏生活是坏教育;高尚的生活是高尚的教育;下流的生活是下流的教育;合理的生活是合理的教育;不合理的生活是不合理的教育;有目的的生活是有目的的教育;无目的的生活是无目的的教育。反过来说,平日过的是少爷小姐的生活,便念尽了汗牛充栋的劳动书,也不算是劳动教育;平日过的是奴隶牛马的生活,便把《民权初步》念得透熟,熟得倒过来背,也算不了民权教育。没有生活做中心的教育是死教育。没有生活做中心的学校是死学校。没有生活做中心的书本是死书本。在死教育、死学校、死书本里鬼混的人是死人——先生是先死,学生是学死!先死与学死所造成的国是死国,所造成的世界是死世界。

③什么教学做合一:教学做合一是生活现象之说明,即是教育现象之说明。在生活里,对事说是做,对己之长进说是学,对人之影响说是教。教学做只是一种生活之三方面,而不是三个各不相谋的过程。同时,教学做合一是生活法,也就是教育法。它的涵义是:教的方法根据学的方法;学的方法根据做的方法。事怎么做便怎样学,怎样学便怎样教。教与学都以做为中心。在做上教的是先生,在做上学的是学生。在这个定义下,先生与学生失去了通常的严格的区别,在做上相教相学倒成了人生普遍的现象。做既成了教学之中心,便有特殊说明之必要。我们怕人用"做"当招牌而安于盲行盲动,所以下了一个定义:"做"是

在劳力上劳心。因此,"做"含有下列三种特征:

(一)行动;

(二)思想;

(三)新价值之产生。

④一面行,一面想,必然产生新价值。鲁滨孙在失望之岛上缺少一个放水的水缸。一天烧饭,他看见一块泥土被火烧得像石头样的硬。我想,一块碎土既有如此变化,那末,用这土造成一个东西,或者也能如此变化。他要试试看。他动手用土造成三个小缸的样子,架起火来把它们烧得通红,渐渐的冷下去,便成了三只坚固而不漏水的小缸。这里有行动,有思想,有新价值之产生——泥土变成水缸。这是做。这是教学做合一之做。

⑤做是发明,是创造,是实验,是建设,是生产,是破坏,是奋斗,是探寻出路。

⑥是活人必定做。活一天,做一天;活到老,做到老。如果我们承认小孩子也是活人,便须让他们做。小孩子的做是小发明、小创造、小实验、小建设、小生产、小破坏、小奋斗,探寻小出路。小孩子的做是小做,不是假做。"假做"不是生活教育所能允许的。

⑦我也不是主张狭义的"做",抹煞一切文艺。迎春姊妹和宝玉在荇叶渚上了船,跟着贾母的撑向花溆去玩。宝玉说:"这些破荷叶可恨!怎么还不叫人来拔去?……"黛玉说:"我最不喜欢李义山的诗,只喜欢他这一句:'留得残荷听雨声。'偏你们又不留着残荷了。"宝玉说:"果然好句!以后咱们别叫拔去了!"这里也有行动,有思想,有新价值之产生——破荷叶变成天然的乐器!领悟得这一点,才不至于误会教学做合一之根本意义。

⑧既是这样,那末,我们可以说:不做无学;不做无教;不能引导人做之教育,是假教育;不能引导人做之学校,是假学校;不能引导人做之书本,是假书本。在假教育、假学校、假书本里自骗骗人的人,是假人——先生是假先生,学生是假学生。假先生和假学生所造成的国是假国,所造成的世界是假世界。

肩住黑暗的闸门 在战斗中寻光
——《海燕》群文阅读教学设计

设计人:杨欢

一、文本组织

文本一:《海燕》(高尔基)。

文本二:《日》(巴金)。

文本三:《月》(巴金)。

二、议题阐释

把握散文诗中的"象征"手法,体悟不同时代不同国家下一批批觉醒者驱散黑暗,寻求光明的战斗精神。

三、教学目标

1.朗读诗歌,加强对诗歌节奏和语气的体会,明确情感基调。

2.细读诗歌,把握象征等表现手法的运用,体会不同形象的塑造。

3.悟读诗歌,结合创作背景,理解诗歌的象征内涵及现实意义。

四、教学重难点

把握象征手法,感受战斗精神。

五、文本解读

苏联作家高尔基的《海燕》一诗通过对海燕在暴风雨来临之际勇敢欢乐的形象的描写,深刻地反映了1905年俄国革命前夕急剧发展的革命形势,热情歌颂了俄国无产阶级革命先驱坚强无畏的战斗精神。巴金的《日》和《月》这两篇散文诗写于20世纪40年代初期,当时抗日战争正进入一个比较艰苦的阶段,光明被黑暗所取代,和平被屠杀浸淫。这两首诗既是一组借"日"和"月"歌颂光明的乐曲,也是为追求光和热坚持战斗的人谱就的赞歌。三篇课文的共同特点是赋予事物象征意义,大胆热烈表达自己的战斗激情。

六、课时安排

1课时。

七、教学流程

(一)视频导入,引情生

播放视频:《觉醒年代》"一息尚存,战斗不止"(2分钟)

同学们,刚刚我们欣赏的是前段时间非常火的一部电视剧《觉醒年代》中的片段。看过这部片子的人都说,原来咱们历史书上的那些考点,竟是他们战斗不止的一生。在风雨飘摇中,总有一些人肩住了黑暗的闸门,在战斗中寻找光明,甚至大声疾呼:让暴风雨来得更猛烈些吧!今天就让我们一起走进几首充满激情的时代战斗曲,去感受生命的最强音。

(肩住了黑暗的闸门:出自鲁迅先生语,可理解为在暗夜里发现黑暗,照亮黑暗,奔到"宽阔光明"的地方去,做个纯正良善,天然无邪,存一腔热情,怀无限童真的赤子。)

(二)乌云入海,展燕姿

乌云入海,燕报新声。海燕在狂风暴雨中翱翔,便是一种挑战的姿态。苏联作家高尔基的《海燕》一文,从体裁上来说是一篇散文诗,你还记得散文诗都有哪些特征吗?

明确:散文诗是兼有诗与散文特点的一种现代抒情文学体裁,具有诗的意境和散文表现力。本文是一篇象征式的散文诗。

1.朗读,明感情基调。

(1)自由朗读课文,注意节奏、重音、语气,读出你心中的海燕。

示例:在苍茫的大海上,狂风/卷集着乌云。在乌云和大海之间,海燕/像黑色的闪电,在高傲地飞翔。一会儿/翅膀碰着波浪,一会儿/箭一般地直冲向乌云,它叫喊着,——就在这乌儿勇敢的叫喊声里,乌云/听出了欢乐。

齐读:狂风吼叫……雷声轰响……

一堆堆乌云,像/青色的火焰,在无底的大海上燃烧。大海/抓住闪电的箭光,把它们熄灭在/自己的深渊里。这些闪电的影子,活像/一条条火蛇,在大海里/蜿蜒游动,一晃/就消失了。

——暴风雨! 暴风雨/就要来啦!

这是/勇敢的海燕,在怒吼的大海上,在闪电中间,高傲地飞翔;这是/胜利的预言家在叫喊:

——让暴风雨/来得更猛烈些吧!

(2)通过朗读,思考整首诗的整体感情基调。

明确: 昂扬乐观、慷慨激昂、充满激情……

2.细读,析形象特征。

(1)再次细读全诗,以"从……,我感悟到这是一只……的海燕"的句式,说说你感受到的高尔基笔下的海燕形象。

(2)本文的主要形象是海燕,文章为什么还要写海鸭、海鸥、企鹅等海鸟?

(3)暴风雨来临前,海上是一番怎样的景象? 这一描写对刻画海燕的形象有什么作用?

(4)文中反复出现的暴风雨又有何意?

明确: 象征着一种猛烈、势不可挡的趋势和力量。其实不止暴风雨运用了象征手法,诗中的诗歌中的形象都运用了象征手法,有其象征意义。

3.悟读,思象征意义。

(1)明确象征定义。

通过特定的容易联想的具体形象,表现与之相近或相似的概念、思想和感情的艺术手法。刚刚,我们说到暴风雨象征着一种猛烈、势不可挡的趋势和力量。但这种趋势和力量究竟指什么呢? 这就需要我们结合诗歌的创作背景来了解。

(2)了解创作背景。

《海燕》写于1901年俄国第一次大革命的前夜。当时俄国正面临经济危机,工厂纷纷倒闭,大批工人下岗。面对沙皇的黑暗统治,人民群众的反抗情绪日益高涨,革命运动风起云涌,沙皇反动政府也加紧了对人民的镇压,革命与反革命的斗争非常激烈。高尔基当时在彼得堡,目睹了沙皇政府镇压学生运动的残暴罪行。他根据自己参加斗争的经历结合当时的革命形势写了《春天的旋律》,《海燕》就是这篇小说的结尾部分。

(3)体会不同意象的象征意义和诗歌的主题思想(表4-10-1)。

象征意义: 暴风雨象征一触即发的无产阶级革命;

乌云、闪电、雷声、狂风象征反革命黑暗势力;

海鸥、海鸭、企鹅象征假装革命和害怕革命的人;

海燕象征无产阶级革命先驱者。

主题思想: 表达了对革命先驱者的赞美,为无产阶级唱出充满战斗激情的颂歌。

表4-10-1 《海燕》文本意象解读表

课文	意象	表现与特征	表现手法	象征意义	主题思想
《海燕》	暴风雨	猛烈、势不可挡	象征	一触即发的无产阶级革命	赞美革命先驱者,对革命战斗的胜利充满信心
	乌云、闪电、雷声、狂风	猖狂、险恶	烘托、象征	反革命黑暗势力	
	海鸥、海鸭、企鹅	呻吟、飞窜、充满恐惧、胆怯、躲藏	对比、象征	假装革命和害怕革命的人	
	海燕	高傲、勇敢	象征	无产阶级革命先驱者	

(三)昭如日月,寻其光

1.朗读,明情感态度。

(1)自由朗读两首诗歌,注意重音、停顿、语调,在朗读中把握作者的情感倾向。

明确:《日》,热烈、赞美、歌颂;《月》,凄冷、沉静、思索?

合作探究: 根据神话来源及背景资料,品品日月背后的别样深意。

神话来源:

夸父不量力,欲追日影,逐之于隅谷之际,渴欲得饮,赴饮河渭。河渭不足,

将走北饮大泽。未至,道渴而死。——《列子·汤问篇》

羿请不死之花于西王母,姮娥窃以奔月。——《淮南子》

背景资料:《日》《月》这两篇散文诗写于抗战时期的1941年,成文时间相差很短。当时中国大地正遭受日本帝国主义的蹂躏,光明被黑暗取代,和平被屠杀侵淫。为了中华民族的独立与生存,千千万万不甘做亡国奴的人们,拿起武器,走上战场,不惜牺牲。

细读并悟读两首诗歌,思考不同意象的象征意义及诗歌表达的主题思想,小组合作,完成下表(表4-10-2),可参考表4-10-3。

表4-10-2 《海燕》群文文本主要形象解读表

课文	主要形象	表现与特征	表现手法	象征意义	主题内涵
《海燕》	海燕	高傲、与勇敢	象征、对比、烘托	无产阶级革命先驱者	赞美革命先驱者,对革命战斗的胜利充满信心
《日》	灯火、日		象征		
	飞蛾、夸父				
《月》	月				
	姮娥				

2.细读,析形象特征。

细读巴金先生的《日》《月》,思考《日》中的灯火、日有什么特征?飞蛾、夸父为什么值得赞美?《月》中的月带给人的突出感觉是什么?姮娥是一个怎样的形象?

明确:《日》中的灯火、日是光明、温暖的,飞蛾、夸父具有执着、顽强的精神。《月》中的月给人的是冷的、死的,姮娥飞天,有勇于献身的一面。

3.悟读,思象征意义。

如何理解作品的情感与思想?

明确:两篇文章贯通起来,更可以充分理解和感受作者的良苦用心,理解在这样一个特定的年代里,人们坚定的战斗信念和对光明、温暖的不懈追寻。

总结表格如下(表4-10-3)。

表4-10-3 《海燕》群文文本主要形象解读表示例

课文	主要形象	表现与特征	表现手法	象征意义	主题内涵
《海燕》	海燕	高傲、与勇敢	象征、对比、烘托	无产阶级革命先驱者	赞美革命先驱者,对革命战斗的胜利充满信心
《日》	灯火、日	光明、温暖	象征	理想和希望	宁可轰轰烈烈战死,也不愿寒冷寂寞偷生。
《日》	飞蛾、夸父	执着、顽强	象征	为追求光和热而英勇献身的人	
《月》	月	冷的、死的	象征	黑暗、死亡	表达对黑暗现实的憎恶和对"再生"的期盼
《月》	姮娥	再生力量	象征	希望用一己之力改变现状的人	

(四)情境穿越,诉诗理

今天,我们为何还要读《海燕》和《日》《月》这类的文章?

情境设置:2021年,距离重庆中考XX天。

明确:时光流转,革命的风暴和战争的硝烟早已过去,但海燕精神依然值得我们学习。"让暴风雨来得更猛烈些吧"既是一句宣言,也是一种勇气。少年自有少年狂,身似山河挺脊梁。当生活中的暴风雨来临时,让我们大声地宣战——让暴风雨来得更猛烈些吧!

附1：学生自主阅读任务单

《海燕》《日》《月》群文阅读任务单

任务一：

整体把握诗歌内容，体会不同意象的象征意义及诗歌表达的主题思想，填写下表（表4-10-4）。

文本主要形象解读表

课文	意象	表现与特征	表现手法	象征意义	主题思想
《海燕》	海燕				
	海鸥、海鸭、企鹅				
	乌云、闪电、雷声、狂风				
	暴风雨				

任务二：

联系背景把握诗歌内容，体会不同意象的象征意义及诗歌表达的情感思想填写下表（表4-10-5）。

表4-10-5 《日》《月》文本主要形象解读表

课文	意象	表现与特征	表现手法	象征意义	主题思想
《日》	灯火、日				
	飞蛾、夸父				
《月》	月				
	姮娥				

附2:选文

日

巴金

  为着追求光和热,将身子扑向灯火,终于死在灯下,或者浸在油中,飞蛾是值得赞美的。在最后的一瞬间它得到光,也得到热了。我怀念上古的夸父,他追赶日影,渴死在旸谷。为着追求光和热,人宁愿舍弃自己的生命。生命是可爱的。但寒冷的、寂寞的生,却不如轰轰烈烈的死。没有了光和热,这人间不是会成为黑暗的寒冷世界么?倘使有一双翅膀,我甘愿做人间的飞蛾。我要飞向火热的日球,让我在眼前一阵光、身内一阵热的当儿,失去知觉,而化作一阵烟,一撮灰。

月

巴金

  每次对着长空的一轮皓月,我会想:在这时候某某人也在凭栏望月么?圆月有如一面明镜,高悬在蓝空。我们的面影都该留在镜里罢,这镜里一定有某某人的影子。寒夜对镜,只觉冷光扑面。面对凉月,我也有这感觉。在海上,山间,园内,街中,有时在静夜里一个人立在都市的高高露台上,我望着明月,总感到寒光冷气侵入我的身子。冬季的深夜,立在小小庭院中望见落了霜的地上的月色,觉得自己衣服上也积了很厚的霜似的。的确,月光冷得很。我知道死了的星球是不会发出热力的。月的光是死的光。但是为什么还有姮娥奔月的传说呢?难道那个服了不死之药的美女便可以使这已死的星球再生么?或者她在那一面明镜中看见了什么人的面影罢。

创作背景:

  这两篇散文诗写于1941年,两文时间相差很短。当时中国大地正遭受日本帝国主义的蹂躏,光明被黑暗取代,人民被屠杀侵淫。为了中华民族的独立与生存,千千万万不甘做亡国奴的人们,拿起武器,走上战场,不惜牺牲。

"鉴赏"他人悲哀,"亵玩"他人苦楚的看客们
——鲁迅笔下的看客形象群文阅读教案
设计人:王柯懿

一、文本组织

文本一:《示众》。

文本二:《孔乙己》。

文本三:《药》。

二、议题阐释

鲁迅的作品中塑造了很多看客形象,让人过目不忘。他们的共同之处在于"鉴赏"他人的悲哀,"亵玩"他人的痛苦来获得满足感和虚荣心。通过这些看客形象,揭示了人们长期养成的,根深蒂固的不良习性,即无聊、愚昧与虚伪的人性,批判人们精神空虚、亟待疗救的现状。基于群文阅读的理念,围绕鲁迅笔下的看客形象,通过揭示看客定义,找出看客丑态,归纳看客共同特点,探究作者创作看客形象背后的意图,深化对当代看客现象的批判。

三、教学目标

1.感知鲁迅笔下典型的看客形象,归纳共同特征。

2.探究鲁迅创作看客的意图,深化对当代看客现象的批判。

四、教学重难点

1.感知鲁迅笔下典型的看客形象与共同特征。(教学重点)

2.探究鲁迅创作看客的意图,深化对当代看客现象的批判。(教学难点)

五、文本解读

1.《示众》通过描写人物的"群像"和"共性"、展示看客世界的各个侧面,重在表现看客们精神世界的空虚、无聊和内心的麻木、愚昧。在"看与被看"的过

程中,彼此的麻木和冷漠直接导致同胞的惨死,消解了先驱者付出生命的意义。看客的心态集中体现了中国国民劣根性的一面,也揭露了在没有民主和自由的国度里,民众"看与被看"的可怜又可悲的生存状态。

2.《孔乙己》中塑造了一群经典的看客形象,代表着不同的阶层的特点,透过看客,我们看到了社会中人们心灵被荼毒的程度,透过看客向我们展示了当时的社会万象、人间冷暖。看客的形象为悲剧性的主人公提供了典型的病态社会环境,有着深刻的批判性。

3.小说《药》,写革命者夏瑜为了中国革命,为了救民于水火,宁可牺牲生命,也在所不惜。当他被捕大义凛然地走向刑场时,民众对他的牺牲,没有悲伤,没有愤怒,甚至连起码的同情都没有,更可悲的是,他们把杀头看作是一场好戏,无情地充当了戏剧的看客。作者从贫苦民众华老栓的所见所闻和心理感受角度,描写了麻木的民众在黎明前簇拥着去看夏瑜被杀的场面,活画出了看客们的无聊、麻木和冷漠。

所选文本从内容上来看,都塑造了形形色色的看客形象。通过描写人物的"群像"和"共性"、展示了看客世界的各个侧面,重在表现看客们精神世界的空虚、无聊和内心的麻木、愚昧。看客心态集中体现了中国国民劣根性的一面,看客形象为悲剧性的主人公提供了典型的病态社会环境,有着深刻的批判性。

六、课时安排

1课时。

七、教学过程

(一)导入新课

同学们,你们如何理解"看客"这个词?("看客",也叫"旁观者""围观者",用时下流行的说法就是"吃瓜群众"。)

"看客"这个词曾出现在鲁迅的《呐喊·自序》中。我们一起来读读这段文字,找出鲁迅对"看客"的概念界定。

屏显:

这一学年没有完毕,我已经到了东京了,因为从那一回以后,我便觉得医学并非一件紧要事,凡是愚弱的国民,即使体格如何健全,如何茁壮,也只能做毫无意义的示众的材料和看客,病死多少是不必以为不幸的。

——《呐喊·自序》

即"看客"是体格上也许健全,但在精神上却是愚弱的人。

今天我们就要通过多篇文章的阅读探究鲁迅笔下的看客。

设计意图:本环节通过导入,激发学生对看客的初步认识,也让学生明白了生活中随处可见的围观者们就是鲁迅笔下的看客,从而引入"看客是鲁迅作品中最常见,也是最为经典的形象塑造"。

(二)浏览,了解看客形象

《藤野先生》一文使我们对看客有了初步的了解,现在请同学们细读文本《示众》《孔乙己》《药》,初探看客形象。

阅读选文后,师生交流分享。

提示:重点关注表格(表4-11-1)中所涉及的内容。

表4-11-1　看客形象群文文本分析表

项目	《示众》	《孔乙己》	《药》
有哪些看客	胖孩子、秃头的老头、红鼻子胖大汉、小学生、工人似的粗人、瘦子、抱着小孩的老妈子、巡警	温酒的小伙计、掌柜、酒客	围观的市井民众、茶客
看客的身份/阶层	城市中的底层民众、统治阶级	小资产阶级、城市中的底层民众	城市中的底层民众
看客的动作、神态、语言	略	略	略
看客的行为	看犯人、看车夫摔跤	看孔乙己伤疤、笑孔乙己窃书遭遇、奚落孔乙己未进学	看中国的刽子手屠杀革命者、谈论人血馒头
看客的心理、态度	空虚无聊、好奇(猎奇)、冷漠麻木、从中取乐	好奇、寻乐、嘲笑讥讽、煽风点火	自私愚昧、幸灾乐祸、无情无义
被看者是谁	犯人、车夫	孔乙己	夏瑜
被看者的身份/阶层	社会底层民众	清末落魄的读书人(知识分子)	革命先驱

续表

项目	《示众》	《孔乙己》	《药》
看客与被看者之间的关系	看与被看	笑与被笑	杀与被杀

设计意图：细读三篇文本，围绕看客形象，通过分析每篇文本中有哪些看客，看客的身份或阶层，看客的外在表现，看客的关注点，看客的不同心理等方面的问题，从而分析文本中看客与被看者的本质关系。同质文本先求异，再由浅入深、由易到难地解读文本。学生在充分的阅读交流中进一步感知看客形象、看客特征。

(三)比读，归纳"看客"共同特征

以上述分析结果为基础，请同学们对比不同作品中的"看客"，归纳其共同特征(表4-11-2)。小组交流，小组代表发言。

表4-11-2 看客的共同特征表

共同特征	具体表现
身份地位	看客不分阶层，大多是底层民众
生活状态	生活懒散、爱管闲事、空虚无聊、安于现状
观看方式	群聚式围观(地点：开放式空间)
关注焦点	专门观看他人的痛苦为能事，把快乐建立在他人痛苦之上
思想心理	冷漠麻木、空虚无聊、自私愚昧、无同情心、善恶不分
看客实质	这些看客实际上是一群无聊的人、麻木的人、愚昧的人

小结：这些看客本质上是一群无聊的人、麻木的人、愚昧的人、刻薄的人。

设计意图：本环节在文本细读的基础上，初步感知了看客形象，文本中典型的看客特征还要通过对比阅读，归纳共同特征。异中求同，由现象及本质的阅读梯度训练，从看客心理特征上升到看客的本质。让学生对看客形象从认知到评价。

(四)观照现实，知晓创作意图

同学们，在当今社会还有"看客"现象吗？我们身边还有"看客"吗？抑或我们自己做过"看客"吗？如果我们周围充斥着这样一群人，我们的社会将会变成什么样呢？

播放当今社会中的看客视频。

鲁迅曾说:"勇者愤怒,抽刃向更强者;怯者愤怒,却抽刃向更弱者。"

同学们,请结合今天所学文本和视频,揣摩鲁迅借形形色色的看客,主要想表达什么?有哪些创作意图呢?

屏显:

(1)无穷的远方,无数的人们,都和我有关。——《这也是生活》

(2)这种欢呼,是每看一片都有的,但在我,这一声却特别听得刺耳。此后回到中国来,我看见那些闲看枪毙犯人的人们,他们也何尝不酒醉似的喝采,——呜呼,无法可想!但在那时那地,我的意见却变化了。——《藤野先生》

(3)我的取材,多采自病态社会的不幸的人们中,意思是在揭出病苦,引起疗救的注意。——《我怎么做起小说来》

(4)要除去于人生毫无意义的苦痛。要除去制造并赏玩别人苦痛的昏迷和强暴。我们还要发愿:要人类都受正当的幸福。——《我之节烈观》

预设:

(1)揭示国民劣根性。

(2)批判病态社会。

(3)引起疗救的注意,唤醒麻木的群众,拯救愚弱的国民。

(4)有责任去改造国民精神。

设计意图: 通过前两个环节的铺垫,课堂氛围到达高潮。此时抬出当今社会中的看客现象,引起同学们的深思与警醒。关照他人的同时也关照自身,学生也可以利用本节课学到的知识,阐释与评价在现实中看客现象产生的危害。从而进一步纵深探究鲁迅创作一系列看客形象的意图。

(五)总结

鲁迅在作品中描绘的那些看客形象,时刻警醒着后世的人们。鲁迅对看客的揭示和鞭挞,至今仍有重要意义。同学们经过今天的学习,希望大家从今以后不做看客,拒做看客。有一分热便发一分光,哪怕仅如萤火也当是竭尽全力地传递善良、真诚、温暖、责任……

第五章
教学实录

《钢铁是怎样炼成的》教学实录

设计人：罗丹

一、课前交流

师：初中阶段读过的许多名著，一提到名著中的主要人物，大家就会想到一些标志性物件。比如——《西游记》的孙悟空？

生：金箍棒。

师：铁扇公主？

生：芭蕉扇。

师：《海底两万里》的尼摩船长？

生：诺第留斯号潜水艇。

师：《骆驼祥子》的祥子？

生：洋车。

师：为什么一下子想到了这些重要物品？

生：这些物品对人物来说关键、重要。

师：这些物品是作家借以塑造人物，表现主题的载体，通常被称为物象，物象往往表现为小说或者戏剧中的物品或道具。

二、明确情境任务

师：永川中学文昌校区"聚一立"读书节活动正在进行，我们将为《钢铁是怎样炼成的》制作一幅宣传海报，今天跟随老师一起完成任务。

三、完成活动，探究文本

活动一：盘点道具，关注核心点

师：宣传海报上老师已经确立了中心人物保尔，看一看，宣传海报上缺点什么？

生:仅有人物,不足以体现人物的形象,可以选择一些物品来陪衬。

师:请结合内容,说说你想出了哪些道具。

提示:枪、手风琴、书、信、衬衫、马刀、鞋、铁锹。

师:如果只选择一样你会选?

学生选择。

师小结:我整理了一下同学们的选择,很多同学选择了书和枪(教师展示图5-1-1),可见这两样物品对保尔来说有着不同寻常的、重要的意义,到底选择"枪"还是"书",让我们一起来探究。

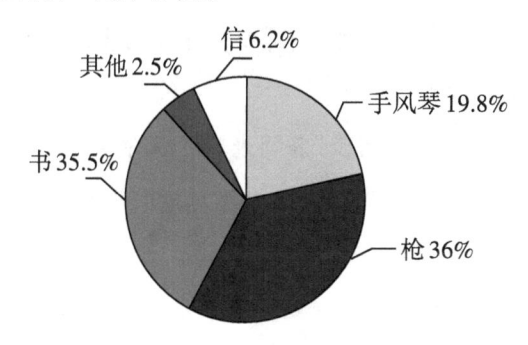

图 5-1-1 道具选择情况

活动二:聚焦道具,思辨品人物

1.结合整本书,跳读相关章节,梳理信息,填写表格(表5-1-1),探寻保尔与枪的故事。

表 5-1-1 与枪相关章节梳理表

道具	相关情节	对应章节	保尔形象
枪			

①说章节,概括情节。

师:与枪相关的情节有哪些?(说清情节及时期)

生:少年时,保尔向小男孩夺枪(夺枪),偷中尉的枪(偷枪),保尔为解救朱赫来用枪与敌人搏斗(救人)。铁路建设时期,朱赫来送毛瑟枪(要枪)。病痛折磨时期,保尔企图用枪自杀(自杀)。

②结合文本 探讨形象。

师:从情节可以看出,枪——伴随保尔成长,从少年到革命,从革命到建设,从建设到生病,枪从未退出保尔的人生。那从这些情节中,我们又能读出保尔什么样的个性,首先来看一段话,请齐读。

出示文本:

突然,他灵机一动,急速转过身来,三步并作两步追上那个已走过去的男孩,用力地从他手里夺过去步枪。

师分析:"急速、三步并作两步"等词表现了保尔反应快速;"转、追、走、夺"等动作让我看到了保尔的急切无礼,胆大及对枪的极度渴望,所以他敢于做这等无礼之事。

③小组讨论:各自选择一个感兴趣的情节分析保尔的形象。

生讨论:偷枪时,保尔紧张地屏住气,有几秒钟他心里发生了剧烈斗争,但是他素来胆大,终于不顾一切地探进身子,握住枪套,抽出那支乌黑闪亮的新手枪,匆忙退回到花园里,他向四周打量了一下,小心翼翼地把手枪插进裤袋,飞快的穿过花园,跑到樱桃树前。他像猴子一般,迅速地爬上屋顶,接着又回头看了一下,那勤务兵正安闲地跟马夫聊天。花园里一片寂静,他马上溜下板棚跑回家。

师追问:这时候保尔的心里是怎么想的?从哪些词语你感受到的?你感受到的保尔是一个什么样?

生回答:神态、动作——担心、害怕、果敢,勇于冒险。

生讨论:救人时,在最后关头,他猛然想起了口袋里的手枪,保尔出其不意地向他扑过去,抓住他的枪狠命地往下一按,保尔用整个身子压住枪,死也不松手,此时此刻无论多么大的力量都没法使保尔放开手里的枪(心理:无论谁都不能使我放开手里的枪,为了朱赫来,我献出自己的生命都无所谓)。

师追问:哪些词用得好?(动词)你看到了一个什么样的保尔?你能朗读一

下这句话吗？读出坚定,读出决心。

生回答:动作英勇无畏,意志力初显。

生讨论:要枪时,"我给你捎双靴子来。你的脚还没有冻坏吧?""好像已经冻坏了,两只脚都肿起来了。"保尔回答。接着,他想起心中老早就有的要求,便拉住朱赫来的袖子,说:"你能不能给我几发子弹?我只剩下三发能用的了。"

师追问:这是什么情况下要子弹?

生回答:身体遭受风寒。

师追问:为什么要子弹?(想继续战斗,为革命事业不断奋斗。)

生回答:语言——面对困难,面对身体的伤痛,忘记自我,依然保持对工作、对战斗的渴望与激情,为了事业甘于献身的精神。

师追问:保尔为什么要自杀?

生回答:身体垮了,失去了战斗能力。

师追问:哪些词句(反问句)最能让你感受到保尔顽强的精神?请朗读出保尔克服懦弱的心理描写。

生回答:心理描写——顽强的意志,让生命更有意义。

师追问:保尔的追求是什么?

生回答:活下去,有益于人民,要为人类解放事业牺牲,而不是自杀逃避。

师:所以是怎样的意志才能让一个病入膏肓的人有这么顽强的意志?用一个词语来说。

生:信念、理想、钢铁意志。

师:让我们大声朗读。

生朗读:人最宝贵的是生命。每个人只有一次生命。人的一生应当这样度过:当回首往事的时候,他不会因为虚度年华而悔恨,也不会因为碌碌无为而羞愧。在临终的时候,他能够说:"我把整个生命和全部精力,都献给了世界上最壮丽的事业——为人类的解放而斗争。"

师:你们的朗读让我感受到了保尔的勇敢无畏、英勇顽强和矢志不渝地为事业奋斗的决心。所以啊,保尔与枪有着不解之缘,通过这一道具,我们感受到了保尔的精神。

2.结合整本书,跳读相关章节,梳理信息,填写表格(表5-1-2),探寻保尔与书的故事。

表5-1-2 与书相关章节梳理表

道具	所读书目	对保尔的影响
书		

师:保尔读过哪些书?

生回答:少年期:《朱泽培·加里波第》——痴迷的第一本书。革命期、建设期:《牛虻》——珍爱的第二本书,也是影响最大的一本书。重新工作后:马克思的《资本论》等。瘫痪后:写书《暴风雨所诞生的》。

师:这些书对保尔产生了什么影响?

生:保尔从小树立了英雄榜样,如加里波第。

出示材料:

加里波第真了不起! 保尔称赞说,"他真是一个英雄! 我真佩服他! 他同敌人战斗了不知多少次,每次都取得胜利。他乘船游历过世界各国! 咳,要是他今天还活着,我一定去投奔他。他曾经把那些手艺人召集在自己周围,总是为穷人而奋斗。"

师:你从哪些词语感受到的?

生:对英雄人物的崇拜、羡慕、钦佩,革命斗争精神在慢慢萌芽。

师:对保尔影响最大的书是? 产生了什么样的影响?

生:《牛虻》,保尔以牛虻为榜样,想要成为他那样的革命者。

出示材料:

《牛虻》和他的革命浪漫主义也要负一部分责任。有些书生动地描写了革命者的形象。他们英勇无畏、坚毅刚强、彻底献身于我们的事业,给我留下了不可磨灭的印象,使我产生了要做他们那样的人的愿望。

然而我赞同他的主要方面,赞同他的勇敢精神、无穷地接受各种考验的非凡毅力。我钦佩这种类型的人,他们能忍受巨大的痛苦,而不在任何人面前流露出来。我喜欢这种革命者的典型。在他们的心目中,个人的一切跟集体的利益相比较,是微不足道的。

形象:各种品质,为了事业甘愿献出自己的一切,崇高理想。

师:结合其他情节谈一谈,这本书对他还产生了怎样的影响?仅仅是想成为书中主人翁那样的英雄吗?

出示材料:

疾病面前:现在我才明白,他疼痛的时候为什么不呻吟,而且决不肯呻吟。对我的问题,他是这样回答的:"您读一读《牛虻》,就知道了。"侧面烘托,保尔勇敢坚强面对病痛,有着超人的意志。

工作时:"我给你捎双靴子来。你的脚还没有冻坏吧?""好像已经冻坏了,两只脚都肿起来了。"保尔回答。形象:不顾身体受到伤寒,依然顽强工作。有着顽强的意志。

瘫痪后:"我琢磨了很久才想出这个办法,那就是在硬纸板上刻出一条条长格子,使我的铅笔不会写到格子外面去"保尔开始写作了。

他打算写一部描述英勇的科托夫斯基骑兵师的中篇小说。书名自然而然就跃入了脑海——《暴风雨所诞生的》。那些鲜明难忘的场景那么清晰地重现出来,但是他却无法将他们转化为文字,写出的字句是那么苍白无力,缺乏激情。在创造过程中,他经常必须凭着记忆整页甚至整章地背诵。表明保尔克服失明和瘫痪的困难,用顽强的意志坚持写作。

师小结:所以在绝望之境,保尔克服重重困难,走上写作之路,因为他愿当英雄,有崇高理想,他的一生是这样度过的:当回首往事的时候,他不会因为虚度年华而悔恨,也不会因为碌碌无为而羞愧。在临终的时候,他能够说:"我把整个生命和全部精力,都献给了世界上最壮丽的事业——为人类的解放而斗争。"

3.结合图式,展现理解。

师:通过分析枪和书,我们对保尔这一人物有了更深刻的理解。用图式从以下维度展现你阅读后的理解,并阐释分析——人生阶段、精神成长、与枪和书相关的内容。

图式参考:坐标图、曲线图、折线图。

师:对比老师做的图式(图5-1-2),说说与自己的有什么不同。

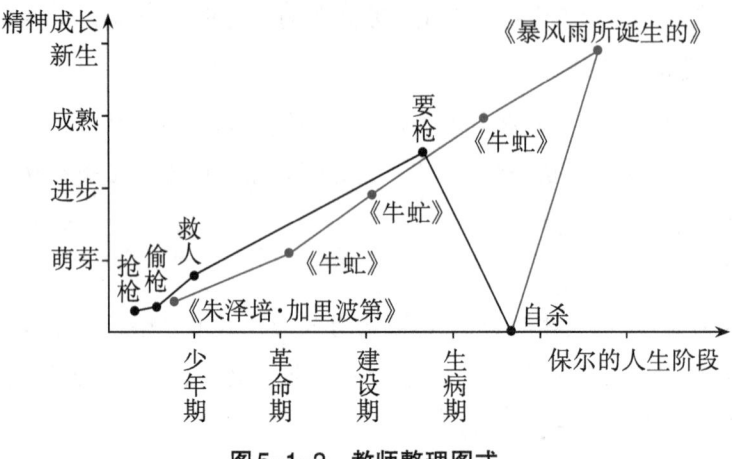

图5-1-2 教师整理图式

①都清晰呈现了保尔成长(板书:衬托)。

②枪和书的关联:枪显性有形,书隐性无形,枪是他战斗的武器,书带给他的是精神的成长。

4.分角色朗读文本。

示例:

(老师)他一遍又一遍地问自己:

(女生)"为了挣脱铁环,争取归队,为了让生命变得有价值,你是否已经竭尽全力了呢?"

(老师)他每次的回答都是:

(男生)"是的,我似乎已经竭尽全力了!"

(齐读)保尔的心猛烈地跳动着。日思夜盼的梦想终于变成了现实!铁环已经被彻底砸碎,现在他拿起新的武器,重返战斗队伍,开始了新的生活。

师小结:他不被生活中的困难打倒,他顽强,乐观,他再次展现了钢铁般的意志。他就是一只牛虻,无论活着或者死去,都快乐地飞来飞去。是的,泰戈尔说过"生命以痛吻我,我却报之以歌。"诚然,保尔就是这样一个人,这样一个值得我们学习的人。

活动三:配写文字,感人物精神

为了让海报宣传更具吸引力,请你为海报配上一两句精练的文字。(50字左右)

提示: 结合保尔的精神来写。

《经典常谈》教学实录

设计人：郭咏梅

一、课前交流

师：同学们好！我是郭老师，来自隔壁永川，永川是璧山的邻居，那里有西部最大的游乐中心——乐和乐都，还有茶山竹海、千年古镇松溉等，欢迎大家来永川作客，到时我请同学们吃永川的豆豉蒸肉、星湖鱼等。璧山是个怎样的城市呢？你们可以当导游给我介绍介绍吗？

生：璧山葡萄、璧山儿菜、来凤鱼、渝璧玉血橙、璧山黄花菜、烤米包子、米包子、黄糕、璧山板兔。

师点评：你介绍了美食，非常有逻辑、很有条理。

二、情境导入，明确任务（3分钟）

师：孩子们，你们觉得《经典常谈》难读吗？

生：不难。

师：网上说这是把广大中学生难哭的一部著作，你们不愧是璧山中学的学霸，都觉得不难，可是郭老师班上的同学读起来就难了。在开学之际，李沐阳同学发给老师这样一条信息："老师，您在寒假之前叫我们读《经典长谈》这本书，我感觉太难了，读不懂，怎么办呢？"没关系，有老师在。那么这节课，我们就来解决问题。

我们先来看看李沐阳同学的短信里存在什么样的文字错误。

生："经典常谈"写成了"经典长谈"。

师：那她为什么要写成"长谈"的"长"呢？是对"经典常谈"的意思理解错了。那么，这个"常"是什么意思。

出示材料：

阅读经典的用处，就在教人见识经典一番。

一个有相当教育的国民,至少对于本国的经典,也有接触的义务。

——《经典常谈·序》

师:请同学们一起读材料,注意老师指出的词语,"见识""义务"。我们常说老生常谈,这个"常"也是平常之意。

三、完成任务:借助导图,梳理"常识"

师:哪些是重要的学术常识呢?我们先以《〈说文解字〉第一》第一为例来找一找。

生找学术常识,师生对话。

师以"你用了抓关键词(关键句)的方法快速筛选出了最重要的信息"的句式进行点拨。

板书:

词:故事名、典故名、典籍名、作者名、人物名、时间词(年代)、学术名词

句:观点句、评价语、总结句

屏显:

关键词:仓颉造字、《周礼·保氏》、最古字书《史籀篇》、许慎《说文解字》

学术名词:古文字(甲骨文、金文、籀文)、造字和用字的六个条例(象形、指事、会意、形声、转注、假借)、书体演变(小篆、隶书、草书、正书、行书)

关键句:这是一部划时代的字书

总结句:《说文解字》是文字学的古典,又是一切古典的工具或门径

师:重要的学术常识通过抓关键词和句的方法已经筛选出来了,但是我们可以发现,这么多文字摆出来仍然让人难记住。我们的大脑最喜欢的是那种直观、有条理、结构化的图像,有没有那样的学习工具呢?对了,那就是思维导图。

思维导图被称为大脑的外挂神器,而常用的思维导图大概是以下六种:鱼骨图、括号图、气泡图、双气泡图、树状图、流程图。而每一种思维导图都呈现了不同的逻辑关系。老师也研究了一下,一般来说,在论述类的文本里,内容之间大概存在着以下八种逻辑关系:总分、主次、因果、对比(类比)、递进、点面(整体与局部)、并列、顺承。请你们说说看,哪一款思维导图与逻辑关系匹配?当然,一种思维导图形式也许不只匹配一种逻辑关系。

师生对话。

师：鱼骨图一般用在因果关系；括号图、气泡图、树状图适合总分、主次、点面、并列关系；双气泡图很适合对比、类比的逻辑关系；流程图适合并列、顺承关系。

老师以《说文解字》为例，我选择了用"流程图+括号图"的方式将刚才我们筛选出来的重要学术常识呈现出来。对阅读困难的同学来说，这样做就比全是文字的梳理记得快多了。

大家齐读："阅读任务一：作为学术导游，请你从《〈诗经〉第四》《〈史记〉〈汉书〉第九》《诗第十二》这三篇中选择自己感兴趣的一篇，运用筛选信息的方法，选择恰当的思维导图，快速梳理出重要学术常识，完成阅读指南。"

师：老师还要补充一下，为了提高效率，我建议，每个小组选一位书写快且工整的同学执笔，其他组员在他的旁边协助。另外在小组合作完成的时候，很重要的一点就是活动顺序不要弄错了。一定要按照先筛选重要信息、再选择恰当的思维导图的步骤进行，否则就会出现思维导图做了一半发现不恰当，然后重做耽误时间的情况。好，现在请各个小组开始选文本。请各小组组长把小组成员组织起来，分好工，做好统筹，开始。

师生合作，学生分小组上台展示，老师适时点评。

师：思维导图完成了，学术导游的导游词就很好写了。比如郭老师根据思维导图写下了这样一段文字：《说文解字》是东汉学者许慎所编著的，是一部划时代的文字学工具书，不仅介绍了汉字的起源，还介绍了汉字构造的六种形式（六书）、古文字的类别及书体的演变，值得我们去阅读哦！现在，请大家根据思维导图快速介绍一部著作。

生根据思维导图介绍著作。

师：那我们再来看看朱自清是如何平常地来讲这些学术常识的。来对比一下《说文解字》原著中和《〈说文解字〉第一》里有关仓颉造字的文字，什么感觉？

生：原著全是文言，难读。

师：就像著名文史专家季镇淮先生评价这本书一样（请大家一起读）"用白话文叙述古代文字典籍，把古书的来头和问题所在，叙述这样清楚，引读者轻便地读下去，我看通俗化的古文化读物罕有其比。"

师：那我们还是以《〈说文解字〉第一》为例，哪些语言让你觉得"家常味"十足。

生：讲传说、讲风俗、讲故事、讲俗语、讲例子、讲历史。

师小结：口语化、幽默化、儿化（通俗化）的语言总是让人感到亲切。请大家根据前面的任务分工，在自己小组负责的那一篇里找一找能体现"家常风"的语言。

师：先生的这本书，短短百十页，八万多字，却用通俗浅近的语言将中国历史上的主要典籍、重要的文化现象、文化常识概念等平常地道来。这就是学问大家、语言大家的实力彰显。那么他为什么要写下这本书呢？让我们一起来读一下写作背景：本书写于1938年至1942年，是作者应当时中小学国文教科书总编杨振声先生的要求而撰写的。在书里面，他还这样说，"可是如果读者念了这部书，便以为已经受到了经典训练，不再想去见识经典，那就是以筌为鱼，未免辜负编撰者的本心了。"换句话说，他想以这本书为"导游"，让大家走进中国古典文化的"大海"。在文化和经济快速发展的今天，为什么我们还要"回头"读这些晦涩难懂的经典呢？请你结合你在本节课所获的信息，从历史和现实的角度，说一说读"这一篇"经典或相关的经典常识的意义。

学生讨论。

师引导：比如"六书"造字用字条例彰显了古人的智慧；秦始皇以文字统一天下，推动了历史进程；诗歌从生活、劳动场景中诞生，表现了中国人的乐观精神；司马迁受官刑辱而著书，为民族留下了宝贵的历史文脉；班家四人成《汉书》，体现了家族的坚韧；从乐府诗到五言再到七言，历代诗家不断精进，铸就了灿烂的诗歌文明……五千年灿烂的中华文化，彰显的是中华民族自强不息、革故鼎新的民族精神，是我们中国人文化自信的源泉。就像习近平总书记强调的那样：中华优秀传统文化是中华文明的智慧结晶和精华所在，是中华民族的根和魂，是我们在世界文化激荡中站稳脚跟的根基。

《骆驼祥子》教学实录

设计人：李艺

一、课前交流

古人云：一日不读书，尘生其中；两日不读书，言语乏味；三日不读书，面目可憎。李老师想你们一定是一群爱看书的孩子，我猜得对吗？你们最近都看了些什么书？

教师和学生交流。

二、情境导入

师出示图片。

师：这几张图片所描述的内容来自哪部名著？你能说说与图片相对应的情节吗？

师：接下来老师将带领大家用一种特别的方式再读《骆驼祥子》。请看，我们要完成这样一个任务。

出示情境内容，教师口述。

师：今年6月，重庆市要举行首届中小学"戏剧进校园"视频评选活动（表演形式含戏曲、校园短剧、课本剧等形式，演出时间不超过12分钟，表演人数不超过12人）。因此我们决定将《骆驼祥子》编排成课本剧参加评选。要将《骆驼祥子》编排成课本剧的话，我们应该要做些什么呢？

三、开展活动

演读活动一：理清人物关系

师：人物及其人物关系是创作剧本时首先要确定的元素。下面就请同学们跳读作品，用思维导图梳理出这些人物与祥子的关系。记得不太清的同学就翻阅一下相关的章节。

生看书,画思维导图,上台展示。

师生互助,学生边梳理,老师边板书。

演读活动二:确定剧幕名称。

师:《骆驼祥子》的篇幅较长,在舞台上我们能不能将小说中所有的故事都呈现出来呢?

生:不能。

师:那我们就要梳理后再选取矛盾冲突比较大的、典型的故事情节。在编写剧本的时候,我们往往要选择那些典型的、矛盾冲突较大的情节,再通过独幕剧或多幕剧的形式来演绎故事的主题。那你们觉得我们是采用独幕剧的形式还是多幕剧的形式好呢?

生:多幕剧。

师:我们可以将《骆驼祥子》分成几幕呢?(就好比拍电视剧一样,你打算拍成几集,每一集要演些什么)请给每一幕命一个名字,并说一说这一幕大致对应哪一章到哪一章?

生互相交流。

师:我发现同学们都很聪明,寻到一条物线,那就是"车"。(可以说"车"就是祥子的梦想。老师要引到"车"这个方面来。)

演读活动三:根据角色定主次

师:理清了人物关系,又清楚了我们要拍几幕,接下来我们就要给这些人物确定戏份的多少了。请快速默读作品,根据每个人物故事在作品中所占篇幅的大小,结合自己对剧本想要突出的内容与主题的思考等,确定谁是男一号、男二号、男三号、女一号、女二号、女三号,组内互相交流一下,然后分享。

板书:

虎妞·孩子　　　　　小福子·爱情的希望

曹先生·救星　　　　孙侦探·压迫者

师:通过角色定位,我们更加明白了这些人对于祥子的意义。小说的结尾是悲剧还是喜剧？祥子最后怎么了？虎妞呢？小福子呢？当祥子的生活、爱情、梦想都破灭的时候，他堕落了。让我们读一读相关的段落。

生阅读相关段落。

师：我们前面理清了人物关系、完成了剧幕的选择、戏份的确定等工作，接下来了解如何具体写作。

师介绍剧本的相关知识。

师：假如这就是我们舞台剧的最后一幕，这个时候全场安安静静的，一束光打了下来照在弯腰捡烟卷的祥子身上，祥子内心的独白也随之响起。祥子会说些什么呢？

生自由发言。

师小结：悲惨的命运在那个时代也许是必然，但堕落却不是必然！人格的堕落才是祥子最大的悲剧！我们再齐读最后一段。

生齐读最后一段。

师：这样的结局会更让我们去深思、去观照他人、去警醒自己！想要深入地了解作品，请同学们继续关注我们编剧创写一系列的活动。下课！